中大百年：人文篇

楊祖漢　主編

中央大學出版中心｜遠流

目次

〈序〉
中央大學的人文精神

楊祖漢

　　從南京高等師範學校成立算起，中央大學已經度過了一百年的光陰。在南京及重慶時期的「中央大學」，由於是首都的大學，院系完整，而且教授陣容堅強，教研成果豐碩，被認為可以與北方的北京大學並稱的一流大學。而在人文學術方面，如文史哲各領域上的表現，尤為突出，而且很有特色。在對中西文化的態度上來看，中大與以北大為首，以新文化運動的思潮為主流的見解，可以說是相對立的。中大的老師們多不贊成全盤西化。台灣中央大學人文學術的現狀，也相當程度承繼了這一學風。編輯這本論文集是希望作一反省回思，顯揚在這百年的中大歲月，於人文學術方面留下深刻足跡的人物。

　　中研院院士王德威教授應「余紀忠講座」之邀請，來中央大學發表演講，〈冷酷異境的火種——現代文學與公民社會〉是當時演講的紀錄。這篇講稿深刻地敘述了文學與社會的關係與互動，表達了近現代大陸與港臺許多文學家面對當時情境的深刻感受與給出的反應，及對社會的影響。文中提到頗多有關南京時代與現代中央大學的事情，可以看到中央大學培養出來的文學家或文學工作者對社會的影響，故我們把王教授這篇力作放在本書的首篇，藉著這篇論文，也可以對中大百年的時代背景，作一鳥

瞰。王教授文中提到美國二十世紀初年著名的新人文主義者白璧德（Irving Babbitt, 1865-1933）。這位對東、西文化都有深刻了解，當時被稱為最博學的思想家，對中央大學有深刻的影響。中大前身東南大學時代所成立的《學衡》雜誌及後來被稱為「學衡學派」的諸位學者，多是白璧德的學生，他們對中國文化的態度，對西方文化應如何吸收，與北大《新青年》陣營的觀點不同，在當時也頗有影響力。學衡學派的重要人物如柳詒徵（1880-1956）、梅光迪（1890-1945）、胡先驌（1894-1968）、吳宓（1894-1978）等，都在東南大學及後來的中央大學任教。他們並不反對吸收西方文化之長，但認為應該平觀中西文化，對傳統中國文化的價值也必須肯定，他們深受白氏新人文主義的影響。白氏對當時孔子思想在中國社會的衰微深感不安，他曾反覆告誡中國弟子，在中國的現代化過程中，「不可把洗澡水與小孩一塊扔掉」。[1]

本書第二篇論文，汪榮祖教授〈老中央大學的人文傳統——論當年學界的一場南北戰爭〉，對於學衡學派諸君子與北大《新青年》思想的不同，尤其是在對文言文的不同態度，有明白的論述，他用「南北戰爭」來稱這一次的論爭，甚為傳神。傅宏星教授〈依依回首臺城柳，辛苦三年遺恨長——吳宓與東南大學西洋文學系〉，對當年東南大學西洋文學系的情況，作了很有史學價值的記述，文中對吳宓、梅光迪在當時的貢獻與遺恨，都有平實

---

1 根據楊劼《白璧德人文思想研究》（廣州：暨南大學，2013年6月），頁101，這句有名的話見於白璧德所著，"Humanistic Education in China and the West", *The Chinese Students' Monthly*, 1921, 17(2): 90。

的討論。當時的東南大學西洋文學系是以「新人文主義」為教育宗旨，要讓學生成為學問淵博，思想深邃，識見卓越，志節奇特的全面的人，此可見當年吳、梅二人的理想。另外，文中述及張謂當時在英語教學上的貢獻，頗有參考價值。

郭秉文與羅家倫可說是大陸時期中央大學的兩位重要的校長。現在臺灣中央大學的校園內，有「秉文堂」與「志希館」，便是紀念他們兩位的。郭秉文在就任南高師範與東南大學校長的期間，提倡對古今中西，科學與人文均衡發展的辦學原則，為後來的中大打下良好的基礎；當然他的作為也有其美中不足處，在傅宏星教授的論文中也有一些有關的敘述。羅家倫是五四運動的學生領導人之一，而他在五四的風潮席捲全國，自己也成為名人時，卻選擇到歐美留學，期望學成後對國家社會能有更大的貢獻。而他數年後返國，確在文化教育上，建立了重大的功勳。他給出了作為學生運動代表的最佳典範，是很值得現在熱衷於政治的青年人效法的。在被派任為中央大學校長前，中大學潮洶湧，但他一到任，學潮就馬上平息，學校師生回歸正常的教學與研究。他對當時中央大學的校政，作了高瞻遠矚的策劃，而他著名的《新人生觀》一書，是當時影響青年人思想非常深遠的著作，此書是他在中央大學的演講的結集。書中許多觀念，現在看來都絕不過時。李淑萍教授〈中大「秉文堂」溯源——記郭秉文及其教育思想之形成與實踐〉及劉學倫教授〈羅家倫與中央大學〉。對這兩位中大的名校長，作了詳實的記述。

在南京及重慶中央大學的年代，哲學學者很多，也很有貢

獻。本書雖然未能全部論列，但書中有專文討論的宗白華、唐君毅、牟宗三幾位，當然是重要的代表人物。宗白華長期擔任中央大學哲學系的系主任，他是美學的權威學者，從在中央大學任教起，用了六十年的努力來吸收西方美學，又使中國美學成為獨立的學科。他並不用西學理論來硬套中國美學，而能夠內在於中國美學的典籍與思想，說出中國美學的奧義與特色。蕭振邦教授〈中大人宗白華的美學獨步〉對宗先生的成就，有詳細的論述，又作出他個人闡釋與評論。唐君毅與牟宗三兩位先生是當代中國哲學的大師，也是奠定當代新儒學理論的關鍵人物，這是現在學界所公認的。唐先生與南京中央大學關係十分深厚，他是中央大學的畢業生，後來在中大任教多年，許多重要的著作都在他的中大歲月中完成與發表。我的拙文〈唐君毅先生與中央大學〉對於唐先生的生平與見解，作了概略的敘述。唐先生的思想廣博深厚，並非我此文所能完整表達。牟先生除了在南京中央大學任教過一段時間外，也曾在民國75年應中央大學「柏園講座」之邀，作了一個學期的演講式的講學，引起很大的反響。李瑞全教授的〈牟宗三──重鑄儒家圓教之宗師〉，除了記載牟先生的生平外，對先生一生的學術成就，也作了雖然概括，但非常深刻有力的論述。

中央大學從南高師範時代開始，是以中與西、傳統與現代並重為辦學宗旨，故造就了如唐君毅先生這種博學的畢業生，而同樣也畢業於中央大學的潘重規教授，在國學上也有多方面的成就，也可以說是兼顧傳統與當代。鄭阿財教授〈潘重規教授的學

術及其在中央大學的歲月〉，詳細記載了潘教授在各領域上的研究成果，文中所述潘教授與他的老師黃季剛先生初見面時，季剛先生所說讀書的要領，是非常重要的治學心得，值得有志為學的人參考。由於有唐君毅、牟宗三兩位先生打下了新儒學的基礎，中央大學的儒學研究，在臺灣學界早有其地位，現在可說是方興未艾。康珮教授〈行走人間，和生命對話——王邦雄、曾昭旭教授與中央大學〉，把王、曾兩位先生在中國哲學，尤其是儒、道兩家的研究的成果有很好的敘述。王邦雄先生在臺灣民間講學，影響力也很大；曾昭旭先生運用儒學的理念於愛情問題上，是非常突出的。康珮教授的文字流暢生動，是了解王、曾兩位先生的思想的最佳導引，此文也記載了當年王、曾二位在中央大學講學時，推動中國哲學的研究所引發的熱潮。當時余傳韜校長是這一熱潮的推手，牟先生的回中大講學與中文系成立研究所都是這個時候的事，哲學研究所也隨後創辦。

傳統與當代並重的學風也相當程度體現在中央大學中文系的文學研究上，古典文學與當代文學都是中文系研究與教學的重點。陳家煌教授〈張夢機教授與中央大學〉，記述了當代台灣古典詩人中的翹楚張夢機教授的生平與詩學的成就。夢機教授大學畢業於體育系，後來卻是國文研究所的博士，而且成為詩學的大家，這在體育系的畢業生而言，恐怕是空前絕後的。夢機教授在五十歲時不幸中風，有一段時間不能上課，當時中大中文系的教授們義務代為授課，讓夢機教授不致因病而離開教職，也因而可以安度晚年，這一段重現了古代師友風義的事蹟，現在仍傳為美

談。吳梅、盧前（冀野）兩位是有名的戲曲大家，他們都曾在南京中央大學任教。而現在由洪惟助教授所主持的中央大學戲曲研究室，是公認的崑劇的文物收藏與研究的重鎮。孫致文教授〈弦誦斯崇，甲於南東——中大戲曲教育的奠基、傳承與開展〉說出了戲曲的研究在中央大學，其實是有其源遠流長的歷史。孫教授此文也表達了希望中國傳統的戲曲藝術，能在臺灣傳承、壯大的宏願。

　　以上對本書各篇論文的介紹，雖是簡述，但似乎已表達出這百年來的中央大學，在人文學術方面的研究，其實是自覺地以人文精神或人文主義為宗旨的，因此本書所謂的〈人文篇〉並不只就人文學術與自然科學的不同來說，而亦是認為重振人文精神是中央大學百年來辦學的一個重要目標。

冷酷異境的火種——現代文學與公民社會

王德威

哈佛大學東亞語言與文明系講座教授

今天的講題是「冷酷異境的火種——現代文學與公民社會」。談到現代文學，談到公民社會，可能大家都會覺得這是老生常談。的確如此。但文學與社會卻又是文學院各個科系裡，我們最常碰觸到的一個題目。今天我希望用一個比較不同的方式，對這樣的話題重新詮釋。特別希望在今天，以下我所要提出的一些觀察裡面，能把我們對於文學，以及廣義文化方面的各種各樣的律動，和目前當代社會——尤其是臺灣社會——的各種現象，作出連鎖。也許我作的只是一些初步的觀察，但是我希望有一些時間，留下來給大家作為發問，以及討論的機會。

首先我們談「文學」以及「社會」的定義，我有如下的一些重新的解釋。我們現在講到的文學，對在座諸位來說可能是一個相當習以為常的定義、或是規劃。講到文學我們想到的是小說，想到是戲劇，想到詩歌、想到散文等；而事實上，這樣定義的文學，實在只是一個二十世紀以來的發明。以確切的歷史的時間點來考證，這樣的文學觀念是在 1902 年出現的。當時北京的京師大學堂，也就是現在北京大學的前身，其主事者參考來自日本以及德國的有關審美以及文學的定義，發展出一套學科的建制。也就是說，這樣的一種文學的觀念不是自古已然的，其實是在歷史

的流程裡有它的限制的。

相對於此，中國千百年來的歷史流程裡，文學其實已經有不同於現在定義的說法。在這裡，我特別首先指出「文」與「文學」之間的關聯。我們今天想到的「文」也許不應該只侷限在簡單的文類的虛構——就是剛才所謂的四大文類——而已；我們想到的「文」也可能包含文明所傳承的意義，是一種文飾符號，一種文章學問，一種文藝書寫，一種甚至是文化的氣質。這構成文明的傳承。所以「文」字在中國的歷史裡面源遠流長，而我們對於它的感想和定義，不必侷限在二十世紀所指涉的文學創作、教材、或學科編制。

到了今天，當我們談文學的時候，也許不再只是侷限於我們所習慣的小說、戲劇等文類。甚至包括日益發達的種種傳訊形式與文類，包括我們習用的臉書——可能在座現場有同學正在上臉書也不一定——或iPad，或者部落格等等。這些新的傳媒形式其實都需要我們的文思，需要我們在各種各樣符號、形式的操作下，進行互動。比方說，如何讓各位的臉書能夠得到更多粉絲的訪問，甚至按讚，就不得不需要別出心裁的想像力。文學這個「文」字，因此不是一個簡單的學科定義而已；它蔓延在你我之間，一直是在傳承著，是文明的過程裡不斷自我更新、發明的現象。這是我個人對於文或者是現代文學的一個新的定義及探訪。

其次，我們談到「社會」，尤其是今天的講題，公民社會。談到「社會」，當然會認為這就是一個群體的、公眾的組織或現象。但再一次我們也要把「社會」歷史化：我們認為這是一個在

現代裡面對於「群」「我」關係定義的一種模式。一個公民的社會，應該是有別於以市場機制來主導的社會；一個公民社會，也應該是有別於國家的權力當局，以及政黨組織所侷限的社會。在最理想的情況下，公民社會是一個多元的、開放的、自覺的社會，而且經過社會裡面各個份子之間的互動，產生新的、不斷開發的想像，以及對於未來行動的可能。所以在簡單的意義上來講，公民社會是我們大家所生存的、所嚮往的一種組織的型態。

公民社會同時也是我們大家最重要的一個考驗。今天的臺灣是不是一個我們理想的公民社會？也許這是一個可以付諸公論的話題，但是如何在公民社會和現代文學之間找到一個關聯呢？是一項我所希望分享給各位的個人的一些觀察。以下的報告在時間壓力下，不可能特別完整。我主要希望做以下方面的陳述：探討文學和公民社會在二十世紀初期發展的現象；在二十世紀中期以及後期所呈現的各種面貌。最後，我想提出我個人對當代文學的觀察，以及對文學與公民社會的期許。在此時此地，我同時也希望把我的講題和中央大學這樣一個有悠遠傳統的學校，作出一些連鎖。的確，當我們回顧現代文學的發展裡面，有多少重要的學者、文人、作家都曾經和中央大學有過千絲萬縷的關係。這些都是值得尊重的歷史，值得傳承的記憶。

現在開始我的第一個部分。

我們回溯到1899年。在十九世紀的最後一年的春天，日本東京一群流亡海外的知識份子以及革命家有了一段短暫的密會。這次會議的參與者有孫中山、梁啟超等我們大家所熟悉的政治人

物。1898年戊戌政變之後，梁啟超以及他的老師康有為流亡到日本。1899年，在日本新銳政客犬養毅的協助之下，他有一個機會與孫中山見面。康孫兩派人馬有不同的政治理念，他們各自希望中國的未來不再受限於傳統封建制度，呈現一種新的國家面目。

但是這次的密談——所謂的孫康合作的密談——其實並沒有一個具體結果。孫中山所提倡的革命理想深深吸引梁啟超，雖然梁的老師康有為所推動的君主立憲其實與革命並不能相容。但也就是在這樣的一個聚會裡面，一種新的關於什麼是「文」，什麼是現代的文明和文化的觀念，逐漸的開始萌芽。在下一年，也就是1900年，年輕的梁啟超乘船從橫濱到夏威夷的旅途中，他想到如果我們希望中國未來有更好的憧憬，應該立即實踐的，與其說是一種軍政方面的革命，不如說是一種文化上的革命。於此，他想到了三種革命的順序：詩界革命、文界革命、小說界的革命。他將文學的文類以及革命或者是改造社會國家的理想，作出連鎖。

我個人覺得，這是現代中國文學裡面一個非常重要的起點。1902年，當梁啟超在橫濱創立了他的《新小說》雜誌時，中國新文學開始了，而這個開始，又與政治、社會改造息息相關。在〈論小說與群治之關係〉，也就是《新小說》發刊詞裡，梁啟超提到：

欲新一國之民，不可不新一國之小說；故欲新道德，必新小

說：

欲新宗教，必新小說；欲新政治，必新小說；欲新風俗，必新小說；

欲新學藝，必新小說；乃至於欲新人心，欲新人格，必新小說。

何以故？小說有不可思議之力支配人道故。

各位今天來看這段話，也許覺得不可思議。在我們的時代裡，從事小說創作者可以說是社會的小眾之小眾。每當我們要革新社會種種現象，也很難和小說作為連鎖。但是曾有一段時間，一群中國知識份子覺得文學——尤其是傳統認為是下里巴人的小說——是可以和政治發生關聯的。這是一種相當特別的論述。對於梁啟超來講，小說或是廣義的文學有所謂「熏、浸、刺、提」的四種作用。這些觀念可以影響我們的世道民心，改變一個社會的風貌，以至於讓我們的國家，重新有了再次開始的可能。乍看之下，這其實是傳統「文以載道」觀念的現代呈現。雖然梁啟超此時論證的資源基本是來自西方以及日本，但是畢竟使「文以載道」有一個新的發展可能。

於此同時，梁啟超又提出了一個非常耐人尋味的觀點，那就是小說或是文學作為一種文類，不見得就是這麼簡簡單單的能夠改變世道民心的。小說或是文學其實可能是一種非常具有毒性的文類！有鑒於傳統小說誨淫誨盜，蠱惑人心，梁啟超其實明白小說這種東西的影響力不見得是能為道德君子或政教機構控制的，

推動小說革命因此總必須承擔小說以往內蘊的「毒性」。所以如何「以毒攻毒」，讓小說這樣對社會未必有正面影響的文類成為一種新的、可以改造社會的革命行動，並不是簡單的事，也不能簡化為「文以載道」的復辟。梁啟超的想法當然有他很特別的邏輯在裡面。時至今日，可能也仍然給予我們一些靈感，想像那一代的知識份子對文學的觀察，也許並不是那麼簡單，那麼理所當然的。梁啟超似乎預先看到了文學、文化、藝文政治活動中不可化約的變數，而在有毒和無毒之間該怎麼樣找尋它的一個中介點？這是現代知識份子所一再希望實驗的對象。

在這裡容我離題一下，介紹一個西方的觀點。思想家及政治哲學家漢娜‧阿倫特（Hannah Arendt, 1906-1975）曾經講到在西方文明的源頭，所謂的政治或社群關係，從來是和這個社會裡的公民怎麼樣「言說」有關，也就是speech, narrate, relate。我們怎麼樣表達我們自己，怎樣在公開場合，經由各樣敘述、言說方式，來促進交流、付諸行動、引起社會的改變？對於漢娜‧阿倫特來講，這種從敘說而起的公民活動，是良性的權力運作的起源，也是西方政治文明的核心。阿倫特的觀點只是針對西方文明發展有感而發，但如果我們將她的觀點放在二十世紀初期的中國，似乎也與當時的知識份子以及革命家所思所為有相通之處。這個時代的知識份子嚮往維新、革命，不僅需要行動，更需要「說法」！唯其有了「說法」，才能激發他們共同想像、相互論辯的活力，才能促成群體的參與。也就是說，怎麼運用你的想像力，在虛構裡面開出建設，以成為一種新的、行動的能力。這種

所謂激發新意的感召力（pathos of novelty），對於阿倫特來講，就是革命的開始。所以革命與小說，用英文來講就是Revolution as Fiction，兩者之間的有機互動，是我們必須要念茲在茲的。阿倫特的想法也許到了今天仍然給予我們一些啟示：這也許不是一個革命的時代，但是，這仍然是一個需要我們發揮想像力以及創造力的時代。而想像力以及創造力的場域之一，正是在一個最廣義的文學場域裡孕育出來的。

以後這些年裡，中國另外一位文化以及文學領導者，魯迅（1831-1936），也對於「文學是什麼」做出懇切的觀察。在他的小說集《吶喊》的序裡提到：

> 凡是愚弱的國民，即使體格如何健全，如何茁壯，也只能做毫無意義的示眾的材料和看客，病死多少是不必以為不幸的。所以我們的第一要著，是在改變他們的精神，而善于改變精神的是，我那時以為當然要推文藝，于是想提倡文藝運動了。

魯迅1902年留學日本，原來計畫習醫，卻理解文學更能醫治人的靈魂，因此他棄醫從文。時至今日，我們可能覺得這又是一個不可思議的舉動。但是「文」的號召力，不論是更新文化，或是再造文明，的確是超過了各種其他學科。另一個世代所作的一些努力，仍然值得我們思考。

魯迅的思考，恰恰是今天我演講的主題之一，文學到底有什

麼用？或是文學有可能真正的來改變我們的世界嗎？或者，作一個文學人，難道我們真的是那麼樣的天真，以為用簡單的文字就能夠扭轉乾坤嗎？1925年魯迅在《死火》（1925）裡寫到：

> 這是死火。有炎炎的形，但毫不搖動，全體冰結，像珊瑚枝；尖端還有凝固的黑煙，疑這才從火宅中出，所以枯焦。這樣，映在冰的四壁，而且互相反映，化成無量數影，使這冰谷，成紅珊瑚色。

這熊熊的烈火早已在冷酷異境裡，被冷凍在非常結實的寒冰裡面。但在這樣一個冰谷中，我們看到「死火」所展現出來像珊瑚的形狀，似乎暗示也許有朝一日，冰塊可以融化，死火再次發出熱，發出光。

　　魯迅的觀察其實是模稜兩可的；死火到底是有朝一日，能再次恢復溫暖、燃燒世界呢？或是永遠禁閉在這永恆的冰谷裡呢？是否每一個世代都有這樣的死火，被圈禁在寒冷的環境裡，蓄勢待發，或蹉跎以終？如此，二十世紀初期那一代的文化知識份子，在思考個人及文化、文學及社會、政治之間的互動時，提出了各種積極或消極的反應。

　　現在，我要來到今天演講的第二個部分。

　　相對於第一代的梁啟超以及魯迅對於文學與社會，啟蒙與革命所抱持的熱誠，1920、1930年代又有一輩知識份子做出不同的反應。而這些反應，其實和中央大學的歷史有著非常有趣的關

聯。1922年1月，在當時中央大學的前身（之一）東南大學，有一群學者在南京的鼓樓北二條巷二十四號聚會，他們創建了一個雜誌——《學衡》。這個雜誌的創始人包括了吳宓（1894-1978）、梅光迪（1890-1945）以及胡先驌（1894-1968）等。與號召革命啟蒙的《新青年》相反，《學衡》提出了另外一種看待現代性的論述。

吳宓是哈佛大學畢業的碩士生。他的老師是當時在美國最重要的新人文主義（New Humanism）倡導人白璧德（Irving Babbitt, 1865-1933）。白璧德有感於在歐洲第一次世界大戰後西方人文凋敝的景況，倡導重新思考東、西方文明——包含希臘文明，羅馬文明，東方的孔孟文明等——並以此召喚新人文主義。白璧德強調現代人對於傳統與文明的尊重，培養戰後的新公民意識。這樣的說法放在1920年代的世界，不論是西方或是中國，都不會受到歡迎的。那是一個革命風起雲湧的時代，所有的知識青年正以打倒一切的動力，意圖改變社會國家。但是偏偏有吳宓這樣的文人，偏偏有像中央大學這樣的學校，能夠容許他們發展出一種完全不同於世俗所見的文明想像，社會觀察。

吳宓等學者經營的《學衡》雜誌一直持續到1930年，總共出版179期，成為中國五四新人文主義傳統最重要的標竿。在以後的六十年裡，由《學衡》所代表的傳統被有意識地壓抑了。尤其在革命狂飆的年代，這些學者被認為是落後、反動份子。但曾幾何時，近年新人文主義思潮捲土重來。中國政府甚至在世界成立了無數孔子學院。這使我們再次了解，五四那一代的文人在思

考個人、知識、國家以及政治之間的關聯時，曾提出許多不同選項。而吳宓和他所代表的中大人文傳統，到今天我們仍然覺得彌足珍貴。

1925年這一年，在中山第四大學——這又是中央大學的另外一個前身，一位留美返國的年輕學者聞一多（1899-1946）開始擔任英文系的教師。在座的來賓也許對於聞一多所知不多，這卻是一位左右了中國二、三十年代新詩史的重量級人物。聞一多最重要的詩歌之一，是他在1923年旅居芝加哥時候所寫的，這是和我們講題的意象相關的詩歌——《紅燭》。

《紅燭》　聞一多（1923）
「蠟炬成灰淚始乾」——李商隱

紅燭啊！
這樣紅的燭！
詩人啊
吐出你的心來比比，
可是一般顏色？

紅燭啊！
是誰製的蠟——給你軀體？
是誰點的火——點著靈魂？

紅燭啊！

你心火發光之期，

正是淚流開始之日。

秉持紅燭一般的心志，聞一多期許個人對社會無條件的奉獻犧牲。的確，聞一多自己日後也愈來愈捲入政治。相對於吳宓和梅光迪那樣的新人文主義學者，他走上了另外一條路，干預社會，批判政府。1946年夏天，聞一多因為敢對國民黨所策畫的暗殺李公僕事件提出批判，成為國民黨特務除之而後快的對象。7月15日，他在參加了李公僕的葬禮之後，被兩個特務暗殺。他真是以他個人的生命，付出了他追求民主正義的代價。相對於國共，他所代表的第三勢力也因為他的暗殺戛然而止。

聞一多在之後被中共捧為烈士。事實上，當時的知識份子裡，除了簡單的左和右的選擇之外，有太多太多可能的道路。聞一多所代表的所謂民主同盟的理想畢竟是功虧一簣。回過頭來看，他也代表了一代中央大學的教授對於國家政治的參與，所付出的犧牲。

與此同時，我們不能忘記在二、三十年代的臺灣，「臺灣的魯迅」——賴和（1894-1943）所號召的臺灣民主活動。賴和不但是位重要的傳統漢詩詩人，也是一位以白話文創作的臺灣現代文學先驅。賴和之後，還有1930、1940年代的楊逵（1886-1985），1940年代的鍾理和（1915-1960）以及吳濁流（1900-1976）等持續的努力。在一個和中國大陸完全不同語境的臺灣，

這些知識份子堅持以漢文、白話文、甚至日文寫作，抒發一代臺灣人對殖民社會的批判。他們也參與各種不同的請願、抗議、革命活動，除了勤耕文字，他們也付諸行動。

1949年2月，葉石濤（1908-2005）在臺灣《新生報》副刊發表〈三月的媽祖〉。這是我們目前文學史所發現最早有關二二八事變之後、一代臺灣人心路歷程的作品，這篇小說當時是以日文寫出。楊逵這些知識份子文人，不但只是坐而言，或是坐而行文，也廁身當時的政治運動，更付出無比的代價。楊逵在日本殖民時代，在國民黨白色恐怖時代，都曾經在監獄裡虛度歲月。而葉石濤在1950年代也因為白色恐怖，曾有三年牢獄之災。今天回想這一代的臺灣文學先驅者，我們承認他們在文學上也許不見得有最精緻的表現，但一旦我們理解他們如何將文學和社會、政治做出結合，不禁肅然起敬。

現在進行今天報告的第三個部分。

1940年代的末期，當時國共內戰每下愈況，愈來愈多的年輕人思索家國的前途。他們如何以文學或文化的行動，來見證他們個人的心志，是一段段動人的故事。在此我要特別介紹聶華苓女士（1925-），她也是中央大學的校友。1946年抗戰之後她回到南京，在中央大學的英語系完成大學教育。在這一段烽火連天的歲月裡，聶華苓想的雖然是文學，也理解到文學最終的目標或意義在於個人情志與社會完滿的互動。這在當時的政治狀況下，不論左右，都談何容易。特別要提到的是，1949到1960年間，聶華苓曾參與臺灣《自由中國》雜誌編務，這本雜誌可以說是臺

灣在1949年之後的一個文化奇蹟。當時的自由主義者，像是雷震、殷海光還有其他同道，創辦了這樣一份雜誌，倡導民主自由的政治理念，聶華苓就是在這份雜誌裡負責文學專欄。在那十一年的時間裡，這些知識份子和作家們胼手胝足地建立一個小小的文學、社會理想的花園。這個雜誌最後還是被查封了，而聶華苓也必須離開臺灣來到美國。然而這段故事還是見證了一位女性的知識份子作家在非常的年代裡，如何排除萬難，見證那個時代的生活細節，那一代臺灣人或中國人的悵望，或是希望。

到了1970年代，聶華苓以她個人旅美經驗寫出《桑青與桃紅》。這本書講述流亡在美國的一代知識份子的心路歷程，尤其有關女性的考驗。因為內容大膽涉及女性的欲望和身體，於1972年在臺灣《聯合報》連載時，或者是因為讀者抗議，或者是因為檢查者的介入，竟然被腰斬。這是臺灣當年文化界一個事件。《桑青與桃紅》一直要到1980年代才在臺灣出版，《中國時報》在當時還扮演一個關鍵角色，促使聶華苓女士回到臺灣，為時代的改變作見證。

相對於聶華苓的自由主義立場和臺灣、美國經驗，1947年在南京中央大學中文系及戲劇系擔任教師的一位年輕作家路翎（1923-1994），寫下一齣戲劇《雲雀》。這齣戲諷刺戰後時代知識份子空言高論，面對現實考驗卻完全無所作為，最後陷在一個動彈不得的困境。回顧中國大陸文學史，我們要說路翎是一個最有天才的「現代主義的左派」作家。路翎以《飢餓的郭素娥》在抗戰中崛起，二十歲時就完成五十萬字巨著——《財主的兒女

們》（1945）。他的作品揭露陳舊的社會裡種種扭曲、醜陋的生命現象。他的批判不僅止於對封建傳統或統治階級，也更及於社會底層被損害與被侮辱者：他們的欲望掙扎，他們的叛逆盲動，這使他的作品產生左翼文學公式無從想像的張力。

這位年輕的、有大志的作家以及中央大學的文學教師卻因跟隨胡風路線，在1955年被殘酷的迫害，以後的二十多年裡面他恍如從人間蒸發。1980年代路翎平反後，以出土文物的姿態重回文壇，卻因為長期監禁而成為精神分裂患者。這一位偉大的、有才華的作家，中大的文學、戲劇老師，在一個特別的政治體制之下，完全被迫害也被浪費了！

《雲雀》有一個有趣的續曲。2012年在南京大學——也就是當年的中央大學——一百一十週年的校慶時，一齣由年輕的學生所排演的新戲《蔣公的面子》上演了。這齣戲諷刺抗戰時期知識份子徘徊在權利和自尊間的虛偽面貌。這樣一個諷刺喜劇卻成為轟動全國的大事，甚至巡迴海外演出。由此，我們再次見證到南京大學戲劇系的力量，其來有自。

我們的討論繼續進行到最後部分。

1960年代，有一群留學生，包括臺大外文系的郭松棻（1928-2005）、李渝（1944-），還有政治系的劉大任（1939-），先後到美國深造。那個時候到美國去是一件了不得的大事，在美國感受到一個完全不同於臺灣的生活以及政治環境，這群學生的思想有了劇烈改變。尤其當時美國的反越戰運動風起雲湧，外加法國的罷工、中國的文化大革命，都給這一群留學生帶來了無

比的震驚。1971年，「釣魚臺事件」發生，這些學生決定「投筆從戎」，即參與海外革命。他們義無反顧地拋棄了臺灣家人和社會文化連鎖，成了不折不扣的左派。他們放棄學業，來往美國各地從事反美擁共的串連。這是那個世代的臺灣留學生的一大考驗。

但在1974年之後，這些留學生突然理解到他們所嚮往的祖國、所堅持的意識形態，也許不是他們所想像的。他們幻滅了，他們必須再次思考自己所為何來。在這裡我們再一次看到文學以及政治，還有社會活動之間的接壤。這些年輕的知識份子作家中，郭松棻是臺灣膠彩畫畫家前輩郭雪湖的兒子；李渝則是所謂的外省第二代；他們和劉大任都是加州大學柏克萊校區的學生。為了革命，劉大任和郭松棻放棄了他們的博士課程，最後都沒有完成學業。他們雖然在革命事業上、學術歷程上成為失敗者，但是最後他們以文學來見證他們和這個時代的關聯。

1980年代初，這些人再一次的回到了書房，思考他們所曾經歷的革命歷程，他們的理想和幻滅。他們拿起筆來，寫出一本又一本精采的文學作品，這些文學作品是現當代臺灣文學研究不能忽視的對象。他們所付諸的不只是文學的心血，還是畢生與社會理念、政治理想角力的結果。像劉大任的《浮游群落》，講述那一代臺灣到海外留學生的各種奮鬥，他們的選擇和必須承擔的後果，就是一部非常扣人心弦的小說。

與此同時，我們也不能忘記在臺灣也有另外的一種左派的意識活動。像是陳映真（1937-）和他的同志們在臺灣白色恐怖時

代依然堅持履行左翼理想，為此陳映真付出了七年牢獄之災的代價。在 1977 年當時所謂的鄉土文學論戰裡，包括了朱西甯、余光中（1928-）、王拓、尉天驄等左右中各路人馬，形成一種不可思議的辯論風潮。

什麼是鄉土文學？我們在臺灣，到底要把什麼地方當成是我們的鄉土？這些問題此刻都浮上檯面。誰是左？誰是右？必須重新洗牌。再一次的，這帶動了 1970 年代及 1980 年代有關臺灣政治主體的改革契機。鄉土文學論戰當然和《中國時報》當時的副刊的大力報導有關。經過文化傳播的力量，我們的社會重新凝聚共識，發展對臺灣未來的想像。而到了今天，我們還能夠期待作家和文化界人士，不論左右統獨，再次引燃對社會政治議題的能量嗎？

我們不能忘記中央大學的另外一位老師，大家都非常熟悉的龍應台女士（1952-），或是龍應台部長。1984 年 11 月 20 日《中國時報》的副刊上，當時年輕的英語系副教授龍應台寫出〈中國人，你為什麼不生氣？〉，一下如野火燎原，引爆熱烈討論。在那以後，龍應台出版《野火集》，成為她個人，還有臺灣那一代知識份子對公民社會的崛起最重要的指標。《野火集》在三年之內約有一百萬的銷售量，我想這是一個驚人的數字，也代表了文人的文字的力量所可能泛化出來的號召力、行動力。

最後，我們也不能忘記臺灣二十世紀社會運動史裡另外一種沉默的呻吟——所謂不能夠發出火光的、死火型的作者，我們這裡要特別向施明正（1935-1988）致敬。施明正是何許人也？大

家可能都不知道，他是我們今天似乎視為過氣的施明德先生的哥哥。施明正早在1960年代就參與反對運動，而他終以生命來見證這樣的運動，這和當下的名嘴文化有太大差距。1988年解嚴之後，施明德卻沒有獲釋，施明正以絕食來抗議國民黨對施明德的不公，他真的就絕食而死。

施明正的一生，正像我剛才所謂的魯迅的死火一般，在那樣的冷酷異境裡，其實是沒有什麼作為的。但就像剛才所說的，早在1960年代，他已經是站在所謂臺灣民主進程的前線上，默默地付出心力。而他付出的方式，有的時候是藝術的、有的時候是頹廢的、有的時候是浪漫的，無從捉摸；他的評價，也是眾說紛紜。可是從文學的立場，我覺得這是一個文人以他個人的風格，說明了文學人或是文化人以他們的身體來作為一個紅燭般的奉獻。

結束我今天的討論，我希望以當代的一些作品，來作為我們號召未來對於「火種」論述的一個新的開始。這些火種，不只是來自於臺灣、也來自於中國大陸、也來自於海外。而這些文人所從事的文化活動，以及他們的作品，事實上都是在我們臺灣書市上可以買得到的。我們怎麼樣去經驗這些作品？怎麼樣經過閱讀、經過書寫來再一次鍛鍊我們無盡無休的想像力？經過這些想像力來介入我們社會各種各樣的問題？

以下的這些作者，是我所可以提供給大家的。我們曾經讀過舞鶴（1951-）的作品麼？舞鶴是臺南的作家，他寫作了《餘生》（2000），是我個人認為二十世紀中文文學裡有關霧社事件

最重要的經典。我們曾經讀過陳冠中（1952-）的《盛世》（2009）麼？這是一位在香港長大、就業，目前定居北京的文化人。《盛世》是本烏托邦作品，想像中國在2013年所發生的各種不可思議的怪現狀。這本書當然在中國大陸是被禁掉的，可是在臺灣出版——再次證明臺灣社會的言論自由。我們曾經看過大陸作家閻連科（1958-）的《四書》（2011）麼？這本書同樣在大陸不能出版，而在臺灣出版了。這本書描寫1959年到1961年所謂三年「自然災害」時，三千萬的中國人無聲無息地被餓死，這在今天人民共和國的歷史裡是沒有紀錄的。閻連科也寫出當時知識份子在非常情況下，各種各樣苟延殘喘的怪現狀，並從這裡自我反省、自我批判。在美國的曹冠龍（1945-），曾經是在中國大陸重要的現代派作家，最後選擇流亡美國。他寫作的《沉》（2009）揭發文化大革命人吃人的現象。流亡英國的馬建（1953-），寫出《肉之土》（2010），嘆息六四天安門之後一代中國人如何變成行屍走肉。馬建號召著我們這一代的年輕作者或讀者能夠恢復《山海經》裡那樣狂放的想像力和創造力，並以這樣的創造力和想像力來回應、質疑那個彷彿嚴絲合縫、滴水不漏的政權？這本書也是只能在臺灣出版。

我們要珍惜臺灣的這一塊作為一個文化生產的場域，一個促進公民社會想像的平臺。當對岸的領導者告訴我們「中國夢」的時候，告訴我們「和諧社會」的時候，我們警覺有太多他們不樂意見到的東西已經被「和諧」掉了。他們不願意做的夢，我們來替他們做。

我以魯迅的話來作為今天的報告的結束。在〈影的告別〉裡，魯迅說：

有我所不樂意的在天堂裡，
我不願去；

有我所不樂意的在地獄裡，
我不願去；

有我所不樂意的在你們將來的黃金世界裡，
我不願去。

作為一個公民社會裡面，有為有守有自信的公民，我們今天再次思考人文和社會，以及政治的一個開端。作為一個文人，作為一個知識份子，我們的抉擇有許多的時候是模稜兩可的，但有很多的時候卻是最堅決的。

老中央大學的人文傳統
——論當年學界的一場南北戰爭

汪榮祖

國立中央大學歷史研究所專案教授

壹、引言

　　中央大學百年校慶將至，回顧歷史，難以忘懷老中央大學在學術文化上曾經領袖東南學風，與北京大學分庭抗禮的往事。北京大學是眾所周知新文化運動的搖籃，於五四愛國運動之後，更形成莫之能禦的新文化風潮。五四運動之起，由於歐戰結束後，1919年召開的巴黎和會，竟將德國在山東的權益移交給日本，中國以戰勝國而喪權辱國，國內輿情大嘩，引發抗爭，以及隨之而來的新文化運動。唱新文化者在文化上刻意求新，將中國的挫敗與羞辱歸罪於舊文化而欲摒棄之，甚至高唱「全盤西化」之論。唱新文化之群賢，齊集於北大。蔡元培校長雖以「兼容並包」聞名於世，然主要在容納新派，諸如陳獨秀、李大釗、胡適、錢玄同等人，多為其所延攬。蔡校長固不排斥舊派，然而舊派已非主流，不是靠邊站，就是引退南下，北大成為新文化的重鎮，勢所必然。所以南北之分並不是「地域之睽隔」，「不能共

通聲氣」，[1] 而是因意見不合而分道揚鑣，各據一方。

　　當年在老中央大學（包括前身南京高等師範學校與東南大學）的人文學者反對陳、胡所領導的新文化運動者，並不是一群抱殘守缺的老頑固，緊抱傳統文化，拒絕外來文化。他們之中亦多清華出身，留學歐美，教育背景實與新派略同。他們堅決反對的是以新文化來取代舊文化，尤其痛恨舊文化之被摒棄，所以極力要維護舊文化，因而被稱為反新文化運動的守舊派。其實，他們明言「昌明國粹，融化新知」，[2] 並不反對新文化，只是他們所要吸取的新文化，有異於陳、胡，他們對新文化的態度也不相同，不要「拿來」，而要「融化」。這群人以梅光迪、吳宓、劉伯明、胡先驌、樓光來、柳詒徵、徐子明、黃季剛、吳梅、胡小石、汪辟疆等學者為中堅，以東南大學（1927年改組為中央大學）為基地，創辦《學衡》雜誌與以北大為中心的新文化運動者爭鋒，儼然是一場民國學術界的南北戰爭。所謂南北不是地域之分，亦非省籍之別，恰恰因兩派學者展開論戰時分居於北京與南京而有南北之分。不過，分居南北，並非偶然。北京大學原是五四運動的搖籃，該校教授陳獨秀、李大釗、胡適等又是《新青年》雜誌的編輯與主要執筆者。與北京學者唱反調者聚集於南京東南大學，則由於梅光迪的「策略」，要大家刻意避開北大，而在南方的「高等教育機構站穩腳跟」。[3] 度梅氏之意，無非是別

---

1 叔諒，〈中國之史學運動與地學運動〉，《史地學報》，2卷3期（1923年3月），頁13-14。
2 見〈學衡雜誌簡章〉，刊於各卷卷首。本文所用《學衡》為南京江蘇古籍出版社1999年影印本。
3 見吳宓1921年5月24日致白璧德函，收入吳學昭整理，《吳宓書信集》（北京：三聯書店，2011），頁13。

樹陣地，與之相抗衡。雙方（以下簡稱南派、北派）交鋒的主要議題如下。

貳、文白之爭

民國9年（1920）教育部通令全國各校改用白話教學，自此白話文逐漸取代文言文，開展了蓬勃的白話新文學，最後導致文言成為一般讀書人難以索解的「古代漢語」。此一轉折影響的深遠，稱之為「文學革命」或「文化革命」，並不為過。更具體而言，可說白話革了文言之命。其實，白話並非新創，古已有之，只是古來視白話為俚語，為不登大雅之堂的俗文學，而文言則是典雅的正式文字。

北派大將胡適於五四之後成為提倡白話文的健將，遠在五四之前留美期間的胡適已開始與同學兼同鄉的梅光迪展開文、白之辯。辯論的結果雙方都堅持己見，以至於因反目互詬。在形象上，胡適成為識時務者的英雄，而梅光迪則成為反對白話文的不識時務者。其實，梅氏長胡氏一歲，與胡氏一樣考取清華公費留美，先入西北大學，後入哈佛大學，專攻西洋文學，並不反對白話文，他自己也寫白話文。他反對的是「廢文言而用白話」，不認為文學的演變是新文體取代舊文體，「若古文白話之遞興，乃文學體裁之增加，實非完全變遷，尤非革命也」。換言之，新舊文體應該承先啟後，可以並存，「豈可盡棄他種體裁，而獨尊白

話乎？」[4] 所以明確地說，梅光迪他們並不反對白話文，重點是反對廢止文言，認為不必專用白話而棄絕文言。惜文白之爭最後淪為無意義的贊成或反對白話文之爭的假議題，反而忽略了真正的議題：文言是否應該廢止，必須被白話所取代？

提倡白話最賣力的胡適在其《白話文學史》一書裡，如何界定「白話文」就出了問題。文白之爭是否可以說是守舊與進步之爭？他所謂的白話文是「聽得懂的」、「不加粉飾的」、「明白暢曉的」，自然包括了那些淺顯易懂的古文在內，至於所有深奧華麗、小老百姓看不懂的古文都應該被「排斥」的、不及格的「僵死文學了」。[5] 極力提倡白話文的胡適以死活來界定文言與白話，認為文言是「死文字」，白話才是「活文學」，活文學理所當然應該取代死文字。其實西方人所謂「dead language」指的是「已廢文字」（language no longer in use），然而文言在當時仍然是「通行的現行文字」（language still in use），絕不可能是「已廢文字」，廢止不用之後才會死亡。據老中央大學史學教授徐子明說，劉半農在巴黎學位口試時，曾說中國文字（古文）已廢，「被法國漢學教授Vissiere駁斥如下：『中國文字是已廢的文字嗎？呸！它全沒有廢，它是極其通行』（La langue chinoise est-elle une langue morte? Non, ellen'est pas du tout une langue morte, mais elle est une langue vivante par excellence）」。[6]

---

4 梅光迪，〈評提倡新文化者〉，《梅光迪文錄》（臺北：聯合出版中心，1968），頁1。
5 胡適，《白話文學史》自序，上冊（臺北：啟明書局，1957），頁13。
6 徐子明，〈何謂文學革命〉，《宜興徐子明先生遺稿》（臺北：華崗出版部，1975），頁127。

胡適自定文字的生死之餘，卻又以一己的主觀價值在《白話文學史》裡收攬了一些自稱「已死」的古文，又完全忘了如何處理不明白暢曉的白話文。錢鍾書曾說：「白話至高甚美之作，亦斷非可家喻戶曉，為道聽途說之資，往往鉤深索引，難有倍於文言者」，又說「以繁簡判優劣者，算博士之見耳」、「以難易判優劣者，惰夫懦夫因陋苟安之見耳」。[7] 若按胡適的說法，難道內容艱深不容易看懂的白話文也都成了「僵死文學了」？其實「文學之死活，以其自身的價值而定，而不以其所用文字之今古為死活」。[8] 所以，憑難、易、繁、簡來判決文字的死活，是站不住腳的。按文言與白話都是漢文，並非魚與熊掌不可兼得。白話是「口語」（spoken language）而文言是「雅言」（written language），口語成為可讀的白話文，仍需要雅言作為根底與資源，誠如梅光迪所說：「欲加用新字，須先用美術以鍛鍊之，非僅以俗語白話代之，即可了事者也」。[9] 同時，白話也可使古文除去陳腔濫調而更具彈性。換言之，白話可使文學普及，但無須廢止講究「貴族的」、「美學的」菁英文學，原可雙軌並行而不悖，如吳宓所說：「文言白話，各有其用，分野文言，白話殊途，本可並存」。[10] 徐子明更明言：「夫豈知英美德法，其政令公牘及學人著述所用之文字，與尋常之語言絕殊。倫敦、紐約、

7 錢鍾書，〈與張君曉峰書〉，《錢鍾書散文》（杭州：浙江文藝出版社，1997），頁409-410。
8 老中央大學植物教授胡先驌語，見胡先驌，〈評嘗試集（上）〉，《學衡》第一冊，第1期（1922年1月），頁18。
9 語見胡適，《胡適留學日記》（臺北：臺灣商務印書館，1980），第4冊，頁978。
10 見吳宓譯者識語，〈鈕康氏家傳〉，《學衡》第二冊，第8期（1922年8月），頁16。

巴黎，其販夫走卒孰不能各操其國語。然而授之以通人之撰述，則茫然不解。何則？著述之文字，簡潔精粹，不似口語之俗俚畏瑣，故未加研習則不能解」。[11] 然則，口語與行文不可能合一，中外皆然。但是五四之後，文學革命風潮高漲，白話通行，北派成為新文化的領袖，而南派淪為守勢，不得不亟力攻擊白話獨尊，原意是反對盡棄古文，如南派的胡先驌所認為的，古文是前人留下的遺產，不應盡棄，創新必須要植根於傳統。[12] 抗戰前後在南京中央大學執教的徐子明教授從歷史觀點指出，羅馬帝國通用拼音的拉丁文字，帝國崩解後各族以其土語為國語，各立一國，歐陸便永久分離。中國的方塊字根據六書而成，與拼音文字的性質完全不同，異族雖然不斷入侵，但無法拼出其土語，只能認中國字，讀中國書，最後因認同中國文化而成為多民族中國的成員。所以徐先生認為，「華文的統一文化之功和用夏變夷之力，不管以時間之久長或空間之遼闊而論，可說史無前例」。[13] 換言之，中國文字自有其特性與功效，何必強同，一意西化？幸而漢語拼音化只是紙上談兵，未付諸實施，否則更難以挽回矣。

然而在相互攻防之間理性的討論很容易流為情緒性的抨擊，因而失焦，如吳宓痛斥北派偏激的主張「鹵莽滅裂」，徒以謾罵為宣傳，發沒有根據的言論，使國家社會受害。[14] 但北派乘趨新

---

11 徐子明，〈赤賊之前驅及文化之危機〉，《宜興徐子明先生遺稿》，頁4。
12 參閱胡先驌，〈中國文學改良論上篇〉，《東方雜誌》，第16期3號（1919年3月），頁169-172。
13 徐子明，〈何謂文學革命〉，頁123-124。
14 吳宓，〈論事之標準〉，《學衡》，第56期（1926年8月），頁1-2。

的優勢，根本不把南派放在眼裡，胡適很高傲地宣稱：「《學衡》的議論大概是反對文學革命的尾聲了。我可以大膽說，文學革命已過了討論的時期，反對黨已破產了。從此以後，完全是新文學的創造時期」，[15] 誇大得意之狀，溢於言表。發抒情緒之餘，幾無理性討論的空間，變成簡單的文白之爭，反對獨尊白話被認為是反對白話，主張文言不宜偏廢被認為是食古不化。北派成為新文化運動的旗手，而南派則普遍被認為是「反對新文化運動的保守派」。但實情並非如此。

今日塵埃落定，表面上看來，南派敗北，白話勝而文言敗。平心言之，白話俗語誠然已經證明可成為精緻的白話文，但白話文的精粗好壞與能否取法古文大有關係。如何使拖沓繁複的白話成為簡潔明暢的文字，有賴於善用文言。與吳宓精神相契的歷史學家陳寅恪雖未參與文白論戰，但畢生不用白話作文，以貫徹其信念。吳宓的學生錢鍾書雖以白話文創作，但不廢文言，晚年巨著《管錐編》即以典雅的古文書之。證諸百年來寫白話文的能手，無不從古文泉水中獲得滋養，只因古文遭到廢棄與漠視，能夠借文言使白話文寫得精簡雅潔者日少，能寫文言者更是日見凋零。對極大多數的國人而言，古文不啻已成為枯井竭泉，讀來猶如有字天書，反而因受到西語影響，污染了白話文的寫作。至今有人呼籲加強國文，豈不晚矣！亦不得不令人感念老中大人文學者，反對廢棄古文、獨尊白話的遠見。若然，北派雖勝有愧，而

---

15 胡適，〈五十年來中國之文學〉，《胡適文存》（臺北：遠東圖書公司，1953），二集，卷1，頁259。

南派雖敗猶榮。

參、尊孔與反孔之爭

在南京出版的《學衡》雜誌於 1922 年元月創刊，發起者就是梅光迪以及邀梅氏到金陵執教的劉伯明，主編與撰稿最多的則是吳宓，並由吳撰寫該誌宗旨。作者群包括東南大學師生在內有百人以上，執筆的名家有梅光迪、吳宓、劉伯明、胡先驌、柳詒徵、湯用彤、陳寅恪等人。該誌的使命一方面想要挽救中國文化，另一方面則極力溝通東西文化，有別於北方的刻意西化。《學衡》的內容以及表達的思想與北京出版的《新青年》雜誌在論點上針鋒相對，被視為反對新文化的文化保守主義刊物。事實上，《學衡》撰稿人並不反對新文化，在思想上也訴求改良，未必居心要保守。他們主張中西文化融合會通，反對的是激進主義與輕易廢棄國粹。

他們認為偏廢古文不僅是枯竭了白話文的泉源，而且捨棄了漢文化的寶筏，因數千年古文所載，乃整個傳統文化精神之所寄，也就是吳宓所說「民族特性與生命之所寄」，[16] 儒家思想更是中國傳統文化的核心。然自晚清以來，國勢凌夷，憤激之士歸罪於孔氏，康有為急求變法維新，借古改制，斷然指經古文為偽，不意順勢而下，其所依據之經今文亦遭質疑。章太炎早年遭

---

16 Mi Wu, "Old and New in China," in *Chinese Students' Monthy*, vol. 16, no. 3 (June, 1921), pp. 200-202.

遇時變，也要「訂孔」，晚年主張讀經，為時已晚。要因五四之後，孔子更成為眾矢之的，戴上封建餘孽的大帽子，儒家被視為專制集權的淵藪，經書被視為無用的渣滓，「打倒孔家店」的口號更響徹雲霄。打孔餘波蕩漾，到文化大革命一起，批孔怒潮再興，孔丘不啻成為被污名化傳統文化的替罪羔羊。

自五四以來，孔夫子常被定擁護封建獨裁之罪；其實，秦漢以來三千年的專制政體並不是孔子的理想政治，他的理想是「祖述堯舜，憲章文武」，也就是說，堯、舜，禹、湯、文、武、周公才是他心目中人君的典範，才能實現治平之道；然而歷代帝王名為尊孔，實背道而馳，故南宋朱熹曾說：「八百年來聖人之道，未嘗一日行於天地間」。歷代所行的專制主要是基於講求嚴刑峻法的法家；不過，儒家思想在中國傳統社會裡愈來愈受到重視，也得到帝王的尊重，因而一方面多少起了「軟化」冷酷專制政體的作用。按「儒」之一字，即有「濡化」之義。另一方面儒家道德規範與倫常關係也多少起了穩定國家與社會的作用。老中央大學的文史學者深感難以坐實孔子贊同獨裁之罪，更憂慮維持社會的禮法因打孔而毀滅，故而梅光迪說：「南雍諸先生深臍太息，以為此非孔孟之厄，實中國文化之厄也，創辦學衡雜誌，昌言觝排」。[17]

拒絕反孔，確實是南雍諸先生的主要議題之一，當《新青年》猛烈攻擊儒家時，就有護孔者認為打倒孔教是犯了感情用事

---

17 見王煥鑣，〈梅迪生先生文錄序〉，《梅光迪文錄》，卷首語。

的「心粗膽大的毛病」，因孔子教義「自有其不可誣者」。[18] 要因儒家的經典經過幾千年的涵化，猶如基督教之與歐美人，已成為中國人所尊奉的行為準則。人有行為準則才能異於禽獸，排脫叢林法則，使禮法制度與民生日用隨時日進。中國至西周文物已大備，即《論語》所說：「周監於二代郁郁乎文哉！」此處所謂「文」，指的就是禮制法令之著於典籍者。然至東周，諸侯征伐，綱紀蕩然，孔子遂述哲王之業，訂禮樂，欲行治平之道，以冀撥亂反正；然因生不逢時，難展身手，所以只好「述而不作」，以備後王有所遵循。後王應該遵循之道，也就是哲王所用治國的禮制與法令。《大學》講的就是修己治人之道，《中庸》的要旨也是始言修己，終言治國平天下。故一言以蔽之，儒家經典要在致用，所謂「儒教」，乃儒者的教化，並非宗教。其教除治國平天下之外，以「五倫」與「五常」修身齊家，使行為有所依歸，社會和諧穩定。所以反孔對老中央大學歷史系徐子明教授而言，不啻是要破壞倫理，摧毀社會秩序與安寧，因而導致五四以來動亂不已，山河變色。徐氏有言：「治世之大經，終莫逃乎六籍。何則，理義悅心，人情所同，非是則綱紀必紊，是非無準，家國必喪也」。[19] 依徐先生之意，尊孔或反孔更關係到人心之邪正與夫國家的治亂。

---

18 參閱張壽朋，〈文學改良與孔教〉，《新青年》，第5卷6號（1918年12月），頁650；俞頌華，〈通信〉，《新青年》，第3卷1號（1917年1月），頁90-92。

19 徐子明，〈赤賊之前驅及文化之危機〉，《宜興徐子明先生遺稿》，頁1。

肆、浪漫與古典之爭

　　北派領導的五四新文化運動常被稱為啟蒙運動，然而由於當時國家危亡無日，與反帝國主義的救亡運動相結合而形成激烈的革命運動，[20] 實與啟蒙精神相背。辛亥革命就帶有強烈的民族主義情緒，有志之士因清政府無力抵抗帝國主義侵略而欲推翻清廷。民國成立以後國運並未好轉，當時的「思想氣候」（climate of opinion）仍然是順民族主義之勢而追求更深入的革命，連思想與文學都需要革命，完全是充滿情緒的浪漫心態。作家們在新文學的號召下，感情的宣洩多而理念的追求少，所以北派所領導的五四新文化運動是一場不斷推動革命與救亡的浪漫主義風潮。對舊文化的強烈批判也就是因救亡而起，認為中國若不從封建威權體制中解放出來，無以立足於現代世界，更不能追求富強。此一強烈的文化批判並不基於理性而是基於激情，諸如「全盤西化」、「打倒孔家店」、「桐城謬種，選學妖孽」、「萬惡孝為先」等等，都是激情的革命口號。

　　革命的本質不屬啟蒙而屬浪漫，按啟蒙為盛行於十八世紀西歐的思潮，重視科學、個人、倫理與理性。從歷史看，自法國大革命之後，歐洲自十八世紀中葉到十九世紀中葉是一重要的歷史轉折，在此百年間革命一詞不絕於耳，政治革命之外，有文化革

---

20 參閱李澤厚，〈啟蒙與救亡的雙重變奏〉，《中國現代思想史論》（臺北：天元圖書公司，1988），頁 7-57。Vera Schwarz, *The Chinese Enlightenment: Intellectuals and the Legacy of the May fourth Movement of 1919* (Berkeley: University of California Press, 1986), p. 297.

命、工業革命、農業革命、商業革命、消費革命，不一而足。在思想上則是對啟蒙時代理性主義的反動，拒斥學院派而傾向公眾，趨向於意志、情緒、民主、權力、回歸原始的浪漫風潮。認為文明污染人性以及追求感性的法國哲學家盧梭（Jean Rousseau, 1712-1778）成為浪漫運動的先知。浪漫風潮開啟了以感性為主的文化，與理性文化針鋒相對，可稱之為一真實的文化革命，也就是要革普世倫理價值之命，革科學實證之命，革普世人文之命。誠如西班牙藝術家哥雅（Francisco de Goya y Lucientes）所說，浪漫乃「理性沉睡後生出來一個怪獸」（El sueño de la razón produce monstrous）。[21] 哥雅所謂的「怪獸」指藝術上的幻想與想像，但亦可泛指整個反理性的文化氛圍。

發生在北京的新文化運動高唱「文學革命」，主張「平民主義」，欲以俗話代替雅言，發出情緒性的口號，多少可以洞見西方浪漫主義風潮的影子，似亦不免受到整個文化大環境的影響。梅光迪、吳宓等南雍諸公，非僅以傳統相抗，更以當時新起的「新人文主義」與之針鋒相對。梅、吳兩人先後在哈佛留學，受教於白璧德（Irving Babbitt, 1865-1933），仰慕至深，奉為導師，師生之間也過從密切。梅光迪在一篇紀念文章中，對老師推重備至，並深切懷念受教的歲月，略謂「至少對一位傾心受教者而言，當晚間與他一面散步一面交談於查理斯河畔之後，感到無邊的喜悅與寧靜。他的閒談自發如火焰之光，所透露出來的心智

---

21 Tim Blanning, *The Romantic Revolution: A History* (New York: Modern Library, 2011), pp. 73-77.

上的力量，不亞於他難以超越的唇槍舌劍」，並提到「他們初識時，白師對孔子以及早期道家已經了然於心，對孔子在性情上尤感相契」。[22] 梅、吳回國後在《學衡》上，一再翻譯白師的文章，宣揚其新人文主義學說，不遺餘力。誠如吳宓給他「親愛的老師」信中所說，「我們經常重溫您的理念，閱讀您寫的書（新舊兼讀），認真和專注的程度遠勝過我們當年坐在西華堂聽您講課。無論我們做什麼，無論我們走向何方，您永遠是我們的引路人和導師。我們的感受非言語所能表達。我尤其要努力使愈來愈多的中國學生在他們的本土受益於您的理念和間接的激勵」。[23] 白璧德的人文主義確實是「因迪生先生與吳雨僧先生等之講述而傳入中國」的。[24]

吳宓崇敬的新人文主義理念，就是白璧德與莫爾（Paul El-mer More）所創立的學院派或文學的新人文主義，主張回歸古典，重視教育，強調道德之培養與行為之端莊。當時流行於西方的浪漫式思想解放並非沒有具有分量的批判者，班達（Julien Benda, 1867-1956）於 1928 年出版的暢銷書《知識人的叛亂》（*The Treason of the Intellectuals*），聲討知識階級之放棄理性與普世價值。[25] 班達之後白璧德的名著《盧梭與浪漫主義》（*Rous-seau and Romanticism*）也在譴責浪漫主義為西方文明頹廢之源，

---

22 語見英文紀念文載 *Babbitt: Man and Teacher*, Tributes edited by Frederick Manchester and Odell Shepard (New York: G. P. Putnam's Sons, 1941)，收入《梅光迪文錄》，英文作品，頁 30, 33。

23 吳宓 1924 年 7 月 4 日自東南大學致白璧德函，收入吳學昭整理，《吳宓書信集》，頁 24。

24 張其昀，〈白璧德──當代一人師〉，收入《梅光迪文錄》，附錄，頁 16。

25 Julien Benda, *The Treason of the Intellectuals* (New York: WW Norton, 1969).

因其拋棄準則、逾越界線、嘲諷習俗。[26] 這一派新人文主義者面對現代物質文明之興起，中下層社會的質魯無文，故擬以教育為手段，文學為工具，挽浪漫主義的頹風，以提升行為規範與社會融洽。白璧德此一思想背景很容易使他欣賞儒家的君子之風、道德規範與重視教育，自然引孔子為知己，笑與抃會，而白氏的中國門生亦因此一新人文主義與儒教最為相契而醉心，益增對儒學的信心，深信中華古典與西方古典有可以相通之處，故視欲打倒孔家店者為「鹵莽滅裂」，而欲融儒於新人文主義之中而成為「儒家人文主義」（Confucian Humanism）。[27]

梅光迪於此尤為積極，除了對白璧德個人的高度崇敬外，更希望在中國形成以白璧德與莫爾思想為主導的人文主義運動，成為正面而非負面的新文化運動。他認識到中國也正面臨急遽轉型的時代，遇到前所未有的精神迷茫與心靈空虛，趨向極端，以至於以自家文化傳承為恥，懷憂喪志，失去信心。他慶幸發現了白璧德與莫爾，他倆是真正理解儒學，能融合中西思想的西方學者，提供理性的普世價值，加強中國學界對傳統文化的信念，足以削弱反叛者的聲勢，阻止保守的中國走向極端的激進主義。新人文主義也給梅光迪提供了攻擊胡適一派的西方資源，指出「一廂情願的西化不會給中國帶來文藝復興，而是『一種中國式的自殺』（a Chinese suicide）」。[28] 他認為新人文主義不僅是解決西

---

26 Irving Babbitt, *Rousseau and Romanticism* (New Brunswick: Transaction, 1991).

27 此詞見諸梅氏文字，閱 Mei Guangdi, "Humanism and Modern China," 收入《梅光迪文錄》，p. 13.

28 Mei Guangdi, "Humanism and Modern China," p. 18.

方文明問題所必須，而且是解救中國文化危機的良方，所以他提倡基於謙卑、端莊而明辨的「人文國際」（a humanistic international），必會贏得東西雙方的共鳴。[29]

於此可見，梅光迪及其《學衡》諸友自有其新文化在胸，並不是新舊的戰爭，而是古典與浪漫的交鋒。北派倡言文學革命，南派主張改良；北派提倡「平民文學」，南派則認為不應將菁英文學降格為平民文學，而應經教育提升平民文學；北派要摒棄傳統，而南派要繼承而後改造傳統；北派喜新好奇，而南派強調溫故知新；北派以普及為能事，而南派則認為學術思想非凡民所能為；北派以「順應世界潮流」自命，而南派斥之以盲從趨時；北派亟言學以用世，而南派堅持學術乃萬世之業，積久而彌彰。然則吾人誠不能將南派簡單地視為保守派，視《學衡》為反對新文化的重鎮。《學衡》主編吳宓在「簡章」中明言：「以公正之眼光，行批評之職事」，[30] 又強調論學、論人、論事都不應拘泥於新舊，因「舊者不必是，新者未必非，然反是則尤不可」。[31]

文學之外，史學同樣可按浪漫與古典分南北。北派以顧頡剛為代表，強烈疑古，但南派史學並不能簡單地被視為「信古」。陳漢章原在北大教中國古代史，被新派指為不知利用新史料，且過於信古而於1927年南下，加盟中大。他認為新派所謂改造新史必須收集新史料，仍必須從舊史蛻化而出，如以實證方法治

---

29 Mei Guangdi, "Humanism and Modern China," p. 25.
30 見《學衡》第一冊，第1期（1922），卷首〈學衡雜誌簡章〉。
31 吳宓，〈論新文化運動〉，《學衡》第一冊，第4期，頁3。

史，史料又何必分新舊。[32] 原任北大歷史系主任的朱希祖，為太炎弟子，亦於1934年南下中央大學任教，講究以社會科學治史，與同時期北大歷史系以史料考證為重相比，其新也，似更勝一籌。[33] 執教於中央大學歷史系的繆鳳林，乃柳詒徵的門人，對北派傅斯年的《東北史綱》，在史料運用上提出嚴厲的批評，[34] 而傅氏未能回應。所以南方史家反對顧頡剛刻意疑古，批評傅斯年的缺失，未必是保守，而是以古典實證挑戰浪漫式的疑古風潮與率爾操觚。

這場學界的南北戰爭在抗戰前已決勝負，北全勝而南慘敗。慘敗的原因很多，相對而言南派勢單，在學術圈內的權勢更遠不能與北派相比，而南派較具領導能力者劉伯明早逝，梅光迪又因人事不協而過早離開南大，遠赴美國執教，剩下吳宓支撐，孤掌難鳴。最重要的是，五四以後的浪漫風潮，莫之能禦，三十年代屢遭日本帝國主義的霸凌，以及抗戰的全面爆發，民族主義高漲，已無「普世主義」（universalism）存在的餘地，古典更非浪漫之敵，菁英文化亦難如通俗文化之受歡迎。《學衡》雜誌之銷路每下愈況，以至於不能存活而停刊，已可略知箇中消息。

---

32 參閱陳漢章，《史學通論》（南京：國立中央大學出版，無日期），頁125。
33 參閱尚小明，〈抗戰前北大史學系的課程改革〉，《近代史研究》（2006），第1期，頁127-129。
34 繆氏之書評初刊於天津《大公報文學副刊》（1933），另見《國立中央大學文藝叢刊》（1933年11月），卷1，第2期。

伍、尾聲

　　1949年前後，南北人文學者移居臺灣者不乏其人。如來自南京中央大學的徐子明、方東美、沈剛伯、張貴永、郭廷以、林尹、潘重規等先後到臺北上庠執教。然自傅斯年出任臺灣大學校長後，來自北方的學者大增，人文學界的實權仍操之北派的北大清華系統，舊議題似已過時，船過水無痕。

　　遷臺數十年來，唯獨徐子明一人舊話重提，對以通俗的白話取代典雅的文言尤深惡痛絕，造成一般學子看古籍如天書的嚴重後果，摧毀了載負傳統文化的「寶筏」（文言），導致文化凋零，神州變色的悲劇，並將過錯歸之胡適，曾出版《胡禍叢談》一書，加以撻伐。但是徐氏言者諄諄而聽者藐藐，且多以詈罵而輕之，不僅不能撼動學界，反遭孤立與排擠，寂寞憤恨以終，或可稱之為學界南北戰爭之尾聲。

　　值得注意的是，進入二十世紀之後，有識之士莫不認知到國文程度的衰退；衰退之故，當然不是白話文不夠發達，而是因為文言文的日益廢棄，對年輕一代習文史者影響尤大，讀不懂古文，或一知不解，怎能做出有意義的學術研究？胡適當年極力要把古文成為「死文字」的努力，已見惡果。[35] 至於孔子，百年來歷經訂孔、打孔、批孔，反孔好像是大勢所趨；孰知連批孔最屬的中國大陸也開始尊孔；不僅儒風大起，而且在世界各地廣設孔

---

35 猶憶1959年我隨臺大歷史系師生往訪胡適於南港寓所（今胡適紀念館），我曾問胡適如何學好文言文？胡適回答說：「根本不必讀文言」，我無言以對，然他至老未改的態度令人印象深刻。

子學院，遍布全球。時間證明孔子教義「自有其不可誣者」，證明當年轟轟烈烈的反孔言論與行動至少是完全沒有必要的。當年老中央大學人文學者逆勢而為，貌似頑固保守，實則擇善固執，預知儒教終不可廢。梅光迪、吳宓、徐子明諸公，若地下有知，必有何必當初之感。

依依回首臺城柳，辛苦三年遺恨長
——吳宓與東南大學西洋文學系

傅宏星

湖南科技學院國學研究所副研究員

　　九十三年前，即民國 11 年秋，也就是國立東南大學西洋文學系正式開張的那一年。在南京四牌樓近旁的大學校園裡，英語系主任張謂與西洋文學系主任梅光迪可謂勢不兩立的「冤家」，兩人如若相遇，一準兒會彼此「哼」地一聲掉頭走開。一個是南高的舊人，一個是東大的新銳，一個是江南英語語音學的泰斗，一個是哈佛大學歐文・白璧德（Irving Babbitt）新人文主義的中國傳人，似乎溝壑很深。

　　張謂其人其名，今天恐怕已經非常陌生了。大約十七、十八年前筆者開始撰寫《吳宓評傳》時，買過一冊薄薄的《吳宓自編年譜》（以下簡稱《年譜》），才知道張謂字士一，當時任南京高等師範學校暨國立東南大學英語系主任。書裡說此人「忌妒我輩，不欲迪汲引同志來」（吳宓，1995: 214），然其「所聘來之教授及講師，皆其私交甚好之朋友，不取其才學。彼等（除一二人外）皆是留美回國學生，已有文學士 B.A. 理學士 B.Sc. 學位者。但皆是學習政治、經濟、工程或物理、化學、生物，而學之不成，以致毫無專長。回國後，在其所學之本行、本業，不能謀得職位者，故夤緣來此，教授英文。然其英文、英語，則殊不高

明。笑話百出，為學生所輕視。彼等只知互相團結堅固，全力擁護張系主任，以保飯碗。」（吳宓，1995: 232-233）印象裡大概只是一位不學無術而又善於鑽營的學界混混，外表黑瘦且表情猥瑣的樣子，故而真誠不苟且飽學精深如吳宓輩者，誰肯與之為伍？其實也還是知之甚少。沙淘浪過，當初的影像自然被銷磨得模糊不堪，而那部《年譜》舊本如今手邊也尋不到了。

今年初夏，我一向景仰的老一輩著名歷史學家汪榮祖先生移駕武昌桂子山，擔任華中師範大學中國近代史研究所章開沅基金的講座教授，先後為華師和武大兩校師生奉獻了三場精采的有關近代史方面的公開演講和一次內部學術交流。因為對錢鍾書之父錢基博研究有素，所以家師朱英教授特意安排我隨侍汪先生左右，得以參加了全部的交流活動。某日午休，汪先生把我約到了他下榻的桂苑賓館，一番暢談之後，感情上與我更為親近了，並且主動邀約寫一篇關於吳宓與東南大學的文章，以此紀念臺灣中央大學百年盛典。這當然是我非常樂意從事的研究與寫作。不過，吳宓在東南大學的經歷只有三年，除了我們熟知的參與《學衡》雜誌創刊之外，他的「加盟」東大亦為西洋文學系而來，為此五個字之招牌與名稱而來。這是許多「學衡派」研究者知曉但並不深究的事實，也是本文力圖揭示的歷史事件。

作為中國近代史上第一個以新人文主義為宗旨的、重點學習研究西方古典文學作品與文化思想的大學外語科系，東南大學西洋文學系於1922年秋正式成立，至1924年4、5月間與英文系合併而停辦，存在時間很短，但卻具有標誌性意義，從此終結了語

言教學一統天下的局面，開創了語言和文學並立角逐的中國外語教育格局。不過，「學衡派」同仁卻為此付出了慘痛的代價！不僅喪失了一塊可以依託的學科主陣地，而且，西洋文學系四位教授中，系主任梅光迪遠走重洋，「托庇」恩師白璧德獲任哈佛大學漢文講師，前後長達十年之久；吳宓無奈北上奉天東北大學，心情沮喪，最後輾轉來到北京清華園，方得繼續他的編輯事業與教學理想；李思純不得已「黯然」返回成都老家；樓光來則棄教授身分而入北京外交部任英文秘書。好不容易聚集起來的東南大學外國文學教學團隊，似乎在一夜之間，就被校務會議的合併計畫破壞掉了。嗚呼哀哉！

　　1947年秋冬之際，吳宓因主持編校正中書局版《牛津英漢雙解字典》由武漢來到南京，故地重遊，感慨自然不會少，而此時梅光迪已於兩年前病逝貴陽浙江大學。10月7日的《吳宓日記》是這樣記載的：「4: 30同吳俊升、煦乘汽車至成賢街中央大學教授宿舍（78號）內，拜訪張士一（諤），亦宣示其所見。張髮白，而精神極健。宓與張周旋時，恒見梅光迪兄之面影浮前。……」（吳宓，1998: 248）睹故人而思古人，難免有今昔之感，似乎欲言又止。孰料事情過去四十多年後，晚年的吳宓開始撰寫《年譜》，對此舊事仍念念不忘，不僅披露了許多歷史細節，而且對兩系合併更有一番驚人的評論：「以上辦法甚好。然實行之，仍多困難。」（吳宓，1995: 253）竟然無一語袒護己方或反對合併，文中還直率地批評了好友梅光迪「好為高論，而無工作能力」和「好逸樂，又重虛榮，講排場」的做派，惟有對自

己當年意氣用事與他人「同進退」而脫離東南大學，頗顯得有些傷感。這樣的記述的確非常出人意外。

然就諸多親歷者的證言，尤其是南高和東大外語專業畢業學生的相關回憶與吳宓《日記》、《年譜》對照來看，歷史情況可能要複雜得多。如果真正體會當日的人情事況，就不至於把這一問題簡單放過。

壹、知識背景

眾所周知，「外國文學」這門課程以及這一學科，可以追溯到京師大學堂創辦之初。1903年頒布的《奏定大學堂章程》又進一步對分科做出規定，與中國文學門比照，逐漸設立了英、法、俄、德、日各國文學門。其中成型的課程設計中就出現了「西國文學史」、「英國近世文學史」的科目，但分量遠遠不及外國語文課程的三分之一。與此同時，英、法、俄、德諸國文學門雖然共同組成了外國文學領域的最初版圖，但具體課程仍以語言為主，並不具備真正的學科地位。由於京師大學堂特殊的教育地位，它所開啟的中國現代大學教育模式，已經決定了外語科系中重語言而輕文學的根源，其課程設計甚至影響了此後的二十餘年，可謂積重難返。

1920年秋，梅光迪轉任南京高等師範學校英語兼英國文學教授。一方面，他對南高、東大英語系的教授師資十分不滿。當時，英語系因為負責大學英語本科和高師專修科以及全校非英語

專業普通外語教學，所以教師數量蔚為各科系之冠。根據1923年1月的一份東大教師清單，分系後的英語系教授竟多達九位，分別是張諤、林天蘭、史久恒、李瑪利、林承鵠、夏之時、馬惟德（美國籍）、崔有濤、龔質彬等，此外還有三位講師和五位助教（《南大百年實錄》編輯組，2002: 149-164）；其中教授雖然大多有留學經歷，但並不是西洋文學的專業學者，對西方古典文化知之甚少，一些人教英語已是差強人意，根本不能讓學生接觸到精深的西洋文學知識。另一方面，「西洋文學」或稱「外國文學」作為一門學科，此時仍然屬於概念形成階段，有名無實，都停留在紙面上，成為一種精心安排的「擺設」，其學科作用還沒有真正發揮出來。所以，不管梅光迪在英語系做出怎樣的努力，都收效甚微，反而加深了彼此之間的矛盾。「梅君與該校英文部長張士一君，意見不合，甚為齟齬。……梅之文學課程，張雖不加干涉，然梅欲薦舉某某，添聘文學教員，則張多方阻難，使不得成。」（吳宓，1998: 226）因此，梅光迪又有了一個大膽的計畫，想另起爐灶，人事權和財權自主，藉此傳播他心目中真正的西洋古典文學。這是梅光迪籌設西洋文學系的初衷。

梅光迪身處英語系，孤掌難鳴，自然什麼都做不了。1921年暑假，吳宓受其召喚，甘心「受微薪」而辭北高師之約，由美歸國，但此時開辦西洋文學系的條件尚不成熟，他也只好屈身在英語系。除了籌辦《學衡》雜誌之外，吳宓專心教學，不久就好評如潮，晚年曾不無得意地寫道：「以東南大學學生之勤敏好學，為之師者，亦不得不加倍奮勉。是故宓嘗謂『1921-1924三

年中，為宓一生最精勤之時期』者，不僅以宓編撰之《學衡》雜誌能每月按定期出版，亦以宓在東南大學之教課，積極預備，多讀書，充實內容，使所講恒有精采。且每年增開新課程，如『歐洲文學史』等，故聲譽鵲起也。」（吳宓，1995: 224）

自東南大學西洋文學系創立之後，其示範效應不容低估，彷彿如平靜的湖面投下了一粒石子，引發了外語學界持續不斷的漣漪。此後全國各類高校無一例外都將英語系（或稱英文系）改成了外國文學系（或全稱外國語文學系、西洋文學系等，簡稱外文系、外語系等），名稱的更迭表明辦學宗旨的大幅度調整，這是毋庸置疑的。僅就「西洋文學系」這一名稱而言，先後就有清華學校大學部（1926年）、中華藝術大學（1926年）、復旦大學（1929年）、安徽省立大學（1929年）、上海女子文學專門學校（1929年）、新中國大學（1937年）、大夏大學（1941年）、嶺南大學（1947年）等公私高校，或者創辦同類同名科系，或者曾經使用過「西洋文學系」這個正式名稱。

貳、西洋文學系的辦學歷程

關於東南大學西洋文學系的具體辦學情況，在各種版本的校史上，對其介紹都非常少，很多幾乎不提，少數偶爾提及也只是一筆帶過。當年參與西洋文學系創辦的人物，除了在吳宓《日記》和《年譜》中有比較詳細的記載之外，其他當事人也都鮮有論述。以下嘗試從四個方面做簡要的介紹。

一、師資

　　經過一年的準備，1922年暑假，東南大學西洋文學系總算成立了。主任梅光迪，教授吳宓，以楊前海為辦公助教兼打字（印發講義、大綱）並管理辦公室所存之公私書籍。1923年9月開學，又增聘李思純講授「法文」及「法國文學」，同時還有一位與吳宓在清華及哈佛的同學樓光來為教授。梅光迪、吳宓、李思純、樓光來四人後來在外語學界均享有盛譽，都有留學背景。其中吳宓與梅光迪、樓光來三人皆留學美國哈佛大學，師從比較文學大師歐文·白璧德，學習西方古典文學與新人文主義思想。白璧德的專業是法國文學，擅長西方思想史和文學批評，同時又能重視東方文化，尤其推崇印度佛學和中國儒學；梅、吳、樓等人受其影響頗深，亦有志在比較文學方面有所作為。而李思純則留學法國巴黎大學，師從瑟諾博司（Seignobos）教授，研究近代史及歷史方法。四人即為當時西洋文學系的全部師資。

二、培養目標與課程設計

　　關於東南大學西洋文學系的培養目標與課程設計，由於資料缺乏，確實不好妄測。但是，從梅、吳等人的留學經歷和當時「胡梅之爭」的情況，以及後來吳宓在清華西洋文學系和梅光迪在浙江大學外文系所推行的「博雅之士」教育方針來看，西洋文學系的教育宗旨正是新人文主義思想。吳宓把Humanism定義為

Culture and Perfection of the Individual（個人之修養與完善），使得新人文主義的人格教育核心思想更為凸顯。吳宓等主張重視培養學生批判性的探索精神，使學生具備廣博的人文知識和修養，成為有「淵博之學問，深邃之思想，卓越之識見，奇特之志節」的全面的人。這一點，吳宓後來在為清華西洋文學系所指定的培養計畫中表述更為明確：「本系課程編制之目的，為使學生得能：（甲）成為博雅之士；（乙）了解西洋文明之精神；（丙）熟讀西方文學之名著，諳熟西方思想之潮流，因而在國內教授英、德、法各國語言文字及文學，足以勝任愉快；（丁）創造今世之中國文學；（戊）匯通東西之精神思想而互為介紹傳布。」（吳宓，1926: 4-5）

梅光迪的授課紀錄無從知曉，但能通過1920年南京高等師範學校和1921年東南大學暑期學校時期梅光迪所授課程猜測一二。1920年南高師開辦首屆暑期學校，據《國立東南大學南京高師暑期學校一覽》記載，梅光迪當年所授課程是「文學概論」與「近世歐美文學趨勢」。從這兩門課程的講義可知，梅光迪通過比較中外文學，幾乎全面地介紹了歐美文學的起源、發展、變革的情況，包括文藝復興、亞里斯多德思想、浪漫主義、自然主義等。在1921年第二屆暑期學校期間，除「文學概論」之外，梅光迪還講授了「西洋戲劇」、「近世西洋短篇小說」和「近世西洋文豪」等三門課程。以此來推測梅光迪在西洋文學系的授課情況，大略會有一些參考價值。

吳宓在西洋文學系總共開了四門課，有據可查，分別是：

「英國文學史」、「英詩選讀」、「歐洲文學史」、「英國小說」。李思純講授的課程有「法文」和「法國文學」。而櫻光來所授課程則不得而知，只能期待將來有新材料的發現。

三、生源

由於東大採用學分制，文理科一年級又不分系，因此西洋文學系開辦之初就面臨著沒有本系學生的情況。梅光迪卻沒有採用穩妥的方式，循序漸進，自主培養學生，而是遊說主政者下了一道貌似民主的「擇系辦法」，給英語和西洋文學本已緊張的兩系關係火上澆油。據吳宓《年譜》記載：「今秋（1922年）開學時，兩系分立。學校命每一學生自決自擇：或轉入西洋文學系或留在英語系（年級不變）。擇定後，不許再改。──結果，四分之三皆願轉入西洋文學系。英語系益相形見絀矣。」結果學生轉入西洋文學系的年級有1919級、1920級和1921級，其中包括六名最優秀的1920級女學生：李今英、張佩英、黃叔班、曹美思、黃季馬、陳美寶。兩系形勢的驚天逆轉，不僅使英語系損失了大部分學生，而且處於一種十分尷尬的境地。在他們看來，這是一種「不義」之舉，無異於巧取豪奪，由此結下了兩系「宿仇」與「積怨」的種子。

此外，由於西洋文學系辦學時間短，只招收了一屆新生（1922級），送走了兩屆畢業生（1919級和1920級），根本沒有機會完整地培養哪怕一屆屬於自己的學生，不能不說是一種遺

憾和損失。

四、辦學成果

自新文化運動以來，國內人士競談「新文學」，而真能確實講述「外國文學」之內容與實質者則絕少，故梅光迪與吳宓，在此三數年間，談說西洋文學，發表與此相關的論文，乃頗合時機。1923年春，梁實秋即將從清華高等科畢業留美，但受學校委派到兄弟院校調研外國文學的教學情況，曾來南京聽了吳宓一堂課，回京後除了向校方遞交了一份調研報告之外（李賦寧，1998: 1），還在《清華週刊》發表了一篇文章，盛讚東南大學學風醇美，老師博學負責，學生勤奮好學。他特別提到吳宓：「這裡的教授很能得學生的敬仰，這是勝過清華的地方。我會到的教授，只是清華老同學吳宓。我到吳先生班上旁聽了一小時，他在講法國文學，滔滔不絕，娓娓動聽，如走珠，如數家珍。我想一個學校若不羅致幾個人才做教授，結果必是一個大失敗，我覺得清華應該特別注意此點。」（梁實秋，1923: 6）

由此可見，西洋文學系的設立不僅深受本校學生歡迎，符合當時外語界對外國文學的知識需求，順應了外國文學在中國發展的趨勢，而且也引起了兄弟院校的關注。期間，西洋文學系培養的學生中比較著名的有：

胡昭佐（1903-1983），字夢華，安徽績溪人。1920年秋考入南高師英語科，1922年秋轉入東南大學西洋文學系攻讀。

1924年夏畢業。1927年在東南大學任教，後任商務印書館編輯、安徽省立第一師範校長；此後長期擔任國民黨黨部要員。

顧仲彝（1903-1965），浙江餘姚人。1920年考入南高師英語系，1922年轉入西洋文學系，擔任學生會主席，1924年畢業。曾任上海商務印書館編譯，歷任暨南大學、復旦大學及中國公學講師、教授、外文系主任；後任上海戲劇實驗學校（上海戲劇學院前身）校長，劇本創作頗豐。

張志超（1902-1983），名勁公，江蘇張家港人。1920年考入南高師英語系，1924年畢業於東南大學西洋文學系，並留校任助教。1929年後，歷任成都大學、中國公學、廣西大學、重慶大學、四川大學、復旦大學英語教授，以及南京臨時大學、臺灣大學、安徽大學等校外語系主任。1950年任重慶西南農學院英語教授，1983年調任蘇州大學政治學研究生導師。

沈同洽（1904-1983），江蘇常州人。1921年考入國立東南大學，次年選入西洋文學系，1925年畢業。1936年考入英國倫敦大學皇家學院攻讀研究生，1938年畢業。曾任重慶大學、湖南藍田國立師範學院、中央大學、南京大學英國語言文學教授，畢生從事英語教學和科研工作。

呂叔湘（1904-1998），江蘇丹陽人。1922年考入國立東南大學，學校採用學分制，文理科一年級不分系。呂叔湘主修西洋文學，教授主要是吳宓和梅光迪。後來成為中國著名的語言學家。

浦江清（1904-1957），江蘇松江人。1922年7月同時被三

所大學錄取，他選擇了東南大學西洋文學系。1926 年畢業，後經老師吳宓推薦，到清華國學研究院任陳寅恪助教，研究西方的「東方學」文獻，精通英、日、俄、法、德、拉丁等多門外語，與朱自清合稱「清華雙清」。

西洋文學系雖然存在時間不長，但培養出來的畢業生在語言和文學兩個領域均有較大的成就。不過，那種利用非正常手段爭奪生源的行為一直遭到校內外的詬病，也成為後來張謇等人攻擊西洋文學系的深層原因之一。

參、合併過程中的派系之爭

一般而言，大學的頂層設計愈合理，平衡與監督機制愈有效，教育事業就能得到長足發展；反之，其傷害將是無法估量的。從南高到東大，其頂層結構就存在致命的弱點，概括起來，主要有三點：一、學科增長過快過濫，難免急功近利，任人唯親；二、行政權力高度集中於校長郭秉文（包括劉伯明），而缺乏必要的制衡力量；三、校董會、評議會和教授會，制度設計儘管很合理，但在具體操作過程往往走樣，起不到平衡與監督的作用。

毋庸諱言，在南京高等師範學校國立化進程當中，一方面，大批留學生學成歸來，俊彥雲集，表現出教師和學生人數的急劇擴大，專業設置日趨完備，人文與科學逐漸成為東南大學的精神追求；另一方面，伴隨著學校規模的快速發展，一些深層次的矛

盾和弊端也顯露了出來，例如1921年的商科事件，1923年的西洋文學系與英語系的合併、劉伯明去世、口子房被焚，1924年停辦工科、文理科分治，1925年的易長風潮，等等，事件的偶發並不能掩蓋內在的矛盾，東大又呈現出了一種內部分裂的態勢，兼之辦學經費的支絀，地方軍閥的干預，政黨勢力的滲透，導致這所年輕的大學派系林立，內耗十分嚴重。

我甚至認為，西洋文學系與英語系的分合事件，不僅僅是語言與文學在學科方面的第一次交惡，同時也是東大內部派系鬥爭的一個縮影。

吳宓是個生性大方的人，對個人薪酬並不太計較，但對張、梅的不合，卻有不少顧慮。歸國之初，他曾在《日記》中戲言：「然女未入宮，已遭妒忌。臥榻之側，強佔一席。異日風波，正未知如何也。」（吳宓，1998: 227）但是，南高和東大的辦學理念和生機活力吸引著他，梅光迪等「同志知友」幹一番事業的理想吸引著他。

不過，西洋文學系能夠最終成立，與時任東南大學校長辦公處副主任劉伯明的大力支持有莫大的關係。劉伯明（1887-1923），名經庶，江蘇南京人，美國西北大學哲學博士。治西洋哲學，精通英文，並通法文和德文，兼及希臘文與梵文，同時諳熟道家老子哲學。他與梅光迪為留學美國西北大學時的同窗，二人志同道合，感情甚篤。東南大學設立之初，校長郭秉文為謀劃發展，忙於外務，在校時間不多，實際校務皆委劉伯明主持，代理校長職務。故而劉伯明身兼數職（校長辦公處副主任、文理科

主任和哲學系主任），大權在握，但他為人寬容謙和，對梅光迪所持新人文主義理論十分贊同，所以梅光迪才得以在東南大學「聚集同志知友，發展理想事業」。

從此後種種跡象看來，東大校方創立西洋文學系的舉措是有遠見卓識的，既開風氣之先，又順應了學科發展的必然趨勢。負責教學的梅光迪、吳宓等人全都是精通中西文學的博學之士，開設的課程不僅受到學生的歡迎，而且在外語學界產生了巨大的反響。可是，西洋文學系的設立與張諤等人的利益相悖，所以在設立之初就受到了張諤的阻難，在後來的教學中，張諤也處處與之為難。而英語系的教師都是與系主任私交甚好的朋友，「彼等只知互相團結堅固，全力擁護張系主任，以保飯碗。」西洋文學系的發展之路可謂舉步維艱，顛覆的暗流正在潛滋暗長。

1923年秋開學，張諤帶頭發難，攻擊西洋文學系存在不合理。於是校務會議作出決定：「本校英語系與西洋文學系分設、並立，殊屬不成事體。各校從無此例。應即合併，復為一系。合併辦法：（一）新系（合併後）。名稱，可從容議定，可稍緩再決。總須兼包英、法、德、日語言及文學之意義在內。（二）兩系現有之課程，全予保留，一門亦不裁減。（三）兩系現有之教授、講師、助教、職員，全予保留，一人亦不裁減。其職銜及薪給，合併後亦均不改動。（四）張諤先生及梅光迪先生，皆不得為新系主任。另聘第三者為之。（五）兩系現有之經費（預算），全數合併，定為新系經費，此次不增不減。但以後新系對經費（款項）之支用，應依據全系之目的及需要，統籌支付。不再顧

慮或參照以前兩系之分配、支用辦法及帳目。」（吳宓，1995：252-253）根據這個決議，英文系與西洋文學系合併，梅、張二人都不得任系主任，兩系現有教師和課程雖然全部保留，但是外國文學學科的獨立性已經喪失，與其被宿敵打壓，還不如主動撤退。因此，年少氣盛的留學生們最終全部選擇了離開。人都走了，那些帶有新人文主義色彩的外國文學課程自然也就撤銷了。

然而，這份決議並沒有馬上實施。吳宓《年譜》云：「然實行之，仍多困難。此一學年中（1923-1924），本系恒在杌隉不安之中。」（吳宓，1995：253）

壞消息接踵而至，1923年11月劉伯明因病去世，年僅三十八歲，這使西洋文學系諸人失去了最有力的行政支持者，打擊十分沉重。吳宓為劉伯明寫了一副很長的輓聯，其中有幾句是這樣的：

> 開誠心，布公道，納忠諫，務遠圖。處內外怨毒謗毀所集聚，致抱鬱沉沉入骨之疾。世路多崎嶇，何至危才若是！
> 辟瞽說，放淫辭，正民彝，固邦本。擷中西禮教學術之菁華，以立氓蚩蚩成德之基。大業初發軔，遽爾撒手獨歸！

從中可以看出，劉伯明在支援梅光迪與西洋文學系一事上也承受了很大的壓力，所謂「內外怨毒謗毀所集聚」。這在吳宓《年譜》中亦有記載：「東南大學之大局將轉變，此時宓已甚憂。蓋校中有某某科系中許多教授、講師、助教及職員，自組成一派，

欲攻倒劉伯明副校長兼文理科主任，以某理科教授如胡剛復或孫洪芬代為文理科主任，並連文科各系主任及教授如梅光迪及宓等而盡去之。」（吳宓，1995: 252）吳宓沒有明說是誰在攻訐劉伯明，不過並不難猜出這與英語系舊人有關。

吳宓還高度讚揚了劉伯明為東南大學與西洋文學系所做的貢獻，但是更多的是對他們共同的理想——新人文主義未能實現的遺憾與感傷。所謂新人文主義，雖然來自歐美，但其本身並無歐洲或者美國色彩，世界各民族文化是平等的，新人文主義是要兼收並蓄各民族文化中的精華，中西古典並駕齊驅，輓聯中「中西禮教」意殆指此。「遠圖」云云，或許應該理解為劉、吳諸人所共同寄託在外國文學教育中的新人文主義理想。可惜「大業」未成，斯人已逝！

劉伯明去世後，西洋文學系完全處在孤立無援的境地。校方轉聘原西洋文學系教授樓光來為新系主任，負責合併之事。然而，「樓君以新到而陌生之人，處此兩派宿仇、積怨之劇烈鬥爭中，真所謂『踞吾於爐火之上』。此一年中之艱難與痛苦可知。」（吳宓，1995: 253）吳宓則諸事不問，亦不參加「合併辦法」之討論，惟安靜授課，並編輯《學衡》雜誌。

關於西洋文學系的裁併，吳宓在《年譜》中寫道：「宓親見國立東南大學崩壞之實際歷程之第（3）段，即『西洋文學系之滅亡』是也。——系名，已不存矣。系中教授三人：其一梅光迪主任，早自為謀。自1923秋起，即函上美國白璧德師，請求托庇。由白師薦舉梅君為哈佛大學『漢文』教員（Instructor in Chinese），聘書已寄到。梅君秘而不宣。其二宓，幸東北大學汪君兆璠熱情延聘，繆、景二君且已先去一年。其三李思純（哲生），則只有黯然獨歸成都家中去耳。（助教一人，宓已為別薦，是 1923 年事。）」（吳宓，1995: 256）至此，東南大學西洋文學系已不復存在。自 1922 年暑期始，到 1924 年 4、5 月之交被裁併，期間不過短短兩年時間，實在讓人唏噓不已。

而吳宓懷著「理想」與「道德」而來，最終失意離去。他公開宣稱：「全國各大學中，惟獨國立東南大學設有西洋文學系，宓之來，乃為西洋文學系而來。為此五個字之招牌與名稱而來。故若『西洋文學系』之名稱取消，則無論合併辦法如何，對宓之待遇如何（甚至增宓薪至三百圓，聘宓為新系主任），宓亦決定引去，決不留此。」（吳宓，1995: 253）吳宓的宣言既是對系主任梅光迪的支援，又是表明了自己對理想事業的忠貞。

1924 年秋，在梅光迪與吳宓陸續離開後，東南大學才將英語系與西洋文學系完全合併，成為外國語文系；1927 年改組第四中山大學，外國語文系又改稱外國文學系，新聘聞一多為系主任，徐志摩、范存忠等為教授，南高舊人張諤先生仍在教授之列，外國文學教學也沒有中斷。但是，已經失去了新人文主義的思想底蘊。

肆、不一樣的張諤

長期以來，由於深受吳宓文本的影響，我總覺得張諤不學無

術，善於陰謀詭計，而當我認真去了解張先生的學術與人生之後，才發現之前的印象大錯而特錯。

張謂（1886-1969），字士一，江蘇吳江人。1901年就讀於南洋公學，專攻鐵路工程；1917年留學美國，獲得哥倫比亞大學學士和碩士。早在上世紀二十年代，他就發表了《英語教學法》，編著了《初中直接法英語教科書》，是中國最早的直接法宣導者；三十年代參與中學課程標準的起草工作，隨後提出了語言教學的新理論，即語言情境理論（吳棠，1986: 3）；他無疑是中國現代傑出的英語語音學家和教育家。曾任四川高等師範學校、交通部上海工業專門學校、南洋公學英文教員，中華書局編輯所英文部長，南京高等師範學校及國立東南大學英文系主任兼教授，國立中央大學外國文學系、教育學院教授；1949年後則繼任南京大學、南京師範大學教授。他從事外語教學長達六十餘年，兢兢業業，誨人不倦，又勤於著述，成果豐碩。外語教學著作有《英華會話合璧》（商務印書館，1912年）、《英文學生會話》（中華書局，1916年）、《英文尺牘教科書》（商務印書館，1922年）、《小學國語話教學法》（中華書局，1922年）、《英語教學法》（中華書局，1922年）、《外國語教學法》（商務印書館，1925年）、《英語基本練習》（中華書局，1940年）、《學生英語會話》（中華書局，1941年），初中英語教科書有《初中直接法英語教科書第一冊》、《初中直接法英語教科書第一套示意圖》、《初中直接法英語教科書第一套溫習圖》（商務印書館，1930年）和《新生活初中英語第一

冊》、《新生活初中英語第二冊》（大東書局，1933年、1936年），譯著有《記憶學》（科學會編譯部，1911年）、《米勒氏十五分鐘體操》（商務印書館，1920年），主持編修的辭典則有《韋氏大字典》（中華書局，1914年）、《新式英華雙解詞典》（中華書局，1918年）、《新式英華詞典》（中華書局，1935年），並選編《倍根文選》（中華書局，1917年）等。

從事教育如此之盡心盡責，學術成果如此之豐厚紮實，而評價反差卻如此之迥異，真讓人有些手足無措的感覺。歷史研究講求全面掌握資料，兼顧各方意見，不然結論會有崩塌的危險。再看看學生眼中的張士一先生形象，或許有助於我們了解事件的真相。

抗戰復員後的國立武漢大學，曾經有一位名叫王雲槐的教授，多年教大一英語，十分講究語音及腔調，長於口語，教學頗具特色；而另一位教大一英語的錢歌川教授則吸收了日本明治大正以來南日恒太郎等人的經驗，發揮翻譯法及句法結構定式教學法優勢，教學效果也很好。兩者雖說各有千秋，但本文只談王先生。他即是在南高學英語的，學校後來改組為東南大學，成為大學第一屆畢業生。據王雲槐教授回憶：「任教的教授有張士一及吳宓，張重視語言訓練，吳提倡古典文學。」（戴鎦齡，1998:315）由此可知，王先生的文學趣味淵源於吳宓老師，而他的語音修養則得力於張士一老師了。有一則紀錄說陳源在南洋公學上英文課時，辜鴻銘主講，張在堂上當翻譯，看來資格是夠老的

了。抗戰前坊間流行一部東南大學的大一英語課本，前面有張謁先生的英文序言，可以了解他對英語基礎階段教學的意見。張先生是外語界公認的最早宣傳外語教學法研究的學者。俗話說：「合之則兩美，分之則兩傷。」信非虛語！語言之於文學，正當作如是觀，可惜後來不少語言、文學在英語教學中孰輕孰重的爭論有時是各執一端的。

胡昭佐是1920級高師英文系學生，1922年秋轉入西洋文學系，是該系第二屆畢業生，同時也是最後一屆畢業生。[1] 在《表現的鑒賞》一書的再版前言中，他深情地回憶了自己的多位老師，文曰：「當時我於蕪湖獅子山雅各中學及安慶百子亭保羅中學畢業，沒有應保羅中學校長卜潔明（Games Pott）老師保送我入上海約翰大學（該校長卜舫濟John Pott是他父親）而僥倖考進了南高英文科。在英文科第一堂學英語語音學，由科主任吳縣張謁（士一）老師教授，那時他是國內擅長教授英語語音學的一位。……張老師是擅長教導英語語音學的專家，擅長辨別、分析、研究單音，音素、音標發音正確，聲調自然，沒有絲毫吳儂軟語尾子。教導英語會話，用 Hans in Luck 教本要同學熟習、背誦該本。教得大家說話流利，問答如流，奠定了我們對盎克羅

---

1 參見1924年6月11日《申報》，有教育簡訊〈南京東大師生之歡送會〉，文曰：「東大西洋文學系主任兼教授梅光迪氏，近受美國哈佛大學之聘，往任中國文學系主任兼教授。該校師生對於梅氏信仰素深，且東大近年以來，方圖擴充，極不願梅氏於此時言去。會經一再挽留，惟哈佛大學電信頻來，敦聘甚殷，且此事有關國際榮譽，梅氏實有不得去之勢。該系同學前晚（6月8日）爰有歡送大會之舉，歡送梅氏去國兼慶賀該系同學胡夢華君等畢業。會場布置極為雅致，燈光慘綠，大有惜別之意，師生相聚一堂如家人，各敘所懷，盡興而散，已11時矣。」

（Anglo）語文雙修的基礎。」（胡夢華，2004: 272-273）

呂叔湘、浦江清的插班同學范存忠進入東大後，就是在張謌先生的指導下，花了很大力氣改掉了怪音怪調（章學清，2004: 85）。他又在黃仲蘇先生指導下，苦練法文朗誦，像唱曲一樣，腔板要正，要圓，喉、舌、牙齒要俐落，並以李笠翁的曲情貫穿，以求道地的音調和語感。由此看來，南高暨東大英語系的語言教學傳統，的確有自己的獨到之處。

張謌與吳宓的學生遍及外語學界，而了解當年西洋文學系存廢過程的也不在少數，但他們總是小心翼翼回避這一話題，很少敢直接評論老師輩們的是是非非。最近偶爾閱讀《戴鎦齡文集》，戴先生才將兩人的治學特點做一客觀公允的比較，最後指出：「我三十年代後期和吳先生在兵荒馬亂的成都結交，以後在武昌珞珈山同事，深知他不是要英語學生高談文學而不在語言上狠下工夫的。他在武大期間還組織部分教師翻譯《袖珍牛津詞典》，擬作為英漢雙解詞典問世，後來承擔出版的正中書局隨南京國民黨政府消失，全部稿子也無影無蹤了。」（戴鎦齡，1998: 316）可見二人的觀點並非絕然對立，水火不容。

伍、餘論

資料顯示，吳宓與張謌其實並無任何正面衝突，也和英語系同仁沒有任何過節。他屬於不想走，也可以不走的人，但最終負氣離開，多少有些維護梅光迪的意思。所以，吳宓內心是複雜

的，臨去東南大學前所寫的一首詩很能代表他當時的心情：「骨肉親朋各異方，別離此日已心傷。江南未許長為客，塞北何緣似故鄉。逼仄乾坤行道地，蕭條生事載書箱。依依回首臺城柳，辛苦三年遺恨長。」畢竟這裡是吳宓留美歸來施展才華、創業開拓之地，離開金陵古城，離開東南大學，他怎能不思緒萬千，黯然神傷？

吳宓在東北大學只待了一學期，1925 年春便轉至清華任教。1926 年清華學校大學部成立西洋文學系，吳宓任教授，並為之制定了「博雅之士」的教育目標。他把東南大學西洋文學系的精神帶進了清華園，並加以完善。具體來說就是培養「熟讀西洋文學之名著」、「了解西洋文明之精神」的文化人，其學程總則指出：「本系始終認定語言文字與文學，二者互相為用，不可偏廢。蓋非語言文字深具根柢，何能通解文學而不陷於浮光掠影？又非文學富於涵詠，則職為舌人亦粗俚而難達意，身任教員常空疏而乏教材。故本系編訂課程，於語言文字及文學，二者並重。授教各系學生之語言文字，時參以文學教材及文學常識；而教授本系專修文學之學生，亦先使其於語言文字深植基礎。」（吳宓，1935: 8）這一次吳宓的計畫非常成功。清華大學的西洋文學系教學方法以知識作為學習的目標和動力，以語言基本功的訓練作為實現目標的手段，二者並重。此後清華的外文系一直以「博雅之士」為培養目標，在三十年代造就了一批優秀的比較文學和世界文學教學、研究和翻譯人才。

反觀「學衡派」的四分五裂，顯然與東南大學的整體衰敗密

不可分，但其成員自身的原因恐怕更為直接與根源。比如三位核心成員中，行政首腦劉伯明的英年早逝，精神領袖梅光迪的好逸惡勞，宣傳喉舌吳宓的刻板偏執，都加劇了團體內部的分裂，當他們安身立命的學科主陣地一旦失陷，梅光迪和吳宓均選擇了當「逃兵」。因此，隨著東南大學的終結，作為一個學術團體和文化思想流派的「學衡派」也就不復存在了。

　　文化史學者吳方認為：「歷史的劫數首先不是理論的命運，而是實實在在見諸人的境遇。」（吳方，1996: 2）這句話或許有助於我們今天的人去理解那段過往的歷史。從東南大學西洋文學系的遭遇還可以看出，人事方面缺乏必要的克制與溝通，學科方面又刻意拔高文學而壓制語言，物極必反，往往讓教育事業付出許多慘痛的代價。一個科系的創立與停辦，並不簡單地意味著某些教授的聚散離合，而是勾聯著外國文學學科發展的進程與變化。其中的經驗與教訓，非常值得當今的辦學者認真思考和總結。

參考文獻

吳宓，1926，〈本校西洋文學系課程總則及說明〉。《清華週刊》，第14期，頁4-6。

吳宓，1935，〈外國語文學系概況〉。《清華週刊》，向導專號，頁8-11。

吳宓，1995，《吳宓自編年譜》。北京：三聯書店。

吳宓，1998，《吳宓日記》（第十冊）。北京：三聯書店。

吳棠，1986，〈張士一英語教學思想述要：為紀念士一先生誕辰一百週年而作〉。《課程‧教材‧教法》，第6期，頁3-9。

吳方，1996，《斜陽繫纜》。瀋陽：遼寧教育出版社。

李賦寧，1998，〈吳宓先生與我國比較文學和外國文學的教學與研究〉。《四川外語學院學報》，第4期，頁1-3。

《南大百年實錄》編輯組，2002，〈國立東南大學教職員一覽〉，收錄於《南大百年實錄》編輯組編，《南大百年實錄‧中央大學史料選》（上），頁149-164。南京：南京大學出版社。

胡夢華，2004，〈青春文藝姻緣憶南東〉，收錄於莫礪鋒主編，《薪火九秩：南京大學中文系九十週年系慶紀念文集》，頁271-278。南京：南京大學出版社。

梁實秋，1923，〈南遊雜感〉。《清華週刊》，第280期，頁1-7。

章學清，2004，〈三不朽的光輝典範：英國語言文學家范存忠先生〉，收錄於中央大學南京校友會、中央大學校友文選編纂委員會編，《南雍

驪珠‧中央大學名師傳略》，頁84-91。南京：南京大學出版社。

戴鎦齡，1998，《戴鎦齡文集：智者的歷程》。廣州：廣東人民出版社。

中大「秉文堂」溯源
——記郭秉文及其教育思想之形成與實踐

李淑萍

國立中央大學中國文學系副教授

壹、前言——「秉文堂」設立之由

　　座落於中大校園東南側，環校公路邊上的「科學一館」，目前是地球科學學院的所在。它是中大在遷校中壢雙連坡時，校園內最早的一棟建築物，1969 年落成啟用後，一度是校內行政與教學的重心。館內二樓的玄關講堂，是在中壢建校早期（1969-1973），全校學生入學、畢業及求學的重要活動場域。講堂前方懸匾「秉文堂」，目的是為紀念大陸時期郭秉文校長而命名。

　　郭秉文是華人在美國哥倫比亞大學師範學院畢業的第一位教育學博士，也是中央大學大陸時期校史上一位舉足輕重、影響深遠的人物。祖籍在江蘇江浦（鄰近南京）的郭秉文，1880 年出生、成長於上海，1908 年赴美留學，1914 年從哥倫比亞大學畢業，取得博士學位。學成回到中國，1915 年協助「南京高等師範學校」的籌辦與代理校務，1921 年爭取改制，創辦東南大學（即中央大學前身）。目前中大校史是以 1915 年郭秉文學成返國，協助籌辦與代理校務的「南京高等師範學校」之現代新式高

等教育作為起算點，以區別於前清時期「三江（兩江）師範學堂」的舊式學堂教育，迄今（2015年）適逢百年。

不過，事實上郭秉文從未掛職擔任國立中央大學校長。因郭氏於1921年創辦東南大學，1925年因政局劇變，而遭免職。郭氏於同年2月悵然離開上海，前往美國。此後，學校歷經一連串「易長風潮」與更名，直至1928年4月才改稱「國立中央大學」，但大陸時期的中大校友卻將郭秉文視為中大永遠的校長。高明先生曾說：「國立中央大學之基礎，實奠定於南高、東大之時；而南高、東大之規模，實建立於先生之手。」所言甚是。甚至，1962年中大在臺灣苗栗復校時，老校友們迫不及待將消息傳到海外。當時遠在美國的郭秉文聽聞佳訊，欣喜之餘，特地購買一部《大英百科全書》，寄到臺灣做為賀禮，以表達他對中大學子的關愛。直至1968年中大遷校中壢，1969年8月底郭秉文卻不幸病逝於美國華盛頓，享年八十九歲。消息傳回臺灣，中大在臺校友與在校師生，隨即於9月初在臺北舉行追悼會，並將校內首棟落成建築物「科學館」內的大型講堂，題名「秉文堂」，以表達中大全體師生對於郭秉文校長的無限追思。郭秉文在當時中大校友及全校師生心目中的地位，可見一斑。

郭秉文是二十世紀二、三十年代國際舞臺上活躍的中國教育家，曾多次作為中國代表出席世界教育會議，並被推舉為世界教育會副會長。他是中國現代大學的開創人。以下謹簡述郭秉文之成長、求學過程與教育理念之養成與落實。

貳、負笈海外，教育救國

　　郭秉文出身於基督教家族的背景，年少時期便進入長老教會在上海所創辦的「清心書院」。這種新型的西方教育系統和中國傳統教育大有不同，它的「教學內容與社會實際聯繫較為密切。新式學校教材，或由西方搬來，或由教師自編，其最大特點是與社會實際聯繫密切。……清心書院教學生工藝、印刷、耕織等技術，對學生日後謀生、治家，功德無量。這些內容，較中國傳統教育或埋首八股，或空談心性，或瑣碎考據，離社會實際更近，更切實有用。」（語見熊月之、張敏《上海通史・晚清文化》）可知，郭秉文年少時期便浸淫在「力求切實有用」的教育課程中，這些實用觀點的啟蒙課程，也影響了他日後興辦新式高等教育的辦學理念。

　　清心書院畢業後，郭秉文曾在該書院任教一年，由於他具有良好的英文基礎，之後遂能進入海關、郵務及浙東釐金局等處任職。甲午戰爭後，國內掀起一股「廢科舉，辦學堂，育人才」的教育聲浪，創辦現代新式教育的想法已在中國傳統社會中逐漸形成。郭秉文不滿足於在清心書院所受的中等教育，再加上「國事敗壞，先生思有以革之者，乃擔簦負笈，遊學於美」（高明語，見〈郭故校長秉文先生行狀〉），以圖強救國為己任，因而懷抱著滿腔熱血之心到美國繼續求學。

　　郭秉文1908年到美國，進入伍斯特學院主修理科，接受良好的自然科學訓練。伍斯特學院以追求卓越為辦學宗旨，從成立

之初就強調「在生活中的任一領域和邁向科學的最高階段上都能為人們做好準備」。可見該校講求學習與生活的關係，同時重視能運用於社會的實用教育。郭秉文在伍斯特學院求學期間，正值中國留學生赴美留學的高潮期。在美留學生活中，郭秉文除了原有英文語言上的優勢，他進而展現了組織人脈與演說辯論的長才，成為當時留學生團體中的重要成員。這也為他後來得以延聘大量留學生到「南高、東大」任教，奠定了人際關係上的優勢基礎。

1911年郭氏取得伍斯特學院理學士學位後，進入紐約市哥倫比亞大學繼續攻讀，僅花一年時間，在1912年便取得碩士學位，再過兩年（1914）郭秉文的博士論文便由哥大教師學院正式出版。在哥倫比亞大學求學期間，郭氏師從當時具有相當學源優勢的Dr. Strayer，同時也與當時教師學院中幾位教授（如Farrington、Monroe、Hillegas等等）進行學習交流與討論。郭氏在博士論文中肯定教會學校對中國教育的貢獻，認為教會學校能制定適合時代發展的教育目標。他更引用孟祿教授「從實際使用出發學習」的觀點，繼而形成他辦學著重實用的理論基礎。

郭秉文《中國教育制度沿革史・教育之關係生活》中，談及教育與社會生活之關係，講究實用教育的思想。他說：「吾國今日教育最後一重要問題，不可不特別注意者，曰教育有關係於受者之生活問題是也。……數年以來，各學校漸知整理學校作業期應乎社會之變遷以及適於工業之需要。學校之課程，為學生將來解決日常生活問題之一物，是一進步也。……幸而今之教育新進

者，漸知急所先務翻然變計，注重實用教育。」在〈教育與國民之進步〉中又說：「教育必裨實用，他國所風行而收功之實際教育，當加意提倡之。」從上述內容，我們可以了解，在郭秉文的求學經歷中，從早期就讀於清心書院，到後來至美國求學的伍斯特學院、哥倫比亞大學，不同階段的學習經歷，與郭氏自身機敏的觀察與思考，逐漸形成其日後興辦治校的教育觀點。特別是他在哥倫比亞大學求學階段，除了在教育專業上的精進外，哥大的辦學模式，例如：加強學生深度、廣度的學習，積極籌集資金以壯大學校的發展，以及注重教師的參與校務管理等等，都是郭秉文日後辦學的重要思想來源之一。

郭秉文身處中國風雨飄搖之際，為了挽救積弱不振的中國，他毅然決然赴美就學，在博士階段的求學生涯，選擇攻讀教育，目的即是希望能夠透過教育進行改革，使國家得以強盛。

參、學成返國，協籌辦學

郭秉文在1914年以「中國教育制度沿革史」（The Chinese System of Public Education）一題，完成論文撰作並正式出版，而在他自美返國之前，便已收到江謙延攬回國任職的聘書。1915年，郭秉文返國後，隨即擔任「南京高等師範學校」教務主任一職，協助江謙校長操持校務，自此開始他一生的教育事業。

1919年，江謙因病請辭南高校長，校務交由教務主任郭秉文代理。郭氏深受五四運動及歐美教育思想影響，上任後積極改

革學校行政組織，在校務上，成立各項委員會，由教職員工參與學校管理工作，撤銷學監處，實行校務會議制度。在學務上，設立各科會議以討論本科計畫、預算、課程和學生成績等事宜。郭秉文接任校務工作後，極力延攬留學西方的科學家，他改革學校行政組織，推行教授治校、學生自治，展現民主思想。在校風的傳承上，遠自三江師範學堂起，學堂監督李瑞清主張「嚼得菜根、做得大事」；江謙繼之以「誠」為訓，並於校園六朝松旁，建「梅庵」以資紀念；至郭秉文接掌南高校務，倡言「南高獨宜秉持士林氣節，保持樸茂之學風」，在重視精神修養與科學求實的雙重陶冶下，遂發展出「誠樸、勤奮、求實」的校風。沿襲至今，我校中央大學仍以「誠樸」為校訓。

郭秉文努力積極辦學，南高、東大在他的帶領之下，開創南方卓然學術風潮，足以和北京大學相提並論，張其昀〈郭師秉文的辦學方針〉文中說：「民國十年左右，南高與北大並稱，隱隱然成為中國高等教育上兩大支柱」，兩校成為一南一北的學術重鎮。由於郭秉文先生在南高、東大時期的苦心擘畫，也為日後的國立中央大學奠立了厚實的基礎，高明〈郭故校長秉文先生行狀〉云：「國立中央大學之基礎，實奠定於南高、東大之時；而南高、東大之規模，實建立於　先生之手。」所言甚是。

郭秉文先生接任校務之際，由於當時中國國力衰微，許多人都主張以西學來救國圖強。受到西方文化的衝擊，新、舊思想正處於激烈的對抗，出現對傳統文化徹底否定和完全盲從西方文化的思潮。郭秉文為人處事總歸於「平和」二字，認為「平乃能

和，和乃能進」，應用於教學理念上，則主張平衡的辦學方針：**一、通才與專才平衡**，認為兩者能互相配合發展，不應偏廢；**二、人文與科學平衡**，發揚中國傳統文化，同時也吸收西方科學新知，兩相結合；**三、師資與設備平衡**，致力延攬名師，並且充實學科儀器與圖書，提供一流的學習環境；**四、國內與國際平衡**，藉由邀請國內外學者講學或演講的學術交流，擴大學生視野，同時也將中國文化介紹給國際人士。此即郭秉文辦學方針中著名的「四個平衡」（張其昀語）。郭氏秉持著「融貫中外，匯通古今，學風淳篤」（高明語）的方式，汲取中外古今之長處，以不偏頗於任何一方的態度，來施行、貫串他的教育理念。這種卓越的見識，實屬難能可貴之事。

肆、博覽中西，貫通古今

在郭秉文的學習過程中，打從年少時期的中等教育開始，便已受到西式教育思想的影響。相較於舊式書院來說，郭秉文在上海清心書院已逐漸接受西方近代科學、文化思想的薰陶。他後來赴美進修時，進入同屬於教會性質的烏斯特學院，其重視科學教育的效能與開放學習的教育主張，如「教育必須探究事物的全部含義，包括那些僅憑觀察就可能驗證的問題，和那些沒有確切答案的問題」、「把邏輯思考的能力和道義行動的能力結合起來，把科學和服務結合起來」等等，更是開拓了郭秉文的學習視野。

郭秉文以「融貫中外，匯通古今」的態度，審視中國古代教

育和傳統學術的內容，進行檢討與思考，並歸納其優劣得失。例如：他在論述周代教育之課程內容時，曾說：「《周官‧大司徒》以鄉三物教萬民而賓興之。一曰六德：知、仁、聖、義、忠、和。二曰六行：孝、友、睦、婣、任、恤。三曰六藝：禮、樂、射、御、書、數。其普通教育，則有五禮、六樂、五射、五馭、六書、九數。以近世教育眼光，評論此種學校之課程，實包德智體三育。於人生有密切之關係。此教育即所以為人能競爭於生活界之預備。蓋周時教育之宗旨，於發達心身，均無偏廢。」（見《中國教育制度沿革史‧第二編》）就「射、御、書、數」等項目來看，射箭、御車、識字、運算都是生活的工具、生活的基礎，使人能夠應付環境，與社會生活緊密聯繫。因此，他總結周代的教育，認為其長處在於「重實驗而與當時生活相接近」，而且周代的教育宗旨是在「發達心身，均無偏廢」。文中《周禮》所言的六德、六行、六藝等，實則包含德行教育、智識教育和體能教育等三方面。而此一教育內容，正與郭秉文所主張「三育並舉」完全相應，足見中國傳統教育觀點對郭氏的正面影響。

正因為郭秉文透過對中國傳統教育方式與內容的反思，所以更加注重實際應用的實用教育與學生聯繫社會生活，適應社會需要。他認為學校教育在於培植人才，尤其是大學教育的目的在於造就「平正通達的建國人才」。所以「訓育」、「智育」、「體育」三者並重，就更顯得重要了。

以智育為例，郭秉文對智育的標準，認為：「以養成思想及應用能力為智育標準。必使學者能思想以探智識之本源，能應用

以求智識之歸宿。……至於所思想應用之事物，則以適合於社會需要為本，總期所思所用，皆與社會生活有密切之關係。」（語見〈代理校長郭秉文關於本校概況報告書〉）可知，郭秉文智育的標準重在思想與應用能力，而且他特別重視思想能力中的「獨立思考」。由於重視獨立思考的能力，自然不能一味講求知識上的記憶，他反對只知道死背記誦，不知理解與應用的學習方式，故郭氏「極端排斥諳記法」。事實上，《禮記‧學記》中已有「記問之學，不足以為人師」的記載，意思是說，為師者如果只靠記誦一些問題資料，而沒有心得見解，是不具備當教師的資格。換言之，教師自己必須要有思考創新的能力，而非一味的照本宣科，不懂得靈活運用。郭氏認為「獨立思考能力」在智育培育過程是極為重要的，誠如《論語》所言「學而不思則罔」，學習不但要思考，還要更進一步懂得應用，所思所用，都必須符合於社會上的需求。

在論〈教育與道德之養成〉時，郭秉文也說：「昔日教育制度，以經學為課程之中心。經學者，為吾人高尚思想與言論之寶庫，凡個人家庭與人民責任，皆不能脫此藩籬。受其陶鎔者，能養成一種高尚之道德，及優美穩定之性質。而吾國之文明，即持此種道德性質維繫而不墜者也。」（見《中國教育制度沿革史‧第七編》）中國古代教育的教材內容，是以「經學為課程中心」，主要是培養高尚的道德情操。而《周禮》所談之德行教育，落實於郭秉文的教育主張中，便是趨近於「注重啟發和實踐」的「訓育」。

何謂「訓育」？郭秉文於〈關於本校概況報告書〉中認為，「訓育」即是「取訓練與管理兼重主義。訓練注意啟發，使知其所以然，管理注意實踐，使行其所當然，二者交相為用，以期知行合一。」又說：「本校實施訓育之大別有二：一曰修養、二曰服務。修養方面，于學生則重躬行與省察；于職員，則重感化與考察。……服務方面，于學生則重實踐與研究；于職員，則重示範與檢查。」以今日觀點來說，「訓育」是一種培養學生良好的品德、建立道德觀及操守，並且培養學生熱愛社會，遵守紀律和熱心助人等精神的一種品格教育。

關於訓育的方法，郭秉文認為：「欲使學生之體魄、精神、道德、學術、才識各方面有相當之發達，固不以抑制，亦不可助長，惟宜啟學生之自動之機，使自向所定之標準，進行以至于能自立而止，所當依據之原則分列如下：（一）利用天性之原則；（二）觸發統覺之原則；（三）引起興味之原則；（四）應用暗示之原則；（五）選擇思想之原則；（六）養成習慣之原則。此本校訓育方法之大概也。」郭氏認為「訓練注意啟發」，換言之，訓育必須注重如何啟發學生的自動學習之機。今參證於《中國教育制度沿革史》所載，他說：「除《禮記》之外，述古時教育之法者，要以孔子之言為主矣。其言曰：『學而不思則罔，思而不學則殆。』又曰：『不憤不啟，不悱不發。舉一隅不以三隅反，則不復也。』是當時教育法，頗合於自動主義。」郭秉文深諳中國古代儒家已有符合自動主義的教育觀點，故在此基礎上，結合西方教育思想，進一步提出「利用天性」、「觸發統覺」、

「引起興味」、「應用暗示」、「選擇思想」和「養成習慣」等六大原則。在〈關於本校概況報告書〉之訓育標準，郭氏主張，養成學生之人格要素，「必具有堅強之體魄、充實之精神，而于道德、學術、才識三者又有適當之培養。」是知，學校教育之訓育標準，不僅限於狹義的品德教育，而是囊括了道德、學術、才識等方面。

　　針對郭秉文所提「訓育」方法的六項原則中，下文擇取一端，觀察他對中國傳統教育的觀察和省思。他首先提出要「注重學生的天性」。「天性」指的是一個人與生俱來的本性，包括人格特質與才性。郭秉文在《中國教育制度沿革史》中說：「《禮記》中〈學記〉、〈內則〉兩篇，于當代教育法，言之頗詳，極端排斥諳記法，與近世教育法，多有吻合。一本人生天然之理以開發其天性為主，謂學僅為得一種知識不可也，必也心得，始謂之無負所學乎。」其所言〈內則〉一篇，據唐孔穎達〈疏〉云：「名曰內則者，以其記男女居室事父母舅姑之法……。閨門之內，軌儀可則，故曰內則。」知其主要內容，實為家庭教育之屬。倘就學校教育而言，當以〈學記〉為主。郭氏又說：「戰國時有孟子，服膺孔子之道者也。于教育之法，亦頗有所稱道。其言曰：『君子之所以教者五：有如時雨化之者，有成德者，有達材者，有答問者，有私淑艾者。此五者君子之所以教也。』申言之，孟子之教育法，專注學者之個性，順其性而陶冶之。」郭秉文已明確指出《禮記・學記》以及《孟子》所言的教育法，實皆著重於個人的天性，順其性情而加以陶冶、開發。

此外，關於孟子之教育法，郭秉文進一步闡釋說：「有如時雨化之者，謂學者天資聰穎，有聞必悟，教者因勢而利導，猶如及時而雨之，則其化速矣。有成德者，謂學者好談道義，則納之於成德之正軌。有達材者，謂學者富於理想，或治事之能力，各因其所長而達之。有答問者，謂就所問而答之也。有私淑艾者，謂人或不能及門受業，但聞君子之道於人，而竊以善治其身，是亦君子教誨之所及。綜觀孟子五者之教，皆因材而施，或小成，或大成，無棄材，無廢人。教育普及之道，其在斯乎！」人之天性稟賦雖有不同，但只要透過適當的因材施教，都可以有一番成就。其最終結果，學生成就雖有高有低，但卻能「人盡其才」，不放棄任何一位學生，所以「無棄材、無廢人」，這才是普及教育的真正意義。

據此可知，郭秉文所舉出的辦學育人方針，實淵源自中國傳統儒家教育思想，他將中國傳統古學予以落實、運用，並與西方的教育理念結合，進行思考整併後而提出。此說一出，對於現代教育之方針，影響至深。

事實上，儒家教育不以記誦之學為限，而是著重在修己善群，立身處世的道理。因此，道德教育是學校課程中之重要項目。郭秉文認為「訓育」工作實施的大方向有二：一曰修養，二曰服務。所以，教育的主要目的，是在培養學生正當的態度和建立高尚的理想。換言之，也是在樹立學生健全的人格品德。誠如《荀子‧勸學》所云：「君子之學也，入乎耳，箸乎心，布乎四體，行乎動靜。端而言，蠕而動，一可以為法則。」透過訓育工

作的實施，導引改善學生的不良行為，變化學生氣質，使其擁有堂堂正正的人格。

總觀中國古籍所載之道德教育，與現代教育中的訓育主張若合符節。是故，郭秉文云：「孔子所樂稱君子之觀念，以學生程度之高低，施用各種摹繪情境法與譬喻開發法，俾其了悟於心，雖選輯之材料或不無可以批駁之處，而大體則甚妥適。」大體上贊同孔孟教育思想之方法與觀點。郭秉文所提出的訓育方法「利用天性」、「觸發統覺」、「引起興味」、「應用暗示」、「選擇思想」、「養成習慣」等六大原則，可以看出彼此之間相互影響，也與中國儒家教育思想有其相應之處。由此可見，郭氏教育主張的構思縝密、論述周延。他的學術養成雖深受西方新式教育的影響，然而他許多教育觀點，既不盲目依從西方的經驗，也不否定中國本身的傳統教育，而是從中西教育理念中，汲取雙方的優點綜合而成，體現了郭秉文不折不扣是一位「博覽中西，貫通古今」的教育思想家。

伍、後人推闡，精神長存

如前文所言，郭秉文於1925年因政局劇變，而遭免去東南大學校長一職。郭氏於同年2月以受東南大學校董會委託之名，前往美國，考察教育。平考其實，郭之去職，甚至悵然離滬赴美，實蒙受幾許委屈不平，與壯志未酬的愴然。此後，郭秉文離開了中國的高等教育學界，在海外從事國際事務與中西文化交流

活動。直至1947年退休，定居美國。此後，不到兩年時間，1949年中共政權成立，國民政府播遷臺灣。當時位於南京的「國立中央大學」，因校名涉及政治敏感，於同年8月遭更名為「南京大學」。1952年中共進行全國院系調整，學校系所組織大幅更動，重組為南京大學、南京工學院、南京農學院、南京師範學院等校。（其中，南京工學院在1988年5月，又再度更名為「東南大學」。）直到1962年，在眾多大陸時期中央大學校友的極力奔走下，「國立中央大學」終能在臺灣復校，延續著郭秉文所籌理、創辦之「南高、東大」時期的優良傳統。

郭秉文晚年雖旅居海外，然對於中西文化教育事業，仍持續關注。「雖在暮年，猶致力於中美文化之交流，未嘗以優游林泉，而自尋暇逸也。」1954年，教育部在紐約成立「在美教育文化事業顧問委員會」，郭秉文應邀擔任委員，1957年起擔任主任委員。同年他又以私人之力，組設「華府中美文化協會」，積極促進中美文化合作，從事國民外交活動。郭氏晚年仍積極參與中美文化交流活動，雖耄耋之齡，然精神奕奕，生氣勃勃。迄至1969年8月29日，不幸病逝於美國華盛頓，享年八十九歲。

近年來，郭秉文的家族後人，出生於美國、成長於亞洲（泰國、菲律賓）的曾孫甥女徐芝韻（Carolyn Hsu-Balcer）女士，為了紀念家族先輩郭秉文的教育理念，以及郭氏對中西文化交流的貢獻，她對於宣傳、發揚郭秉文教育理念與獻身教育的精神，不遺餘力。在她的極力推廣與倡議下，紀念郭秉文的相關研討會陸續召開。如彼岸東南大學在2011年舉辦「郭秉文創建東南大學

九十週年紀念研討會」，並出版了《郭秉文與東南大學》一書；
2014年10月因應紐約郭秉文博士畢業百年紀念研討會的召開，
東南大學事先徵文出版了《郭秉文教育思想研究》專書，以共襄
盛舉。同年，在紐約的紀念研討會結束後，由郭秉文母校哥倫比
亞大學教師學院、哈佛大學費正清研究中心、美國伍斯特學院、
東南大學、北京師範大學、美國西北大學等多位教育領域學者，
共同纂輯《郭秉文——教育家、政治家、改革先驅》一書。書中
通過不同角度，汲取現有文史資料，還原郭秉文經歷豐富的一
生，並凸顯郭秉文作為教育家、政治家、改革先驅的思想與貢
獻。2014年11月7日上海財經大學舉行「郭秉文紀念館落成暨
銅像揭幕儀式學術研討會」，徐芝韻女士特地從紐約飛到上海去
參加，表達她對此事的關注與支持。徐芝韻女士曾經表示「我們
家族中相當重視教育，這是我們家族的重要傳統。」因此，她捐
資興學，成立郭秉文紀念獎學金，獎助貧困學子，使能順利求
學。受到徐芝韻女士的精神感召，甚至與郭秉文創校、治校沒有
直接關聯的「北京師範大學」，在最新一期《教育學報》期刊中
也開闢了「郭秉文研究」專題，在紐約會議時發布成果。凡此種
種，皆在表彰發揚郭秉文先生在教育學、政治界及國際外交上的
卓越貢獻。

陸、後記——2014年10月紐約郭秉文會議紀要

2014年10月23日～27日，由美國哥倫比亞大學、東亞圖書

館與華美協進社等機構共同舉辦「郭秉文與中國近現代高等教育和中美教育交流——紀念郭秉文哥倫比亞大學博士畢業一百週年國際學術研討會」，地點選在當年郭秉文取得博士學位的哥倫比亞大學教師學院，盛大舉行。本次會議是在郭秉文曾孫甥女徐芝韻女士的積極籌畫和經費資助下順利召開。

會議緣起於2013年徐芝韻女士致函哥大教師學院院長Susan Fuhrman，希望能在郭秉文從哥大畢業百年的特殊意義下召開紀念研討會，讓更多人了解郭秉文在教育領域的貢獻，同時讓人們更清楚了解中美教育交流的歷史，以及未來中美教育交流的走向，進而促成這次紐約的盛會。此次研討會定調由華美協進社、哥大教師學院和東亞圖書館聯合主辦。郭秉文當年卸任東南大學校長職務後，一度回到紐約，與杜威、胡適等人創建了「華美協進社」，並且擔任首任社長。在這次的研討會上，多位與會代表就郭秉文對當代中國教育事業的貢獻分享了各自的研究所得。同時，來自哈佛大學費正清中心的學者羅元旭也特地強調了郭秉文在外交和金融方面的建樹。可知，郭秉文對近百年來中西文化交流的影響是多面向的。

筆者奉李光華副校長指示，撰寫郭秉文教育思想相關論文——題名為〈郭秉文「訓育」方法與儒家教育思想的關係〉，發表於會議紀念專輯《郭秉文教育思想研究》，並且於會議期間前往紐約，參與盛會。本次會議，與會學校除了我校中央大學外，還包括臺灣師範大學、中國的東南大學、廈門大學、北京師範大學、華東師範大學、上海財經大學、中國教育科學院，以及美國

哥倫比亞大學、哈佛大學、伍斯特學院、西北大學、東亞圖書館、華美協進社等單位，近百位海內外教育研究專家學者和教育界人士齊聚一堂，共同緬懷郭秉文對中國近現代高等教育和中美教育文化交流的影響性與重要貢獻。筆者於會議論壇上以**「郭秉文與中央大學」**為題，藉由發言機會介紹中央大學發展現況及宣傳2015年中大百年校慶一事，席間引起熱烈討論。

徐芝韻女士目前是美國紐約一家服裝公司總經理，也活躍於紐約商場與教育場域，在當地擁有一定的財經地位與影響力。近年來，徐芝韻女士一直致力於恢復郭秉文在中西教育與文化交流史的地位，也極力提倡中國傳統教育的重要。這次會議活動，有正式的新聞發布會，也獲得當地一些媒體的報導。除了中國東南大學、上海財經大學外，她很高興臺灣中央大學能延續並保留郭秉文的辦學教育精神。

值此中大百年校慶，綜觀中大在臺復校後的辦學概況，正是郭秉文教育思想之具體實踐。因郭秉文所主張的**「三育並舉」**（注重啟發和實踐的訓育；注重思想和應用的智育；注重普及和健康的體育）與**「四個平衡」**（通才與專才的平衡；人文與科學的平衡；師資與設備的平衡；國內與國際的平衡）等教育方針，都是目前中大早已落實在進行的作法。

徐芝韻女士曾在2014年1月底蒞臨中大校園參觀，參加本校歲末尾牙餐會，對中大校史能保存郭秉文校長的歷史地位，以及設置「秉文堂」，印象極為深刻。今年中大百年校慶，有幸能邀請徐芝韻女士回到臺灣，參與校慶盛事，實為美事一樁。

（筆者按：本文初稿撰寫完成後，承蒙郭秉文先生之曾孫甥女徐芝韻女士指正並提供相關資料，俾利修訂內容，以符史實。本文所附會議照片亦蒙徐芝韻女士授權使用，謹此誌謝。）

2014.11.25郭秉文的曾孫甥女徐芝韻女士於會議開幕上致詞。

2014.10.25研討會活動進行中。

2014.10.25研討會結束，論壇同場學者合影留念。

參考文獻

中央大學校慶特刊編委會，1985，《中央大學七十年》。桃園：中央大學。

中央大學校慶特刊編委會，1995，《中大八十年》。桃園：中央大學。

王成聖，1985，〈郭校長秉文傳〉，《中央大學七十年》，頁68-74。桃園：中央大學。

王德滋主編，2002，《南京大學百年史》。南京：南京大學出版社。

石猛，2010，〈郭秉文與中國高等教育近代化〉，《教育史研究》，第1期，頁104-108。

朱斐主編，1991，《東南大學史（第一卷）》。南京：東南大學出版社。

李淑萍、劉學倫，2011，〈郭秉文「實用教育」思想對先秦兩漢教育與學術的反思〉，《郭秉文與東南大學》，頁84-93。南京：東南大學高等教育研究所。

李淑萍、劉學倫，2014，〈郭秉文「訓育」方法與儒家教育思想的關係〉，《郭秉文教育思想研究》，頁124-135。南京：東南大學出版社。

奉莉，2010，〈近40年郭秉文教育思想研究綜述——紀念郭秉文先生逝世40週年〉，《當代教育與文化》，第2卷第3期，2010年5月，頁107-111。

東南大學高等教育研究所，2011，《郭秉文與東南大學》。南京：東南大學出版社。

冒榮，2004，《至平至善 鴻聲東南——東南大學校長郭秉文》。濟南：山東教育出版社。

南大百年實錄編輯組編，2002，《南大百年實錄（上卷）——中央大學史料選》。南京：南京大學出版社。

耿有權主編，2014，《郭秉文教育思想研究》。南京：東南大學出版社。

許士榮，2002，〈郭秉文的高等教育辦學思想及其啟示〉，《機械工業高教研究》，第4期總第80期，頁15-18+41。

許小青，2004，《從東南大學到中央大學》。武漢：華中師範大學。

郭秉文，1922，《中國教育制度沿革史》。上海：商務印書館。

郭夏瑜等撰，1971，《郭秉文先生紀念集》。臺北：中華學術院。

羅元旭，2012，《東成西就——七個華人基督教家族與中西交流百年》。香港：三聯書店，2012年。

龔放、冒榮編著，1995，《南京大學》。湖南：湖南教育出版社。

羅家倫與中央大學

劉學倫

國立中央大學中國文學系兼任助理教授

壹、羅家倫生平簡介

羅家倫，字志希，筆名毅。清光緒23年（1897）12月21日出生於江西南昌，民國58年（1969）12月25日逝世於臺北，享年七十三歲。祖先原世居浙江省上虞縣，後至雍正年間，漢文公移居山陰，始著籍於紹興。父親羅傳珍，字沛卿，號鈍庵，晚年署鈍翁，因擅於文藻而見重於當時。母親周霞裳，字瓊仙，亦頗有文采，是羅傳珍的原配正室。羅家倫是他們兩人的長子，也是十二位兄弟姊妹中的長兄。[1]

貳、大學之前的求學生涯

傳統舊社會的家庭，對於子女的教育，通常都是先識字背

---

1 劉維開《羅家倫先生年譜》：「先生（羅家倫）之父傳珍公生五子七女，先生居長。長女家清、次女家鶴、三女家松、四女家廉與先生均為原配周氏所出。五女家善為繼配王覲仙氏所出，次子家農、三子家健均為繼配王氏所出。四子家和、五子家龍、六女家瑜、七女家寶為李氏夫人所出。」（臺北：近代中國出版社，民國85年），頁1。

書，接著進入家塾學習。這一點羅家倫也不例外。他在四歲時，由母親開始教授識字、背誦短詩；五歲時正式啟蒙，就讀家塾。十八歲時到上海接受新式的學校教育，就讀由馬相伯、于右任等人創辦，以崇尚科學、注重文藝、不談教理為教育宗旨的復旦公學。由於羅家倫中國傳統文學的基礎很好，文筆出眾，被同學稱為「老夫子」，亦擔任《復旦》季刊的編輯。

他曾在《復旦》季刊發表〈二十世紀中國之新學生〉一文，上海的報紙也有轉載。「這篇文章以『新學生』與『陳死人』作對比，情緒激昂，語言酣暢，反映了當時青年學子憂國憂民，欲振臂一呼，指點江山，以挽救民族危亡的典型心態。」[2] 從鴉片戰爭以來，中國腐敗無能，屢遭列強侵略欺凌。之後雖然革命成功，滿清退位，中華民國建立，但仍無時無刻處在動盪不安的局面，內憂外患紛沓而至，可說已經到了攸關中華民族生死存亡的關頭。從這篇文章不難看出，羅家倫當時雖只是中學生的身分，但已對國家的積弱不振感到十分擔憂。

羅家倫二十一歲自復旦公學畢業，同年進入北京大學就讀，肄業文科，主修外國文學。正巧這也是蔡元培上任北大校長的第一年。在蔡元培的改革之下，北大已是一所注重「提倡思想自由、培養學術空氣」的大學。在這樣學風的帶動之下，羅家倫結識了傅斯年、顧頡剛、毛子水、段錫朋等幾位志趣相投的同學，他們常和錢玄同、胡適、李大釗等諸位師長聚在一起，彼此之間

---

2 張曉京，《近代中國的「歧路人」——羅家倫評傳》（北京：人民出版社，2008），頁21。

沒有師生之別，也不講究禮節和客套。大家針對提出來的問題互相辯論詰問，熱烈參與討論學術與時事，更激發羅家倫意識到身為知識份子，應當負起救國存亡的責任與義務，因而成為一位具有理想、懷抱滿腔熱血的愛國青年，並多次參與由學生發起的愛國遊行示威運動。

參、五四時期的羅家倫

羅家倫參與的學生運動中，其中最具有代表性的首推「五四運動」。[3] 五四運動發生的起因，在於民國4年（1915）日本提出嚴苛的二十一條要求，接收德國佔領山東的土地和所有權，並迫使中國政府在5月25日簽訂了損害中國主權的中日密約。

民國7年（1918）的春天，有一批留日學生在東京抗議北洋政府與日本締結〈中日防敵軍事協定〉，並且返國到處演說，揭發陰謀。至北大集會討論時，羅家倫提議採取實際的行動。於是5月21日當天，共有二千餘位北京各校的學生，至新華門遊行請願，要求政府停止出賣中國的主權。

這段期間，羅家倫和傅斯年、顧頡剛等人組織新潮社，籌辦《新潮》雜誌，以鼓吹文學革命，主張學術思想解放，用科學的

---

3 筆者按：「五四運動」有狹義和廣義之分。就狹義而言，僅指發生於民國8年（1919）5月4日，在北京的學生示威運動，亦稱作「五四事件」。從廣義來說，包括民國8年（1919）前後這段時間一切思想的變動，同時隱含學生運動和新文化運動，都可以稱作五四運動。這樣的觀點，可參見〔美〕周策縱原著，楊默夫編譯：《五四運動史·第一章·導言》（臺北：龍田出版社，民國73年），頁1-7。此處筆者採用廣義的解釋。

方法來整理國政，堅決民主，反封建、反侵略等方面作為創辦的宗旨，期望達成興利除弊、救國救民的目標。

民國8年（1919）第一次世界大戰結束，身為戰勝國一員的中國，原本寄望巴黎和會（又稱凡爾賽和會）能夠重新調整日本在大戰期間，脅迫中國所簽訂的條約和協定。但隨著和會的開始，這樣的希望隨之落空。日本不僅會接替德國在中國的地位，情況甚至會比以前更糟。4月底，當中國在和會失敗的消息傳來，國人群情激憤。5月3日下午，北大召集了所有的北京大專學生代表臨時舉行緊急會議，會議中通過翌日中午12時舉行大規模的學生遊行活動，抗議政府的外交政策失利。遊行由傅斯年擔任總指揮，羅家倫、段錫朋等人亦被推舉為學生領袖。

在學生遊行示威中，發有一份由羅家倫起草的〈北京學界全體宣言〉（即〈五四運動宣言〉）：

> 現在日本在國際和會，要求併吞青島，管理山東一切權利，就要成功了。他們的外交，大勝利了。我們的外交，大失敗了。山東大勢一去，就是破壞中國的領土。中國的領土破壞，中國就要亡了。所以我們學界，今天排隊到各公使館去，要求各國出來維持公理。務望全國農工商各界，一律起來，設法開國民大會，外爭主權，內除國賊。中國存亡，在此一舉。今與全國同胞立下兩個信條：（一）中國的土地，可以征服，而不可以斷送。（二）中國的人民，可以殺戮，

而不可以低頭。國亡了，同胞起來呀！[4]

宣言中明確表達了遊行的目的，「外爭主權，內除國賊」成了五四運動的口號。三週後，他又撰寫了〈五四運動的精神〉，強調這次的運動，已具體展現「學生犧牲」、「社會制裁」、「民族自決」三種關係中華民族存亡的真精神。[5] 從中亦可見羅家倫的正義感與愛國情操。

肆、出國遊學時期

民國9年（1920）秋天，羅家倫在蔡元培的推薦下，得到了企業家穆湘玥（字藕初）的獎學基金資助，遠赴美國遊學，年底進入普林斯頓大學就讀，治文學、哲學和教育。一學期後，由於羅家倫的成績卓越，獲學校贈與「名譽大學免費學額」。

民國11年（1922）秋天，因慕杜威（John Dewey）和伍卜雷奇（Dean Woodbridge）兩位教授之名，轉入哥倫比亞大學研究院，集中精力攻讀歷史、哲學。該年冬天，羅家倫離美赴歐，到德國柏林大學歷史研究所就讀。當時常與朱家驊、俞大維、傅斯年、陳寅恪、毛子水、金岳霖等人往來，留心於文學、史學、哲

---

4 羅家倫，〈五四運動宣言〉，見羅家倫撰，中國國民黨中央委員會黨史委員會編輯，《羅家倫先生文存（第一冊）》（臺北：國史館、中國國民黨中央委員會黨史委員會出版，民國65年），頁1。
5 羅家倫，〈五四運動的精神〉，見羅家倫撰，中國國民黨中央委員會黨史委員會編輯，《羅家倫先生文存（第一冊）》，頁2-3。

學、教育、民族、地理學的研究。

　　民國13年（1924），穆氏資助羅家倫的基金中斷，遊學的費用全改由國內出版界好友籌借。14年（1925）轉入法國巴黎大學，仍主修哲學、歷史等科目。期間並曾赴英國牛津大學、大英博物館圖書館，以及在法國國家圖書館工作，搜集和近代中國相關的史料。

　　到了民國15年（1926）6月18日，羅家倫在張元濟的援助之下，從馬賽搭船返國，7月23日抵達上海。

　　這些經歷，不僅增長了羅家倫的學問，也開闊了他宏觀的視野，有助於他回國主持高等教育及史政機構的恢宏氣概。

伍、回國主持高等教育

　　羅家倫遊學歸國後，一直到民國21年（1932）接任中央大學校長之前，這六年的時間，曾先後在各大學擔任教職與教育行政工作。

一、東南大學歷史系教授

　　民國15年（1926）8月，羅家倫受聘為東南大學歷史系教授，開設「西洋近百年史」和「中國近百年史」，並曾組織一門「近代西洋學術概觀」的課程，由十二位教授合教。此課程不僅為東南大學學生，亦為南京中小學教員而設，所以在課程結束

後，將演講稿集成一書，交付商務印書館出版。

二、清華大學校長兼史學系主任

民國17年（1928）8月21日，國民政府任命羅家倫為清華大學校長，9月18日就職發表演講。另外，由於蔣廷黻在南開大學還有一年的聘期，無法到清大擔任史學系主任，遂由羅家倫暫代此職。之後由於辦學政策不能實行、對學生進行諸多改革措施引發學生不滿等因素，多次向教育部請辭清大校長一職。他在辭職未准的這一段時間內，曾擔任中央政治學校校務委員、北京大學歷史系兼任教授和武漢大學歷史系教授。

三、中央政治學校教務主任兼代教育長

民國20年（1931）1月，由於羅家倫奉命擔任中央政治學校教務主任，並兼代教育長之故，行政院終於在3月17日議決，獲准羅家倫辭去清大校長之職。

陸、任職中央大學校長之前的中大

羅家倫任職中大校長前的中央大學，正處在局勢紛擾的時期。民國20年（1931）九一八事變之後，全國各地學運不斷，位在國民政府所在地的中央大學學生，以「首都大學」的學生自

居，積極參與各種學運，中大學生經常成為活動的領導者。綜觀這一年間的學運，我們可以歸類為三種類型：

一、愛國運動

這是指學生以國家利益為前提所發起的運動。民國20年（1931）11月起，學生發起的愛國運動，逐步形成以南京為中心的跨校性請願活動。中央大學既是首都的最高學府，除了指揮大局，亦負起接待的作用，很多遠道而來的學生團體，都到中央大學的大禮堂寄宿。中大成為學生發起愛國活動的中心，來自各地的學生，時常在大禮堂開會，校園不但不得安寧，很多學生也無暇於課業。此時中大的教育品質低落，是可以想見的事情。

二、爭取經費、設備的活動

民國初年沒有獨立的教育經費，以致時常遭到地方政府的挪用，因而積欠教職員薪水的事情時有耳聞。這一段時間，中大爭取教育經費的運動共有六起，雖較抗日愛國運動平和許多，但仍引發不少的波瀾。

三、不滿校長遴選的運動

中大學生趁著九一八事變以來多起的學生運動，表達了他們

對學校不滿的情緒，其中有兩次為反對校長人選的學潮。由於中大的學潮過盛，朱家驊堅辭校長職務以示負責。

之後教育部分別任命桂崇基、任鴻雋、段錫朋擔任中央大學的校長，其中任鴻雋堅持不就任，桂崇基和段錫朋則因為政黨色彩太過濃厚，不符合學生提出「知名學者，反對政客式人物來當校長」的條件，因此得不到中大學生的認同。兩人皆與抗議的學生發生爭執，過程中爆發嚴重的肢體衝突而掛彩。當朱家驊得知段錫朋再度被學生毆傷的消息後，十分震怒，毅然決然地宣布解散中央大學，重新進行整頓。

柒、任職中大校長的治校方針

中大在朱家驊請辭校長之後，教育部雖先後任命了幾位校長人選，但不是不願意上任，就是被反對的學生「打」走了。中央大學在群龍無首的局面之下，長期無法推動校務。教育部把最後的希望，寄託在羅家倫的身上。

民國21年（1932）8月22日，行政院會議通過，任羅家倫為中央大學校長。雖然在此之前，羅家倫曾擔任中央大學整理委員會之委員，但最初他是抱持著排斥的態度，不願意就任此職。除了上述的原因之外，尚有其他理由，其中之一是當時的羅家倫頗厭棄教育行政的工作。[6] 另外，他也擔憂中央政治學校的學

---

6 羅家倫，〈拒任中大校長談話〉，見羅家倫撰，中國國民黨中央委員會黨史委員會編輯，《羅家倫先生文存（第五冊）》（臺北：國史館、中國國民黨中央委員會黨史委員會出版，民國77年），頁

生，會產生不當的聯想，認為他「見異思遷，見高則陟」。對於中大，則擔心「中大規模太散，難有把握」，無法治理學校。更重要的原因，在於當時各大專校院自成學閥，小群體意識濃厚，他著實不願意忍受中大學生的「閑氣」。[7] 因此當行政院的人事命令一公布，羅家倫立刻去函表示「中央大學，值此零亂之餘，百端待理，開學之期，又復迫切，斷非家倫所能勝任。」[8] 堅決不任中大校長一職。

後來因為教育部長朱家驊和羅家倫兩人之間，有著亦師亦友的特殊情誼，朱氏「一再以國家及民族學術文化前途的大義相責」，[9] 在動之以情，曉之以義的情形下，再加上羅氏「一方面不忍見中大長此停頓，將陷於不可收拾之境；一方面為政府所遇困難計及為國家文化事業之前途計，不忍在國難期間，漠視艱危而不顧。」[10] 終使羅家倫不得不擔此重責大任，銜命接受中央大學校長的職務。

民國21年（1932）9月5日，羅家倫正式走馬上任。他將中大發展的步驟分為三個時期，第一時期為安定時期，必須安定而

230。

7 羅家倫，〈致朱家驊（騮先）段錫朋（書貽）函－辭任中央大學校長並推介辛樹幟擔任〉，見羅家倫撰，中國國民黨中央委員會黨史委員會編輯，《羅家倫先生文存（第七冊）》（臺北：國史館、中國國民黨中央委員會黨史委員會出版，民國77年），頁119-120。

8 羅家倫，〈上行政院呈－－辭任中央大學校長〉，見羅家倫撰，中國國民黨中央委員會黨史委員會編輯，《羅家倫先生文存（第七冊）》，頁121。

9 羅家倫，〈朱騮先先生的事蹟與行誼〉，見羅家倫撰，中國國民黨中央委員會黨史委員會編輯，《羅家倫先生文存（第十冊）》（臺北：國史館、中國國民黨中央委員會黨史委員會出版，民國78年），頁171。

10 羅家倫，〈上行政院呈－－縷陳發展中央大學步驟〉，見羅家倫撰，中國國民黨中央委員會黨史委員會編輯，《羅家倫先生文存（第七冊）》，頁123。

後可以養成學術之風尚，而後可於安定中求進步；第二時期為充實時期，力求人材之集中，與設備之增進；第三時期為發展時期，按預定之計畫，為大規模之建設，使其成為近代式之大學。[11] 每個時期大約三年。希望能夠藉以達成救亡圖強、為人類增進知識的目標。以下筆者分別就此三時期的治校方針予以論述。

一、安定時期

論者認為，「羅家倫所以能出任中央大學的校長，固然一方面是得到蔣介石的信任，可另一方面，也與他『五四』學生領袖的形象和『五三』善後處理中的個人魅力有關。這樣的校長容易為學生所接受，於是中大這場『易長風潮』便以羅家倫的到任而告平息。」[12] 評價可謂持平公允。

除此之外，羅家倫小心翼翼地面對眼前的局勢也是一大關鍵的因素。他個人隻身前往中央大學接任校長，沒有傳聞中由軍警人員護送，自然消弭了師生之間緊張的關係。[13] 他在中央大學畢業同學會舉辦的就職歡迎宴會上發表演說，謙虛的聲明自己只是暫行兼代三個月，誠懇地要求全校師生合作，共同維持學校秩

---

11 羅家倫，〈上行政院呈——縷陳發展中央大學步驟〉，見羅家倫撰，中國國民黨中央委員會黨史委員會編輯，《羅家倫先生文存（第七冊）》，頁124。

12 南京大學校史編寫組編著，《南京大學史（1902-1992）》（南京：南京大學出版社，1992），頁119。

13 王成聖，〈經典人物羅家倫〉，《中大校友通訊》，第18期（民國86年5月），頁109。

序，準備開學上課。[14] 羅氏這樣的態度，符合大多數師生久亂望治的心情，因此能夠順利接任校長的職務，紛亂多時的學潮也能平和地落幕。

羅家倫在順利接任校長之後，首要的任務就是要使中大在動盪不安的學潮之中安定下來，並且重新加以整頓。在院系的調整方面，中央大學在整理之前，學校科系的設置過於紛亂，而整理委員會的意見，對於師生的建議、學校的實際情形又考量不夠，羅家倫能夠兼顧兩者，採取折衷的辦法，適度修正整理委員會的意見，使其不違背學術發展的潮流，也能和中大師生的期望相符。例如：

1. 整理委員會將心理系和教育心理系裁撤，分別併入生物系和教育系。羅氏則因應科學上之需要，以及考量師生和學校的情況，在教育學院中增設心理學系。

2. 有些科系，若是廢除、合併實有困難，或者對當時社會發展有存在的必要，諸如社會系、化工系、生物系……等，羅氏改以設組的方式予以保留。

另外，中大之前爆發的學潮運動，其中之一即是積欠教職員薪水所引發。教師的收入不穩定，就必須到處兼課以求溫飽，連帶影響教學品質。羅家倫在擔任中大校長後，「為了保證教職員的生活安定，在當時經費緊張、時有短缺的情況下，他（羅家倫）總是維持定期發薪，決不虧欠，即便是挪用其他款項，也是

---

14 王成聖，〈經典人物羅家倫〉，《中大校友通訊》，第18期，頁109。

毫不含糊。」[15] 充分關心教職員切身的利益，讓教師有穩定的收入、安定的生活，才能專心致力於教學與研究。

這些措施，皆有利於中央大學在動盪不安的局面當中，逐漸穩定下來。

二、充實時期

在中大步入常軌之後，羅家倫開始著手進行擴充學校的工作。其主要有以下二個方面：

1. 重視聘用人才

羅家倫認為，大學極重要的任務之一，是為國家社稷培養傑出的人才。因此「羅致良好教師，是大學校長第一個責任！」[16] 他接掌中大後，一方面極力挽留原先良好的教師，一方面積極聘任專門學者，絕不接受關說，唯才是用，絲毫不顧及情面，並且主張聘任教師以專任為主，降低兼任教師的人數，原則是「凡可請其專任者，莫不請其專任」、「以求其心無二用，專心在中大授課」。在這樣的要求之下，中大至民國 26 年（1937）時，全校教師達到了 424 人，其中兼任教師僅 54 人，較過去最多時的 111 人，足足少了一倍之多。而這些為數不多的兼任教師，均為

---

15 王德滋主編，《南京大學百年史》（南京：南京大學出版社，2004），頁161-162。
16 羅家倫，〈學術獨立與新清華〉，見羅家倫撰，中國國民黨中央委員會黨史委員會編輯，《羅家倫先生文存（第五冊）》，頁20。

某種專門學科的專家學者，深受政府單位和其他學術機構所倚重，以致無法網羅。下表為民國26年（1937）中大教師人數之統計：[17]

中央大學師資概覽（1937年）

院別	教授		講師		助教	教員
	專任	兼任	專任	兼任		
文學院	19	8	6		8	
理學院	27	6	5		32	
法學院	13	16	1		3	
教育學院	21	7	9	3	20	4
農學院	20	5	2	1	29	
工學院	26	8	5		25	
醫學院	4		1		5	
牙醫學校	3		5		1	
實驗學校						76
總計	133	50	34	4	123	80

在羅家倫徹底實行聘任師資的原則，以及絕不拖欠教師薪資的情形之下，為中央大學覓得許多優秀的人才。民國22年（1933）8月，光是理學院就新聘了十餘位著名學者，如孫光遠、曾遠榮、羅宗洛、施士元等人擔任教授。在此前後，進入中大執教的還有經濟學家馬寅初；藝術家徐悲鴻、張大千；詩人、哲學家宗白華；詩人、作家徐志摩；天文學家張鈺哲；化學家袁

---

17 王德滋主編，《南京大學百年史》，頁162。

翰青、高濟宇……等人。至對日抗戰前夕，先後被羅家倫聘為院長的有：文學院長汪東；理學院長李學清、莊長恭、孫光遠；法學院長戴修駿、馬洗繁；醫學院長戚壽南；牙醫學校主任黃子濂……等。中央大學群英薈萃，學術景象一派繁榮。[18]

2. 擴充教學設備

　　羅家倫認為，要把教育辦好，就必須考量學校設備是否合宜的問題，因此在其任內，極力修繕、擴建校內老舊之建築，使其可供教學研究使用。例如：成立「圖書館工程委員會」擴充圖書館、農學院新建種子儲藏室、改建梅庵為音樂教室、重修生物館、重修體育館、增建生物系植物研究室、新建電信實驗室、新建水力實驗室、新建醫學院生物化學研究室和結構學科解剖室……等。

　　其中羅家倫認為最重要的建築設備，當推圖書館和實驗室。羅氏就任之初，中央圖書館閱覽室僅能容納200人左右，書庫亦僅能收藏10萬多冊的書冊，明顯不敷使用，因此主張擴建，使閱覽室能容納千餘人，書庫能藏書80餘萬冊。[19] 圖書館中也增設各學院研究室、教授研究室和善本書室等，[20] 使教師從事學術研究時更為便利。圖書館的開放時間，延長為週一至週六8：00至22：00，星期日8：00至12：00，以利師生能夠更加充分使

---

18 王德滋主編，《南京大學百年史》，頁162-163。
19 〈中大擴充圖書館〉，《中央日報》第3版，民國22年6月3日。
20 〈中央大學圖書館新屋落成〉，《中央日報》第3版，民國22年11月21日。

用。

　　值得留意的是，羅氏對學生宿舍較不注重。他認為圖書館和實驗室要能舒適方便，成為教員、學生的家庭，[21] 而宿舍只是休息的場所，必須簡樸，乃至不甚舒適。這樣學生才不會老是躲在宿舍裡「高臥隆中」，而樂意上圖書館、實驗室、體育館和操場，發揚青年們蓬蓬勃勃，努力上進的精神。[22]

　　圖書、雜誌、儀器、設備也大有增加。接收東南大學圖書館時，中西文藏書為48,000冊，到了民國26年（1937），中大圖書館共計藏書407,203冊，其中，中文書204,514冊，外文書202,689冊，書籍186,617冊，雜誌220,586冊。花在圖書方面的費用高達50萬元。根據統計，自民國21年（1932）9月至民國26年（1937）5月，中央大學購置圖書計中文書63,381冊，西文書34,828冊；中文雜誌286種，西文雜誌22冊（未計卷數）。中文書中善本極多，不勝枚舉。西文書中也大多是較珍貴者，如《法國十六世紀至十八世紀之繪畫》（由散頁裝訂成冊）、《敦煌石窟魏唐宋佛像佛經》（1914年至1924年間出版，六巨冊，由散頁裝成）、《英國古代建築》（圖樣百餘幅，由1821年至1838年原本拓成）。特別值得記載的是，五年間中大購得西文理工科類雜誌多達三十餘套。這些雜誌大多是十九世紀創刊以來

21　羅家倫，〈學術獨立與新清華〉，見羅家倫撰，中國國民黨中央委員會黨史委員會編輯，《羅家倫先生文存（第五冊）》，頁23。
22　羅家倫，〈擴大知識靈泉的蓄水庫〉，見羅家倫撰，中國國民黨中央委員會黨史委員會編輯，《羅家倫先生文存（第五冊）》，頁67。

連續出版的，少則五六十年，多則百年以上，其中最貴者7,000元一套。但為了研究需要，仍不惜花費巨資，全數購買。[23]

中央大學的院系眾多，為了創造有利的條件，各種教學研究所需的儀器、機械、標本、模型等，學校也大量採購。例如：化學系建有理論化學實驗室四個、分析化學實驗室五個、有機化學實驗室三個、無機化學實驗室三個以及煤氣廠一座，擁有高空抽氣機、吸收光波檢定器、微量分析儀器、白金器及電解分析儀器等。地質系建有岩石分析、高等岩石光理礦物、古生物學、普通地質、礦物學實習室五個，擁有高等岩石光理礦物標本一千多塊，金屬、非金屬、寶石類礦物二千餘塊等。[24] 這些都是羅家倫上任中央大學校長後所陸續增購的。

從上述可知，羅氏無論對師資、圖書、儀器等研究設備皆非常重視，極力厚植中央大學在教育、研究方面的實力。

三、發展時期

民國22（1933）年7月，羅家倫即曾上書教育部，說明中央大學校舍隘處於南京市中心，發展不易，希冀能夠為中央另覓校址。羅氏當時看上了中山陵附近空地，認為中山陵地勢起伏，佔地廣闊，林木蔥蘢，環境清幽，有利陶冶學生的性情，實為教育研究的寶地。再加上未來的國家圖書館、博物院、植物園、動物

---

23 王德滋主編，《南京大學百年史》，頁166。
24 王德滋主編，《南京大學百年史》，頁166-167。

園等，均規劃在此處，可以形成天然的學術區域。[25] 只是這樣的建議，當時並未獲得政府的認同而不了了之。

再經過幾年的努力，羅家倫已使中大達到「安定」和「充實」的目標。民國23年（1934），羅氏認為中大發展的時機到了，因為：

1. 首都大學在急需人才的時候，絕不應只是上千人的大學。

2. 中大地處南京中心，車馬喧囂，市氣逼人，不適宜研討學問，培養身心，養成「高尚純樸」的特殊學風。

3. 四牌樓校址不過三百餘畝，湫隘逼窄，實無發展餘地，工學院等亟待添設工廠，需要擴大面積。

4. 農學院（在丁家橋）與校本部分離，教學設備極不經濟。

5. 師生食宿，雜處市井，身心不安，而且不能常相接近，問難質疑。

6. 要把中大建成具有「近代式大學規模」和符合社會需要的大學，在市區是辦不到的。[26]

於是羅家倫又再度萌發另尋校址，建設「萬人大學」的構想。

恰巧在這個時候，中央政府託付中央大學開辦和航空工程教育有關的「機械特別研究班」。趁此機會，羅氏向政府提出若按規定計畫所需的各種實習場所，絕非城內現址所能容納，再度向

---

25 羅家倫，〈上教育部呈——請在總理陵園範圍指撥地畝及中央運動場全部以建設首都學府〉，見羅家倫撰，中國國民黨中央委員會黨史委員會編輯，《羅家倫先生文存（第七冊）》，頁130-131。
26 王德滋主編，《南京大學百年史》，頁167。

教育部提出遷校的計畫。這次終於得到教育部長王世杰的支持與蔣介石的同意，達成了遷徙校園的目標。花費幾個月時間，最後選定在中華門外約七公里處的石子崗一帶為新校址。他在〈憶南京〉中，有一節是對中大新校地的描寫：

> 我又想到雨花臺南，崗名石子，橋喚鐵心。
> 南望牛首，東望方山，北望紫金。
> 山頭放眼呵，大江雄渾，秦淮澄清。
> 這二水三山的中間，正是理想的學術都城！
> 有的是很老的森林，更加上手種的榆柏，也快成蔭。
> 牧場的花背牛羊，歷落的沿著山崗西下，
> 夕陽裡，映出來如雪如金！[27]

足見羅氏對新校地的腹地廣大、風景幽美感到十分滿意。

可惜的是，新校地大約動工半年左右，便發生了盧溝橋事變，對日抗戰全面爆發，不僅扼殺了正處於發展之際的中央大學，也粉碎了羅家倫憧憬的美夢。但畢竟羅家倫是具有真知灼見、高瞻遠矚的人，他深感有朝一日對日戰爭必然發生，因此早就盤算遷校的相關事宜。例如：羅氏認為圖書和儀器是從事教學研究不可或缺的重要工具，遷校的同時也必須盡量使其設備充

---

27 羅家倫，〈憶南京〉，見羅家倫撰，中國國民黨中央委員會黨史委員會編輯，《羅家倫先生文存（第九冊）》（臺北：國史館、中國國民黨中央委員會黨史委員會出版，民國78年），頁495-496。

足。羅家倫首先命令將重要的文件、圖書、儀器等裝成五百箱，先運送到上海妥善收藏，接著再送往西遷之後的校區。

當時中大農學院向歐美、澳洲購買了許多珍貴的良種畜禽，作為教學和實驗使用。在學校西遷時，雇請「民生公司改造輪船一層，將（牲畜）好的品種，每樣選一對」[28] 進行搬遷。至於其他的動物，羅家倫向牧場員工表示：當日軍逼近時，這些動物能遷則遷，不能遷出學校也不會責怪，並且發放安置費給牧工。牧場技師王酉亭等人不忍大批優良畜禽落入敵手，遂用校方發放的安置費雇備船隻，歷經一年多的長途跋涉，終在民國27年（1938）11月中旬運抵重慶沙坪壩。羅家倫見到這批牲畜時，內心非常喜悅，「感情振動的不可言狀，就是看見牛羊亦幾乎和看見親人一樣，要向前去和牠擁抱。」[29]

又例如：考量學校的發展和設備方面合作的便利，西遷之後的校址共分四處，一是二三四年級生上課的重慶沙坪壩校本部。二是一年級新生上課的柏溪分校。三是醫學院和牙醫專修科的校區，設在成都。四是實驗學習（包括高中和初中），校地設在貴陽。

中大在抗戰時期西遷之後，羅家倫除維持原先對教學品質的要求之外，亦特別重視學生精神教育的實施。羅家倫在當時對中

---

28 蕭勝文，《羅家倫與中央大學發展之研究（1932-1941）》（臺北：國立臺灣師範大學歷史研究所碩士論文，民國89年6月），頁145。

29 羅家倫，〈抗戰時期中央大學的遷校〉，見羅家倫撰，中國國民黨中央委員會黨史委員會編輯，《羅家倫先生文存（第八冊）》（臺北：國史館、中國國民黨中央委員會黨史委員會出版，民國78年），頁456。

央大學全校師生做了一系列演講，後來挑選部分的講稿集為《新人生觀》一書，於民國31年（1942）3月在重慶出版，直到抗戰勝利後一年，一共出了二十七版。現在最通行的本子，是經由周玉山修訂的版本。此書在當時不僅激勵、教育了中央大學全校師生的民族意識、文化精神和愛國情操，也對整個社會產生相當大的影響。

在如此艱困的時局，羅家倫依舊秉持著「安定」、「充實」、「發展」的治校理念，盡量保持中大的完整性、極力維持一定程度的教育水準，使中央大學依舊弦歌不輟。

捌、小結

從民國21年（1932）9月5日正式上任，一直到民國30年（1941）7月15日行政院核准羅家倫的請辭中大校長案時，羅氏一共在中央大學擔任了十年（九學年）的校長，成了自三江師範學堂以來，中央大學在位最久的校長。羅氏將他一生中最精華的歲月（三十六歲至四十五歲）奉獻給中央大學，這不僅是他個人事業的顛峰，也是中央大學的黃金時代。

他所提出「安定」、「充實」、「發展」的治校方針，「就是首先創造一個安定的教學環境，再進行師資、課程、設備諸方面的充實與完善，以求得學校的進一步發展。」[30] 然而「這並不

---

30 王德滋主編，《南京大學百年史》，頁160。

是截然分開的，所以他同時又提出，『在安定的時期應當有所充實，充實時期應當亟謀發展。就是到了發展時期，也還應當安定。』在十年的辦學實踐中，羅家倫也將三者有機地統一了起來。」[31] 奠定了中大成長茁壯的基礎。

羅家倫並以「誠樸雄偉」作為中大的校訓，期與師生共勉，養成中大泱泱之學風。所謂誠，即謂對學問要有誠意，不以它為升官發財的途徑，不以它為取得文憑資格的工具。樸就是質樸和樸實的意思。雄就是「大雄無畏」的雄。偉便有偉大崇高意思。[32] 時至今日，其中的「誠樸」仍然是中大秉持的校訓，他對中央大學的貢獻，不言而喻。

31 王德滋主編，《南京大學百年史》，頁160-161。
32 羅家倫，〈中央大學之使命〉，見羅家倫撰，中國國民黨中央委員會黨史委員會編輯，《羅家倫先生文存（第五冊）》，頁240-241。

參考文獻

〈中大擴充圖書館〉，《中央日報》第3版，民國22年6月3日。

〈中央大學圖書館新屋落成〉，《中央日報》第3版，民國22年11月21日。

王成聖，民國86年，〈經典人物羅家倫〉，《中大校友通訊》，第18期（民國86年5月），頁109。

王德滋主編，2004，《南京大學百年史》。南京：南京大學出版社。

朱斐主編，1991，《東南大學史（1902-1949）（第一卷）》。南京：東南大學出版社。

何賢桂，2004，〈蔡元培與大學精神〉，《社會科學論壇》，第2期，頁26-28。

李朝軍，2014，〈論蔡元培的大學教育思想〉，《湖北廣播電視大學學報》，第34卷第3期（2014年3月），頁106-107。

〔美〕周策縱原著，楊默夫編譯，1984，《五四運動史》。臺北：龍田出版社。

南京大學校史編寫組編著，1992，《南京大學校史（1902-1992）》。南京：南京大學出版社。

張曉京，2008，《近代中國的「歧路人」──羅家倫評傳》。北京：人民出版社。

許小青，2009，《政局與學府──從東南大學到中央大學（1919-1937）》。北京：中國社會科學出版社。

許惠美，民國69年，《羅家倫的大學教育主張及其貢獻》。臺北：國立
　　政治大學教育研究所碩士論文。

陳明珠，2006，《五四健將——羅家倫》。杭州：浙江人民出版社。

趙映林，2011，〈羅家倫與五四運動〉，《教師博覽》，第5期，頁24-
　　27。

劉維開，民國85年，《羅家倫先生年譜》。臺北：近代中國出版社。

蕭勝文，民國89年，《羅家倫與中央大學發展之研究（1932-1941）》。
　　臺北：國立臺灣師範大學歷史研究所碩士論文。

蕭超然，1986，《北京大學與五四運動》。北京：北京大學出版社。

蕭超然等編著，1988，《北京大學校史（1898-1949）（增訂本）》。北
　　京：北京大學出版社。

羅久芳，2006，《羅家倫與張維楨——我的父親母親》。天津：百花文藝
　　出版社。

羅久芳，2007，〈父親羅家倫在北京大學〉，《讀者文摘》，第3期，頁
　　61-66。

羅家倫，民國65年，中國國民黨中央委員會黨史委員會編輯，《羅家倫
　　先生文存（第一冊）》。臺北：國史館、中國國民黨中央委員會黨史
　　委員會出版。

羅家倫，民國77年，中國國民黨中央委員會黨史委員會編輯，《羅家倫
　　先生文存（第七冊）》。臺北：國史館、中國國民黨中央委員會黨史
　　委員會出版。

羅家倫，民國77年，中國國民黨中央委員會黨史委員會編輯，《羅家倫
　　先生文存（第五冊）》。臺北：國史館、中國國民黨中央委員會黨史

委員會出版。

羅家倫，民國78年，中國國民黨中央委員會黨史委員會編輯，《羅家倫
　　先生文存（第九冊）》。臺北：國史館、中國國民黨中央委員會黨史
　　委員會出版。

羅家倫，民國78年，中國國民黨中央委員會黨史委員會編輯，《羅家倫
　　先生文存（第八冊）》。臺北：國史館、中國國民黨中央委員會黨史
　　委員會出版。

羅家倫，民國78年，中國國民黨中央委員會黨史委員會編輯，《羅家倫
　　先生文存（第十冊）》。臺北：國史館、中國國民黨中央委員會黨史
　　委員會出版。

中大人宗白華的美學獨步

蕭振邦

國立中央大學哲學研究所教授

壹、前言

就華夏傳統藝文論述的發展來看，「美學」畢竟是舶來的術語，而且回溯既往，近現代西學之來，已然形成為華夏思想文化的衝擊，因而，近百年來中國研究者不斷地試圖給出相應的反思及回應，並嘗試發展出自家的類似學問，畢竟已是不爭的事實。對照這種發展態勢而言，許多大陸學人的研究成果，或多或少都呈顯了相應的特色，可以說，宗白華的學思歷程及其成就，便顯示了這種接納西學衝擊而試圖給出自家回應之努力的時代特質。

若把目光焦點縮限在吾人已然經歷的西方美學衝擊和回應的發展態勢來看，當時正值西方現代主義美學日正當中的顛峰宰制期，舉凡審美經驗論、藝術心理學、藝術批評理論、形式主義等等都是其時的美學圭臬，華夏學者專家也多半圍繞著這些典範以求發展，而且可以說，第一波接受西方現代主義美學思想衝擊，並給出具體回應且受到學界重視的大陸學者，當屬朱光潛與宗白華兩位足為代表。此後，容有第二波研究者開始檢討「中國美學的定位」問題，並傳承延續了第一波的回應努力。

然而，未逾半世紀，以往被視同為圭臬的西方現代主義美學

思想即被顛覆與解構，各種後現代美學議論方興未艾，這也使得「循回應西方美學取徑以重構中國美學」的研究者頓失所據，而陷入尷尬處境，同時，也勢必需要再展開第三波的回應努力。是此，就此發展歷程而言，固能看到宗白華在衝擊與回應之境況中，畢生致力維護「中國美學自家智慧」的寶貴經驗及貢獻，特別是，他還經歷了馬克思主義思想正統化的波折，能夠一本初衷地發揚華夏文化自家寶藏，實屬難能可貴。

職是之故，本文先略述宗白華身為「中大人」的梗概及其教學生涯之影響，再剖析他在美學探究上所遭遇的時代挑戰，最後，透過其論著以揭明宗白華身處時代挑戰而有所突破貢獻的前瞻性美學創發和洞見。由於個人的學識及篇幅所限，本文只能就其大端以揭宗白華美學創發於一二，畢竟屬其畢生篤行實學成就之管窺而已，多為方家一哂了。

貳、中大人宗白華

宗白華的學思歷程，與當前一般學人的實況或有所不同，他於二十歲（1917年）時就寫了第一篇哲學論文〈蕭彭浩〔叔本華〕哲學大意〉，[1] 可謂是素有早慧者。1918年起籌建「少年中國學會」，並協辦《少年中國月刊》（1919年出刊），表白了

---

1 發表於《丙辰雜誌》第4期，論述Schopenhauer的哲學思想、人生觀等，相關討論，見王德勝，《散步美學：宗白華美學思想新探》（臺北：臺灣商務印書館，2007，二版），頁318。

結合學術以積極關懷國家時勢、社會世態發展及改善的理想，[2] 此或許即宗白華一生之定調，固亦屬早年即立其志者。

一、宗白華在中央大學的人生起步及其實際研究成果

宗白華一生歷經大時代之動亂，若試圖講述其生平事蹟，需得有縝密而深入的考證，不過，就其畢生行誼來看，宗白華在中央大學的學涯發展，可謂是其人生起步。[3] 1920年秋，宗白華赴德國法蘭克福大學，選修哲學、心理學和生物學，1921年轉讀柏林大學，1925年春結束德國遊學返國，同年12月赴南京東南大學擔任哲學系副教授，[4] 教授美學、藝術學與哲學，[5] 而與當時的系主任湯用彤相善，並先後與方東美、牟宗三、許世園、陳康、何兆清諸位先生共事，後來，「東南大學」改名為「中央大學」，而1930年湯用彤轉往北京大學任教，推薦宗白華繼任中央大學哲學系主任，[6] 他遂與中央大學結下不解之緣，雖然，後來「中央大學」復改名為「南京大學」。

---

2 王德勝，《散步美學：宗白華美學思想新探》，頁318-321。

3 坊間現存的宗白華傳記或評傳，大致皆有此共識，詳細內容詳後。

4 1928年5月，東南大學改名為中央大學，宗白華先生受聘為哲學系教授；1949年10月，中華人民共和國成立，中央大學復改名為南京大學，宗白華先生繼任哲學系教授；1952年則調任北京大學哲學系，暫時離開了「中央大學」，時年五十五歲。參見王德勝，《散步美學：宗白華美學思想新探》，頁349, 386。

5 依彭鋒先生的記述，宗白華先生當時擔任哲學系教授，主講美學和藝術學兩門課程，撰寫了《美學》和《藝術學》講稿。參見彭鋒，〈宗白華先生的美學道路〉，輯於葉朗、彭鋒選編，《宗白華選集——中國現代社會科學家選集叢書》（天津：天津人民出版社，1998，一版1刷），頁5。

6 王德勝，《散步美學：宗白華美學思想新探》，頁339, 341, 348, 350。

要之，縱使要到1952年大陸高教部才決定在各大專院校逐步開設美學課程，[7]宗白華卻於大學任教起始就以美學講授作為主目，凡從事美學研究長達六十年之久，職是之故，如果論者想要考察宗白華的貢獻，其實他在中央大學任教時，經由研究、教學所累積的成果，當是比較具體而沒有爭議的主要參考依據，而這些相關研究、教學所累積的成果及其發展，後來也都以不同形式集結成書、出版面世。現在以便於研究、評判故，先把這些成果整理出來。要之，宗白華發表的研究成果（或多或少與其在中央大學的教學有關者），後來輯為論文集者如下：[8]

1981年5月，《美學散步》，上海人民出版社出版。[9]這是宗白華的第一部論文集。

1982年12月，聞笛、江溶（選編），《宗白華美學文學譯文選》。

1985年6月，臺灣元山書局出版《美從何處尋》。

1986年4月，《美學與意境》，人民出版社出版。

1986年6月，《藝境》，北京大學出版社出版。

1989年，臺灣淑馨出版社出版《美學與意境》。

1994年，《宗白華全集》（四卷本），安徽教育出版社出版。

---

7 王德勝，《散步美學：宗白華美學思想新探》，頁393。
8 這些文集以宗白華先生生前預知者為主，其過世多年之後，另有多本文集面世。
9 王德勝，《散步美學：宗白華美學思想新探》，頁399。臺版則有：秦賢次選編，宗白華撰，《美學的散步1》（臺北市：洪範書店，1993，初版5刷）。

1996年7月，王嶽川（選編），《宗白華學術文化隨筆》，中國青年出版社出版。

2000年10月，《宗白華著譯精品選》（全七冊），安徽教育出版社出版。

以上論文集可謂展示了宗白華的學思歷程和研究成果，而的確也都是以發軔於中央大學任教時期的美學研究為主目，這一點，凡考察其「成就」者，當皆能察識其中之重要意義。

在1952年轉赴北京大學任教之後，其實宗白華有很長的一段時間未涉獵美學教學工作，反而是在從事整理編輯於中央大學任教時的研究成果，[10] 直到1962年情況才有所改觀，亦即，重新開始擔任美學之授課；宗白華自謂：「我現在擔任研究中國美學思想方面，因過去久不注意，一切從頭學起，已講過畫論、書論，現正準備樂論。」[11] 而且，他於1960年開始主編《中國美學史》，惜未完成，可以說，七十年代至九十年代間，宗白華已全力潛心於中國美學的探討（雖然其間容有其他庶務操煩），但這些表現可謂是奠基在中央大學時期的研究教學基礎之上的發展。更且，如果暫時略去宗白華在譯介及講述西方哲學思想方面的貢獻，而將主要關懷集中於他在中國美學研究方面的成就及影響，那麼，也可以把視角範限於他在中國美學方面的努力成果。若是，則應當關注的另一個焦點就是宗白華的晚年著述。

要之，約莫四十五歲之後宗白華中晚年大致發表的都是中國

---

10 王德勝，《宗白華評傳》（北京：商務印書館，2001，一版1刷），頁66。
11 轉引自王德勝，《散步美學：宗白華美學思想新探》，頁393。

美學方面的討論，其間代表性著作如下（以發表時間降冪排列）：[12]

〈《藝境》前言〉（1986/09）、〈中國書法藝術的性質——丁羲元錄音整理〉（1983/12，《書法研究》第4期）、〈漫談中國美學史研究〉（1983/11，對學海社同學的談話，由王德勝整理）、〈我和藝術〉（1983/09）、〈正在散步的老人——王德勝訪問整理〉（1983/04，《學海》第2期）、〈任伯年的一本冊頁〉（1983/01，《中國畫》第1期）、〈《美學散步》後記〉（1981/04）、〈關於美學研究的幾點意見〉（1981/03，《文藝研究》第2期）、〈中國美學史中重要問題的初步探索〉（1962年講於北京大學哲學系、中文系，由葉朗整理，1979/06，《文藝論叢》第六輯發表）、〈中國書法裡的美學思想〉（1962/01，《哲學研究》第1期，1980/04收入上海書畫出版社出版《現代書法論文集》）、〈藝術形式美二題〉（1962/01，《光明日報》）、〈漫話中國美學〉（1961/08，《光明日報》）、〈中國藝術表現裡的虛與實〉（1961/05，《文藝報》第5期）、〈關於山水詩畫的點滴感想〉（1961/01，《文學評論》第1期）、〈美學的散步（一）〉（1959/07，《新建設》第7期）、〈康德美學思想評述〉

---

12 以下宗白華先生發表的著作，是根據王德勝，〈宗白華生平及學術年譜〉，以及林同華〈宗白華年譜簡編〉，交互參照後整理出來的。參見王德勝，〈宗白華生平及學術年譜〉，《散步美學：宗白華美學思想新探》，頁315-406；林同華，〈宗白華年譜簡編〉，《宗白華美學思想研究》（新北市：駱駝出版社，1987），頁210-232。

（1960/05，《新建設》第 6 期）、〈論〈遊春圖〉〉（1958/03，《人民畫報》第 3 期）、〈美從何處尋〉（1957/06，《新建設》第 5 期）、〈讀〈論美〉後一些疑問〉（1957/03，《新建設》第 3 期）、〈古代畫論大意〉（1956）、〈中國詩畫中所表現的空間意識〉（1949/05，《新中華》第 12 卷第 10 期）、〈略談敦煌藝術的意義與價值〉（1948/09，《觀察》第 5 卷第 4 期）、自編文集《藝境》（1948/06 編成，1987/06 出版）、〈藝術與中國社會生活〉（1947/10，《學識》第 1 卷第 12 期）、〈略論文藝與象徵〉（1947/09，《觀察》第 3 卷第 2 期）、〈與宣夫談畫〉（1945/12，《大公報》）、〈中國藝術三境界〉（1945/01，《學生報導》第一期）、〈中國藝術意境之誕生〉增訂稿（1944/01）、〈論文藝的空靈與充實〉（1943/05，《文藝月刊》五月號）、〈中國藝術意境之誕生〉（1943/03，《時與潮文藝》創刊號）、〈中國藝術的寫實精神——為第三次全國美展寫〉（1943/01，《中央日報·藝林》）、〈清談析理〉（1942/08，《學燈》第 192 期）、〈讀畫感記——覽周方白、陳之佛兩先生近作〉（1942/03，《學燈》第 166 期）、〈論《世說新語》和晉人之美〉（1941/01，《星期評論》第 10 期，後於 1941/04/05《學燈》第 126 期發表該文修訂版及增訂稿）。

　　這些研究成果不但展示了一位中國美學研究者的學思洞見，也展示了學者畢生篤實不懈的研究典範之縮影，足堪世人景仰了，其中的學術創發於後文詳述。然而，值得注意的是，這一切

都是發端於宗白華任教中央大學時期,可謂論及宗白華一生的貢獻,「中央大學的人生起步」就是無可取代的「宗白華人生里程碑」,而其研究、教學貢獻有目共睹。以下,讓我談談這個「里程碑」之梗概。

二、宗白華在中央大學時期的教學育人剪影

《宗白華評傳》的作者王德勝指出:

> 由於受家庭以及當時的「科學救國」、「教育救國」思潮影響,從很早起,宗白華就立志以教育為自己的事業目標。[13]

雖然沒有充分的第一手資料能夠支持「宗白華矢志教育」這種看法,[14] 但根據諸《評傳》所示,對照成長於書香門第的宗白華的早年行誼來看,「改變世況」、「教化世人」,的確是其戮力行事的主要關懷焦點。1925 年,宗白華甫歸國即獲同鄉曾樸引薦,進入南京東南大學擔任哲學系副教授教職,1928 年,東南大學改名為中央大學,就此開啟了宗白華在中央大學的研究與教

---

13 王德勝,《宗白華評傳》,頁 62。以下所述宗白華先生的早年行誼及學涯影響,皆依據(1)鄒士方,《宗白華評傳》(香港:香港新聞出版社,1989,初版);(2)王德勝,《宗白華評傳》;(3)王德勝,《宗白華》(湖北:湖北人民出版社,2002,一版 1 刷)等三書所述,整理概述,多所掠美,特此言明;且除於有徵信疑難之處加以註明之外,不再另行註明出處。

14 王德勝指出,「1920 年,剛到德國不久,宗白華便在一份致『少年中國學會』的信中,鄭重地聲明:從事教育是他『將來終身維持生活之方式』」,或許,這是唯一的直接「證據」。文見王德勝,《宗白華評傳》,頁 62。

學人生，而這也可謂就是其人生志向逐步實現的起點。

　　或許是因為「二十二歲的主編」[15] 所展示的特殊才華，促使宗白華很快地進入了大學殿堂，也勢必是在這種場域的約束下，開展其學術研究及教書育人的一生，但是，換一個角度看，宗白華畢竟是終生忠於這個職場的功能訴求與宗旨，而不是在大學裡幹別的事。在東南大學和中央大學時期，宗白華曾先後與李證剛、熊十力、鄧以蟄、方東美、牟宗三、許思園、陳康、何兆清、唐君毅、熊偉、胡世華等學者同事，其中尤以比宗白華大四歲的湯用彤格外賞識他，並在1930年離開中央大學赴北大任教時，力薦他接任中央大學哲學系系主任。後來，徐悲鴻亦來中大任教於藝術系，與宗白華過從甚密，而當時也在中央大學任教的吳梅、柳詒徵、胡小石（光煒）、汪辟疆、范存忠、徐仲年、謝國楨、李長之諸位教授，也與宗白華相善。以上這些人在二○～三○年代共同形成了當時中央大學的哲學系教學主軸，發揮了很大的影響力。

　　二○～四○年代，宗白華在中央大學開設「美學」、「藝術學」、「形上學」、「歷史哲學」、「叔本華哲學」、「尼采哲學」、「史賓格勒《西方的沒落》」、「康德哲學」、「人生之形式」、「歌德」、「文藝復興時期藝術欣賞」等課程，其中，「美學」和「藝術學」即當時大陸大學哲學系中首度開設的課程，也是中文系、藝術系、建築系第一次開設的課程，而且，直

---

15 1919年8月，宗白華受張東蓀之託協助編輯《學燈》，同年11月正式接任該刊物主編之職。相關說明，參見王德勝，《宗白華評傳》，頁25；鄒士方，《宗白華評傳·22歲的主編》，頁21-31。

到宗白華離開中央大學之前，這兩門課一直都是由他擔任講授。

　　修習宗白華課程的人廣布哲學系、中文系、藝術系、外文系、法律系、經濟系、社會學系；當時中央大學藝術系講師潘張玉良、張書旗等人也都來聽講。鄒士方指出：

> 王起、常任俠、吳作人、張安治、王楓、陳曉南、安敦禮、方緯德、陳夢家、張月超、張蒨英、郁風、艾中信、蔣孔陽等都聽過他的課。唐君毅、熊偉、謝隨知等則是他的學生。[16] 可惜的是宗白華當時的教學提〔題〕綱和筆記都已散失，授課的具體內容已不可知，但從學生們的回憶中可以尋到他當時的風采。[17]

大體而言，諸《評傳》根據對修業學生進行的深度訪談（多半是書信問答），而大致描繪了宗白華上課的風采及特色。

　　根據記載，在中央大學開設的哲學課程中，很多人只聽過湯用彤和宗白華的課，這一點或可間接佐證其授課的吸引力或影響力。要之，宗白華的授課內容學貫中外古今，其專業性當亦不容置疑，胡適之即曾明言：

> 中國真正受過哲學訓練，懂得哲學的唯宗白華、范壽康兩

---

16 除了這些學生之外，諸《評傳》中還提到了屈義林、徐中玉、羅高等人。

17 鄒士方，《宗白華評傳》，頁92。

位。[18]

胡適的評斷是否真切，可以商榷，不過他對宗白華學識的推崇，當是可以作為我們評估宗白華之教學內涵的輔助指標。

宗白華在中大的教學特點就在於愛護年輕人，授課時全神貫注、循循善誘，令學生有格外不同的感受：

> 他的講課，除了內容的豐富不俗外，本身就具有一種精神的感染力，使你覺得這位老師講的是出自他的肺腑，是他真心誠意所相信的，因此，我們聽時，也就油然有一種尊敬的感情。[19]

這裡，我們看到了一種以「關愛」為出發點，而以師生之間的情感互動為基礎的教導與學習的融會典範，足堪教學者及學習者共同深味。

此外，田漢在回憶宗白華講授的「美學」時，特意指出「比如我們的老友與我及郭沫若同寫《三葉集》的宗白華兄，何以最近幾年除往來於講臺與研究室外不寫一字，除了直接受他教誨的學生以外，誰也不能得他一點影響」，[20] 這段話雖然是後來田漢在敏感的「政治批鬥期」作的「自己的批評」之辯白，但也可以

---

18 王德勝，《宗白華》，頁99。
19 鄒士方，《宗白華評傳》，頁94。引文所述是大陸學者蔣孔揚先生所講的。
20 鄒士方，《宗白華評傳》，頁96。

間接看出宗白華在大局動盪時，仍然努力教學，影響學子於不輟，這在他那個大混亂時代，是一件十分難能可貴的事。

宗白華在中央大學任教時期，同時也是當時中國哲學家唯一的全國性組織「中國哲學會」的成員之一，並擔當要務，而與湯用彤、馮友蘭一起同時擔任三個委員會的委員，扮演了吃重的角色。要之，宗白華的代表性著作〈中國藝術意境之誕生〉（增訂稿）即於中國哲學會會刊《哲學評論》第8卷第5期發表，特別是，宗白華透過在中國哲學會進行的演講，固發揮了等同於在教育殿堂授課的同質之影響力。

1949年，中華人民共和國成立，中央大學改名為南京大學，宗白華繼任哲學系美學教授，1952年，宗白華調任北京大學哲學系服務，至此結束其在中央大學的教學生涯，凡計宗白華在中央大學任教歷二十五個寒暑（以「東南大學」改名「中央大學」起算），其培育學子、作育英才無數，且皆已成為學界或藝文界頗具影響力的人物，而且，即使不循此方式結果論地看待其在中央大學開展的化育教導之功，僅就前述同時期根據教學研究或講授內容所整理發表的成果來看，也足以因其成就而窺豹一斑了。

參、反思宗白華面對的時代挑戰

再來，把焦點轉到宗白華畢生的學術研究貢獻上，那麼，學

界目前固有眾多論文探討宗白華的學術貢獻及影響，[21] 且其弟子群的研究著作當更能展示其精義，然而，即便是其弟子群所論，亦曾揭：

> 宗白華先生並沒有寫下浩瀚卷帙的美學大著，但他有著中華民族美學傳統的崇高人格美，又有生機活潑的美學散步風貌。[22]
>
> 宗白華先生在美學界儘管早就出名，卻並不顯赫。因為宗先生總如閒雲野鶴，不緊不慢，做著他的「美學散步」。他的成果並不多，也從來沒有寫過十分引起轟動的文章。但他卻在默默地做著具有長遠價值的中國古典美學的現代轉換工作。[23]

---

21 學界討論宗白華先生美學思想的獨特性及其特殊貢獻的論文很多，其中十分具有參考價值的論文集是：葉朗編，《美學的雙峰：朱光潛、宗白華與中國當代美學》（安徽：安徽教育出版社，1999，一版1刷）。其他與宗白華先生美學特色研究相干者，亦可參考：關國煊，〈另一美學播種者宗白華〉，《傳記文學》，第50卷第4期總299號（1987年4月），頁53-58；毛文芳，〈纏綿悱惻與超曠空靈──宗白華美學思想試探〉，《中國文化月刊》，第141期（1991年7月），頁111-120；林朝成，〈唯美的眼光與形式的追求──宗白華美學思想初探〉，《成大中文學報》，第3期（1995年5月），頁23-39；章啟群，〈藝境與哲思──宗白華美學思想的獨特意趣和貢獻〉，《哲學雜誌》，第23期（1998年2月），頁162-171；歐陽文風，〈宗白華美學的獨特魅力及其當代意義〉，2001/05，民初思韻網，URL＝http://www.rocidea.com/roc-14942.aspx（2014/08/11瀏覽）；樊波，〈試論宗白華對中國傳統美學研究的貢獻──兼評先秦哲學對中國美學和藝術的影響〉，2003/03，民初思韻網，URL＝http://www.rocidea.com/roc-14942.aspx（2014/08/11瀏覽）；張鴻愷，〈心學與美學的融合──宗白華「境形上學」的藝術美學觀〉，《中華人文社會學報》，第5期（2006年9月），頁88-207；曾春海，〈由氣韻動論宗白華的意境美學〉，《哲學與文化》，第38卷第5期（2011年5月），頁53-69。（以上依出版或發表時間升冪排列）這些論文提供了許多寶貴的洞察，不過，我將提供不同的觀點和看法。

22 林同華，《宗白華美學思想研究》，頁11。

23 曾繁仁撰，〈序〉，王德勝著，《散步美學：宗白華美學思想新探》，頁i。

這些陳述在「事實」與「意義價值」之間作出了很好的引領，讓我們明白如何真切地看待宗白華的努力成果及其貢獻，而王德勝也明確地把他的相關研究鎖定在這個焦點上：

> 把宗先［生］美學思想置於整個二十世紀中國美學學術進程中，放在對現代中國美學理論建構的整體認識之上，作一番認真的審視，以呈現宗白華美學深邃的學理精神和歷史價值。[24]

那麼，這項「中國古典美學的現代轉換工作」所指為何？在我看來，就像現代西學對中國文化及思想的衝擊一樣，「中國美學」也遭遇了雷同，甚至更激烈的挑戰，這也就是說，相對於西方綱舉目張、突顯知識學架構的現代美學理論，「中國美學」是否也能夠被等量齊觀的嚴苛挑戰。其實，這種挑戰已然在思想文化研究領域掀起了激烈的論戰，此如，大陸學者劉笑敢即揭「中國哲學研究的困境」，以揭露及深入探討此中的糾結。

2005年，劉笑敢〈「反向格義」與中國哲學研究的困境——以老子之道的詮釋為例〉[25] 呼籲研究者一起來重視不同於「格義」（analogical interpretation）的「反向格義」（reverse analogical interpretation）所隱含之值得關切的問題，他在文中引介：

---

24 王德勝，《散步美學：宗白華美學思想新探》，頁vii。
25 劉笑敢，〈「反向格義」與中國哲學研究的困境——以老子之道的詮釋為例〉，《南京大學學報（哲學．人文科學．社會科學）》，第2期（2006），頁76-90。

傳統的格義是以固有的、大家熟知的文化經典中的概念解釋尚未普及的外來文化的基本概念的一種權宜之計。[26]

「中國哲學」作為二十世紀開創在現代大學中講授的新科目不是簡單地引入和傳播西方文化產品，而是 [想] 要「自覺地」以西方哲學的概念體系以及理論框架來研究中國本土的經典和思想。這是近代以來中國哲學或哲學史研究的主流，恰與傳統的格義方向相反。所以可以稱近代自覺以西方哲學概念和術語來研究、詮釋中國哲學的方法為「反向格義」。[27]

容或這種研究取向是大家有目共睹的學界現象，但是，相關概念先前並未有學者加以嚴格界定，[28] 劉笑敢指出：

反向格義或許可以分為廣狹二義。廣義可以泛指任何自覺地借用西方哲學理論解釋、分析、研究中國哲學的做法，涉及面可能非常寬，相當於陳榮捷所說的「以西釋中」。狹義的反向格義則是專指以西方哲學的某些具體的、現成的概念來

---

26 劉笑敢，〈「反向格義」與中國哲學研究的困境──以老子之道的詮釋為例〉，頁77。
27 劉笑敢，〈「反向格義」與中國哲學研究的困境──以老子之道的詮釋為例〉，頁77。
28 學者林安梧先生亦論及相關概念，然亦未見嚴格定義。文見林安梧，〈中西哲學會通之「格義」與「逆格義」方法論的探討：以牟宗三先生的康德學與中國哲學研究為例〉，《淡江中文學報》，第15期（2006年12月），頁95-116；林安梧，〈關於老子哲學詮釋典範的一些省察──以王弼《老子注》暨牟宗三《才性與玄理》為對比暨進一步的展開〉，《臺北大學中文學報》，第5期（2008年9月），頁47-70。我也曾論及「反向格義」問題而未始給出嚴格定義，我處理了其中隱涵的思想文化之「線性文本思考」（linear-text-thinking）與「非線性文本思考」的糾結。請參閱蕭振邦，〈《老子道德經》思想的文化衝浪〉，《宗教哲學》季刊，第65-66期（2013年12月），頁11-30。

對應、解釋中國哲學思想、觀念或概念的做法。[29]

這大致是可以接受的一種解釋。與此同時，劉笑敢也詳細論述了「反向格義」這種做法可能遭遇的困難。[30] 首先，根本性的難題是，為什麼研究中國哲學一定要有西方哲學的訓練背景？此中的涵義即是，難道中國沒有「自己的哲學」嗎？其次，方法與策略方面的難題是，為什麼「反向格義」做法具有普遍有效性？「反向格義」與中國傳統研究做法的關係為何？以及，是否能夠彼此調和？「反向格義」本身是否具有統一或一致的規範？其三，價值考量方面的難題是，「反向格義」如何彰顯或釐定中國哲學思想的不同意義與價值？

我認為，「反向格義」做法所以出現的原因，其根底就在於研究者質疑「中國有沒有哲學？」，或者，逕依西方哲學標準進行考察，而不滿既有的「中國哲學」研究成果，從而企圖依西學架構、方法改造之。總之，這大體突顯了我們的時代轉向──轉而重視「知識建構」的一種傾向，亦即，研究者或認為既有的「中學」遠不及「西學」在知識建構上能夠展示其效力，這也意味著研究者對傳統「中學」所重視的「交由個人反思以促成實踐」的學問路數有所不滿，而轉向「西學」所善長的創發知識之「競爭理論」建構形態。這種質疑和轉向，其實也就衍生了類似

---

29 劉笑敢，〈「反向格義」與中國哲學研究的困境──以老子之道的詮釋為例〉，頁78。

30 劉笑敢先生用了很大的篇幅反思、例示相關問題，以下依其文攝要整理之。參見劉笑敢，〈「反向格義」與中國哲學研究的困境──以老子之道的詮釋為例〉，頁78-80。

「反向格義的必要性和正當性（legitimacy）」等等難題，[31] 而且，西學的「知識掛帥」取徑反而在當代逐漸呈現其惡果，而遭到西方自家人士的激烈批評與顛覆。

現在的重點是，同樣的挑戰在美學研究領域可能情況更激烈，以美學所處理的核心概念之內容的不定性更難以處置故。在接觸西方系統嚴謹的美學理論之後，研究者可能根本上懷疑中國有沒有這種美學，繼而，基於本位主義訴求而善意地試圖仿照西方模式來重新打造「中國美學」，並形成了與前述「反向格義」雷同的發展態式。然而，事實上這種發展傾向勢必會遭遇如下之困難。

（一）「美」之考量的異質性難題：西方（現代主義）美學大體是圍繞著「美」概念進行的理論經營，然而，依華夏地區的古典論述來看，無論是詩論、畫論、書論或樂論等傳統藝文論述，「美」都非其核心概念，例如，司空圖的《詩品》。[32] 以第一「品」為例，其所謂的「雄渾」，即非－美概念，是以，如果要以西方美學為範式──亦即，採取以「美」為核心概念的理論架構作為詮釋參考系，那麼，「雄渾」這類非－美概念就會與「美」概念有其一定程度的異質性扞格。這種情況就是「反向格義」式中國美學研究首先會遭遇的難題，而且，我們也要思考，學者專家們致力於把「雄渾」解釋為「美」的努力是否有必要？值不值得？這就雷同於劉笑敢提問的「反向格義具有必要性和正

---

31 劉笑敢，〈「反向格義」與中國哲學研究的困境──以老子之道的詮釋為例〉，頁80。
32 陳國球導讀，司空圖著，《二十四詩品》（臺北：金楓出版公司，2001，初版）。

當性嗎？」的質疑了，並進而涉及其意義與價值的商榷。

　　（二）美學概念本身在闡釋上遭遇的難題：「反向格義」式中國美學研究勢必要針對一些中國本有的核心概念進行仿西方內涵的詮釋，例如，進行概念本身的界定，而以「雄渾」為例，容或即把「雄渾」解讀為「雄性的、圓滿充實的、具有感動力的品味／風格」，並進一步以西方美學的「風格」理念闡釋之。但這樣一來，必須滿足的第一個條件是，西方式「雄性的、圓滿充實的、具有感動力的品味／風格」這個「能釋」是否能在《詩品》的所有相關論述中，皆能恰當地取代「雄渾」這個「所釋」，而滿足闡釋本身所要求的可取代性。再者，必須滿足的第二個條件是，就「界定」本身來看，「雄性的、圓滿充實的、具有感動力的」是「種差」，而「品味／風格」則是「類同」，亦即，這種定義把「雄渾」當作「品味／風格」這個類別中的一個「種概念」來看待，而它與同一類中的其他種概念的差別就在於它是「雄性的、圓滿充實的、具有感動力的」。這樣一來，一方面，依西方美學理念把「雄渾」闡釋成一種「品味／風格」，那麼，二十四品中的其他「品」也可以統一、一致地闡釋成「品味／風格」嗎？譬如，「精神」、「委曲」、「形容」諸品也是「品味／風格」嗎？如果不能，闡釋就有可能流於任意，而無法具備系統的一致性，而「一致性」這項要求，卻是西方之闡釋本身必須滿足的重要條件。另一方面，《詩品》要講的是詩作本身的品評，但是，何以最後釐定的範疇或基本概念卻是與人品有關的特質呢？它不是應該探討詩作本身的性質嗎？即使只作「風格」

解，而辯之以「風格雖然多半意指作品的屬性，卻也可泛指創作者的屬性」，但這樣辯解仍然會有歧義。這也就顯示中西美學論述本身的異趣殊途，而不容易給出「同歸」之論。

（三）美學關注（concern）形成的糾結難題：一般而言，西方美學揭示的「美學關注」，可以用兩種嵌結關係來例示——（1）「一般對象－轉換機制 中介 －審美對象」；（2）「『審美經驗』－藝術家與觀者的關係 中介 －特定美學理論的形構」。後一種嵌結關係涉及了「審美經驗」的探究，其中的爭議已多見；前一種嵌結關係可謂是美學探究的核心關懷，尤其可謂之為當代美學的考量重心，換言之，任何西方現代主義美學都會關注如何把一般對象轉換成審美對象（至少是作為特定美學探究本身關懷的對象）的問題，而其中的疑議畢竟層出不窮。例如，以華夏地區文學範疇的美學為例，在「詩言志」或「詩緣情」的傳統中，論者常以西方式的「抒情自我」作為前述嵌結關係的轉換中介，亦即，主張透過「抒情自我」把一般文字「轉換」成文學（詩）的看法。但是，此種說法如果要成立，那麼，勢必要闡明：（1）文學作品與人類情感的同構性；（2）情感有可能表現在文學作品之中，以及如何表現。最終，也必定會面對批評：這種「抒情自我說」講的是一種「詮釋的結果」——所詮非關事實，而是由詮釋者提供的一種解釋之終局？反之，還是一種「反射的結果」——事實上，它就是由創作者本身透過自我判斷、反思而發乎意志的一種行動結果？要之，如果是前者，那麼，「抒情自我說」就與文學創作不相干了；若是後者，那麼，創作者其實運

用了意志，是以，詩的創作就不單單只是與「抒情自我」相干，換言之，不可能純粹是「緣情」或「言志」的。容或，這些問題也勢必成為「反向格義」式中國美學建構的難題。

我很早就感受到這類挑戰和壓力，也一直在摸索及構想一條新的重構中國美學的道路，我的研究經驗告訴我：

（一）一如當前西方現代主義美學理論被終結所示現的梗概及涵義，西方美學的重建需要重新釐定一個全新的美學探究**界域**，而不能再囿限於「藝術」，甚至，環繞著「作品」以進行研究的這種氛圍，也要加以揚棄。簡言之，知識的風向球其實明確地指向了與「存在意義／價值」嵌結的優質生活（quality life）關懷，而顯示「審美考量」畢竟只是其中的一種評估方式，它並不是全部的關懷，甚至也不是首要的關注焦點。是以，美學界域的重塑，勢在必行，而相關考量其實涵蓋在兩種中介嵌結關係的體察之中：

第一個中介嵌結關係顯示我們這個時代的主要關懷，在於如何循「意義與價值的判斷」之釐清，以定奪人的「優質生活」，而且，也唯是在這裡衍生了許多糾結和爭議。第二個中介嵌結關係關注的才是「美學價值模式」，它代表了一種「意義／價值考

量」的評估指標。大凡，這是當代美學重構一定要面對的兩個面相，而這裡所謂的「美學價值模式」並非指研究美學這套「學問」所衍生的價值訴求，而是指在釐清「審美」和「美感」分際（demarcations）之後，所釐定的一種可以照應生活層面之需求的意義／價值訴求，而且，可能與美學學問本身的經營不相干——坊間一些根本不研究美學的人，也都能表現出這種特定的「意義／價值訴求」，即為積極實例。然而，此中讓人感到驚異的是，相對於西方的情勢而言，中國美學的重新構造，反而際遇了相反的激素，因為，華夏地區自古以來的思想聚焦處都不外是生活與生命關懷，而根本不會像西方人那樣，以藝術品的創造作為主要經營訴求，也因此，二十一世紀華夏美學的再起步，也就有了完全不一樣的認知、視野與心情了。

（二）一言以蔽之，西方現代主義美學被顛覆和解構的主要原因就在於過度膨脹了「美」或「審美」關懷，亦即，在吾人眾多的感性模式中，唯獨只重視「美」或「審美」模式——相當於刻意窄化了人的感性，也因而形成了一種十分偏狹的美學觀，此即學者專家所謂的「泛審美主義」。[33] 因此，西方美學的重構，要全面且徹底地反思如何重新處置「感性」的內容，以及，如何建構一套可以照應諸感性的「常態美學」。反之，華夏地區古代人所留下來的藝文論述，其實早就在很大的程度上照應了各種

---

33 這種泛審美主義略指推崇「生活泛審美化」（aestheticization）及被傳統藝術教條所宰制的「被麻醉的藝術」（art an-aestheticized）。相關討論見 Sassatelli Monica, 2000, "Aestheticized Life, An-aestheticized Art," in Parol on line Website, URL = http://www.parol.it/articles/sassatelli.htm。（2013/09/15瀏覽）

「感性」的昇華，因而我們遠比西方人擁有更多的重構美學之相關資源，而極待有識之士加以運用及發展。

（三）西方現代主義美學的終結也讓我們看到「屬性進路」（包含了一套「存有宇宙論式的形上學」）理論營造取徑的窮途末路，而得以及時避開其弊，從而選擇一條更具彈性的發展進路。然而，還是有一些老問題無法迴避，亦即，「美學價值訴求」固無從避開訴諸感官與想像的攝受（prehension）。要之，「訴諸感官」並非唯一條件，還必須有「訴諸美感的」（sensuous）的條件，此或可類比地講成「身體加上心靈」的訴求。如是，這類老問題有可能再度成為核心，而聚焦於「主觀形式」（subjective form）的釐定問題上，容或，這裡可以下述兩個中介嵌結關係加以例示：

扼要地說，這也就涉及了主、客觀價值爭議的老問題，而需要有全新的解決之道。而且，伴隨著這項挑戰而來的更棘手問題是，必須在美學崩解的這個時代中，擺脫審美語詞的濫用及糾結，重新為我們的美學社群塑造一種新的美學語言，而中國美學的重構似乎在這裡扮演了一個意想不到的吃重角色，它可能就是未來新

美學用語的主要供應者。

衡諸事實，1950年代以來，試圖援引西方美學理論——「美學」這個語詞基本上是舶來的，原本在華夏地區也沒有這種學科——來開啟打造「中國美學」的先行者們，似乎遭遇始料所未及的重挫。簡言之，這些先行者原本試圖援引的「西方美學參考系」（亦即，「反向格義」之依據），大多在二十世紀中後半葉，由於理論上的泛審美化取徑的不當性，而開始遭到顛覆，甚至是被終結，以至於中國美學的重構也因此頓失所據，必須改弦更張、重新來過，而且，這一次，西方美學理論不再是萬靈丹或靠山了，換言之，當代中國美學的建構者，也同步地捲入了全球性美學的解構與重構之激戰，而必須找出一條自己可以走的路（嚴重一點，或可云「生還之道」）。

總之在我看來，透過以上真切的反思與反省，的確讓我們看到了宗白華等前輩之努力的意義和價值，雖然，他們的努力其實擺脫不了「反向格義」的糾纏，試想，宗白華為什麼需要花上一輩子的時間為中國美學的建構奮戰，甚至是想要編一本「中國美學史」而未果，顯然，反向格義的美學挑戰大量消耗了研究者的心力，也佔去了太多的研究和撰述時間，而一個人把有限精力分散到西方美學的各個領域、各個層面的照應上，那麼，相對而言的反彈力道就有限了，這也是我們這個時代的中國美學重構研究的實況。然而，換一個角度來看，也正是因為這種因緣，宗白華的努力畢竟獨樹一幟地為世人留下了重構中國美學的寶貴奮戰經驗，以及難能可貴的洞見，從而形成了他個人無庸置疑的貢獻與

成就，而這一點也是我想要加以講明的重點。

肆、宗白華的美學創發與貢獻

容或，依宗白華論文集中的大多數論文來看，他始終浸淫於消化西方美學，並同時為「中國美學」找尋出路的努力之中，而且，其學問路數又照應周延、全面探究，是以眾多美學課題皆鉅細靡遺。是此，若要全面綜述宗白華的美學研究，相信不是一篇短小的論文堪能勝任。職是之故，以下嘗試以學者專家有所共識的「宗白華美學的主要貢獻」為範，來大略講述宗白華的美學創發及貢獻。

那麼，要從哪裡切入呢？要之，如林同華指出：

> 宗先生的藝術境界理論，是審美理想的具象化，也是他闡發
> 中國文化史上最中心、最有貢獻之一的意境結構的最出色的
> 審美哲學。[34]

林同華並認為〈中國藝術意境之誕生〉是「最能代表他〔宗白華〕的美學思想的長篇論文」，[35] 而彭鋒則認為：

> 宗先生這段時間寫的〈中國藝術意境之誕生〉、〈中國詩畫

---

34 林同華，《宗白華美學思想研究》，頁19。
35 林同華，《宗白華美學思想研究》，頁22。

所表現的空間意識〉等論文，體現了他比較成熟的美學思想。[36]

甚至，胡繼華強調：

> 宗白華曾將自己的文集題名為《藝境》，以表達他自己對「藝術意境」的獨鍾之情。不僅如此，學術界也普遍認為「意境論」是他對於現代中國美學所做出的重要貢獻。在研究者們看來，「意境」是中國美學的核心，「意境論」是宗白華美學思想的重大創舉之一。[37]

依此看來，與「藝術意境」相關的「境界論」創發，當是足以代表宗白華美學思想精義之主目，以下即嘗試依宗白華的〈中國藝術意境之誕生〉[38]為範，並參考其他相關論著來探究其美學創發和貢獻。

---

36 葉朗、彭鋒編選，《宗白華選集——中國先代社會科學家選集叢書》，頁5。

37 胡繼華，《中國文化精神的審美維度：宗白華美學思想簡論》（北京：北京大學出版社，2009，一版1刷），頁111。

38 宗白華先生的這篇論文有兩個版本，於1943年3月第一次發表於《時與潮文藝》創刊號，並於1944年1月將大幅增訂文發表於《哲學評論》第8卷第5期。目前大多數學者皆據其增訂文進行探究，但是，《宗白華中西美學論集》的編者則於編選〈中國藝術意境之誕生〉時加腳註云：「原刊於《時與潮文藝》創刊號，1943年3月。此篇為〈中國藝術意境之誕生〉的初稿，該文增訂稿於1944年1月在《哲學評論》第8卷第5期刊出。現今《美學散步》（上海人民出版社1981年版）、《藝境》（北京大學出版社1999年版）等選本多選後者。然而在我看來，增訂稿雖體現出更強的邏輯性和體系性，但初稿卻有其別樣的韻味，故選之。」文見殷曼楟編，《宗白華中西美學論集》（南京：南京大學出版社，2009，一版1刷），頁163。職是之故，我在探討該文內容時，一併對照運用了初稿及增訂稿。

一、宗白華探究中國美學的主要關懷

在《藝境‧原序》（1948/08）中，宗白華特別指出，張璪的「外師造外，中得心源」這兩句話，「指示了我理解中國先民藝術的道路」，[39] 足見宗白華理解與親近華夏美學及藝術所秉持的最高原理，原本是很中國的。大體上說，宗白華是這樣看待中西美學的：

> 在西方，美學是大哲學家思想體系中的一部分，屬於哲學史的內容。……要了解西方美學的特點，須從西方藝術背景著眼，但大部分仍是哲學家的美學。
>
> 在中國，美學思想卻更是總結了藝術實踐，回過來又影響著藝術的發展。[40]

如引文所示，宗白華以為西方美學大致上就是哲學美學，是重視思辨的，而中國美學則是藝文活動／實踐之概括，反過來又影響藝文發展，則是重視實踐體悟的。宗白華這種重視實踐體悟的取向，在其〈中國美學史中重要問題的初步探索〉即有所提示：「但是實踐先於理論，……。先在藝術實踐上表現出一個新境界，才有概括這種新境界的理論。」[41] 換言之，宗白華正是依循

---

39 江溶編，宗白華撰，《藝境》（北京：北京大學出版社，2003），頁3。
40 宗白華，〈漫話中國美學〉，江溶編，《藝境》，頁253。
41 宗白華，〈中國美學史中重要問題的初步探索〉，殷曼楟編，《宗白華中西美學論集》（南京：南

華夏藝文人士的創造活動、藝文實踐，而把握了其中的創造性真髓。

如果說宗白華的中國美學建構深受西方的詩與藝術課題的影響，而有了「反向格義」的特定偏重，果爾如是，他重視藝文實踐創造的特質，正好反而是他深掘「中國美學特質」的一種不同取徑，這也相應於他所強調的「要從比較中 [，] 見出中國美學的特點」[42] 的看法，而這些特點是由實踐所彰顯，當無疑義。那麼，究竟是些什麼「特點」呢？由於「反向格義」的詮釋做法終究會帶有一些西方美理論的形似，是以，宗白華透過自己獨鍾之方式所提示的「中國美學特點」，反而卻是一些見諸於日常生活的體悟及表白，且更加動人而具有深意，此如他在論及中西繪畫的異同時指出：

> 在生活中，看到一片好風景時，說「江山如畫」，真山水希望它是假山水，看一幅畫，又常常要求它逼真，假山水希望它是真山水。所謂美，就是「如畫」和「逼真」。[43]

這些「美學特點」，其實也正好突顯了宗白華重構中國美學的實際關懷，亦即，圍繞著中國人的生活世界，而試圖提供一些相干的藝文昇華之道，這種看法最早見諸宗白華的〈藝術與中國社會

京大學出版社，2009），頁299。
42 宗白華，〈關於美學研究的幾點意見〉，江溶編，《藝境》，頁326。
43 宗白華，〈中西戲劇比較及其他〉，江溶編，《藝境》，頁340。

生活〉。[44]

從生活世界的藝術實踐創造中找出建構中國美學的相應特質，大致就是宗白華重要而具有影響力的構想及做法了，而〈藝術與中國社會生活〉其實是把中國美學有以萌發茁壯的種子構劃出來，這種精神正好也就見諸於宗白華個人的——而非「反向格義」的——美學建構，那就是「美學散步」。這才是宗白華美學的精義所在，而其所論中國美學的特質，恰可謂是一種人間生活的感興、一種「散步美學」揭示的內涵，而這在歷經大時代變動的士人而言，的確是極為珍貴的人間、人生感悟。或許，我們可以說，中國美學的學理探究彰顯的主要課題並非「美是什麼？」的關懷，反而是基於人皆有類同的感性經驗，而探究如何把這種感性經驗的底蘊活出來，或彰顯出「生活之『美』」。[45]

二、宗白華於中國美學獨擅勝場的散步

一如前述，大體上學者專家皆同意「意境論」是宗白華的中國美學獨造之詣，此如胡繼華即指出：

> 經過十幾年的研究積累，學者們對宗白華關於意境的構成、

---

44 宗白華，《美從何處尋》（新北市：駱駝出版社，1987），頁169-172。

45 宗白華先生在這方面的論述很多，以下論著可例示一二：〈中國青年的奮鬥生活與創造生活〉、〈新文學底源泉——新的精神生活內容底創造與修養〉、〈怎樣使我們的生活豐富？〉，殷曼婷編，《宗白華中西美學論集》，頁37-48, 51-53, 57-59。

意境的層次、意境的理想形態 [，] 以及意境的基本特徵的
認識都已經達到了相當高的水平。近年來，有的學者從比較
哲學的視野，或者從中國現代哲學發展的圖景中，來考量宗
白華關於意境的思想。[46]

那麼，什麼是「意境」？宗白華謂：[47]

> 什麼是意境？唐代大畫家張璪《論畫》有兩句話：「外師造
> 化，中得心源」，造化和心源的凝合，成了一個有生命的結
> 晶體，鳶飛魚躍，剔透玲瓏，這就是「意境」，一切藝術底
> 中心之中心。[48]
> 意境是造化與心源底合一，就粗淺方面說，就是客觀的自然
> 景象和主觀的生命情調底交融滲化。[49]
> 景中全是情，情具象而為景，因而展現了一個獨特的宇宙，
> 嶄新的境象，為人類增加了豐富，替世界開了新景。惲南田
> 所謂「皆靈想之所獨闢，非人間所有」，這是我的所謂「意
> 境」。[50]

---

46 胡繼華，《中國文化精神的審美維度：宗白華美學思想簡論》，頁111。

47 以下引用宗白華〈中國藝術意境之誕生〉，皆依據其增訂稿（1944/01），不過也參考了殷曼楟氏編
選的初稿（1943/03），理由是，在初稿中，宗白華先生明確地表達了他自己的創發看法，同時也給
出了明確之推斷，反之，增訂稿或許是因為要照應「反向格義」規範，反而有些論述並不那麼篤定
了。初稿見殷曼楟編，《宗白華中西美學論集》，頁163-175；增訂稿見林同華編，宗白華撰，《美
學與意境》（臺北：淑馨出版社，1989），頁207-224。

48 殷曼楟編，《宗白華中西美學論集》，頁163。

49 殷曼楟編，《宗白華中西美學論集》，頁163。

50 殷曼楟編，《宗白華中西美學論集》，頁164。

簡言之，「意境」就是「造化和心源的凝合」，亦即，外在自然的創造和人自身秉乎天性的創發兩相結合的產物，這就像一個「生命的結晶體」一樣，宗白華進一步把它詮解為「客觀自然景象和主觀生命情調的交融滲化」，而且，這是一種全新的創發。容或這也就是宗白華對「意境」──這個「藝術的中心之中心」概念──的體悟。

然而，在〈中國藝術意境之誕生〉的增訂稿中，宗白華似乎直接以「境界」概念來詮解「意境」，他指出：

> 什麼是意境？人與世界接觸，因關係的層次不同，可有五種境界：（1）為滿足生理的物質的需要，而有功利境界；（2）因人群共存互愛的關係，而有倫理境界：（3）因人群組合互制的關係，而有政治境界：（4）因窮研物理，追求智慧，而有學術境界：（5）因欲返本歸真，冥合天人，而有宗教境界。功利境界主於利，倫理境界主於愛，政治境界主於權，學術境界主於真，宗教境界主於神。但介乎後二者的中間，以宇宙人生的具體為對象，賞玩它的色相、秩序、節奏、和諧，借以窺見自我的最深心靈的反映；化實景而為虛境，創形象以為象徵，使人類最高的心靈具體化、肉身化，這就是「藝術境界」。藝術境界主於美。[51]

---

[51] 林同華編，宗白華撰，《美學與意境》，頁208-209。

果爾如是，則宗白華又將「意境」與「境界」等同看待了。雖然，宗白華並沒有深論何以「意境」是一種「境界」，或者，「意境」與「境界」的關連性，但是，其文明確地標舉了心靈的創造性和生命的安頓性兩個重要向度，而這種洞察的確揭露了探究中國美學最重要的課題，也開啟了中國美學極有意義與價值的重構之路。[52]

根據我的研究，現代華夏藝文界最早提出「境界」之深入探究，並具代表性的見解，當屬王國維《人間詞話》[53]（以下簡稱《詞話》）中的「境界說」，而其陳述或可大別為兩種語類：（1）**關於「境界」的描述語詞**——此如「有我之境」，通常指的就是一種「境界」，但是，這類語詞代表的多半是特定「類－種關係」中隸屬於「境界」的次級概念，或者，是關於「境界」之性質的描述，亦即，指謂種種境界屬性（境界性），從而把「境界」區分為「有我之境」和「無我之境」；（2）**關於「境界」的評價語詞**——此如把「有境界的作品」評為「高格」或「高致」等等，亦即，是針對某「境界」給定的評價，是以，這類語詞其實開啟了一個完全不同的評價脈絡。[54]

---

52 胡繼華先生在《中國文化精神的審美維度：宗白華美學思想簡論》第三章「中國文化精神的藝術表現——宗白華『意境論』論」中，透過：（1）宗白華先生如何使用「意境」；（2）宗白華先生探索意境的精神動因；（3）「靈境」：「意境特構」的精神方面；（4）樂境與舞境：「意境特構」的生命方面；（5）行進在轉化之中的「意境」等等論點，全面性地探討了宗白華先生的「意境論」，讀者可以之作為與本文所論的交互參照依據，文見胡繼華，《中國文化精神的審美維度：宗白華美學思想簡論》，頁111-158。

53 滕咸惠校注，王國維著，《人間詞話新注》（臺北：里仁書局，1994，初版3刷）。

54 還有一種看法值得說明，亦即，也可以把「高致」視同為「境界」的一個次級概念，或者是特定屬性（隸屬於境界者），那麼，「高致」與「境界」之間就擁有「類－種關係」，如是，兩者是一

其次，《詞話》大量講述的，其實是特定的「境」（這一點與宗白華所述，有雷同處），而其大要可以圖示如下：

此圖固揭示情與境、意與境、物與境、景與境等等關係的糾結有待釐清，同時，也要留意「境界」詞語的複義性，以及各種脈絡意含的重新考察，而宗白華的「意境說」也因而可以有不同面相的考量了。總之，可以嘗試說明的是，在《詞話》所以看不到關於「境界」的嚴格定義，主要的原因在於，王靜安使用的「境界」，極可能是特定「次義」的使用，是以，或因其特定主觀講究故，而有其歧義或含混性。簡言之，所謂的「心境」和「物境」才是「境界」之所本，或許，這才是「境界」的「初義」，然而，《詞話》所示「境界」都是前述「初義」的延伸使用——比如說「某人悲傷」的「悲傷」，用的是這個字的「初義」，而當人們說「這首音樂是悲傷的」的「悲傷」，用的就是這個字的「次義」，而「次義」通常都形同於譬喻（含明喻和隱喻），它

事，只是層級或脈絡不同罷了。但這樣一來，一者就不能取代另一者了，而且，「高致」（種概念——外延小）的內涵將大於「境界」（類概念——外延大）的內涵。這項區判或有助於研究者理解它。

固不容易下定義。果真如此，當王靜安指陳特定「境界」時，就不能循其文面來把握其意，而是需要發掘其「次義的用法」，以便能夠提供恰當的解釋，容或，這也正是王靜安強調「言外之味」、「弦外之音」的用意吧。

但依我之見，「境界」本是佛家語，佛家有「一實境界」、「十種境界」等說法，大體皆不外指的是諸佛菩薩覺證之「證相」，這是境界概念之發源。容或正因為如此，在思索「境界」時，首先應釐清此概念本身的思維圖式，換言之，應相對於其「發源」之原委而進一步釐清理解「境界」概念時，理解者本身的特定思考模式（此或不同於佛教所示了）。**切要言之，即應了解「境界」和「（境界的）承載者」，以及「境界性」（境界顯現的特質）和「（境界的）承載者性」（承載者本身的特質），是兩組不同的區分，而且，此中亦有其糾結的問題，亦即，到底「境界的承載者」是「實體」，或者只是「性質」？「承載者」到底是「境」或「主體」？**

首先，「境」和「境界」是兩個不同的概念，「境」一般可區分為「心境」（與主體相涉，包含了意境和情境）和「物境」（其自身可以無涉於主體而獨存）兩種，而「境界」則是主體依循或回應各種「境」，而試圖刻意（或不經意）表現或展現出來的「特質訴求」，是此，學者專家也常把「境界」與主體的感受或精神狀態相連結，並進而比附以審美經驗之考量。總之，就「主體之作為」這個脈絡分析之，「境」可以區分為「造境」和「寫境」，但是，若略去「作為」一義，則「境」也可以是主體

直接面對的「景境」或「物境」。是此，以「『境』所呈現的『境界性』」來理解，《詞話》的「境界」通常指的是「心境」、「意境」、「情境」，以及「寫境」的別有所求的內容，換言之，它們都是加入了／強調了主體之表現或體現者，然而，它們也都有可能雙陳「心所造境」和「自然造化施設境」（譬如，「觸景傷情」兼涉情與景）。果爾如是，那麼，它們的「承載者」到底為何？

其次，一方面，還要考量特定「境界」置身於那一層級，譬如，「形而上的境界」，隸屬於「形上層級」；另一方面，則要注意它們是那一「種類」的境界，譬如，隸屬「意境」，還是「理境」？或者，是另一類的「情境」？要之，**這些「境界」多半是一些顯現性（或更精確地說，即突現性），換言之，它們並不是特定主體本身的生物屬性，而頂多只能是關連於藝文能動者之行為或個性（personality）衍生之特定訴求的總體突現特質。**[55] 是此，可以這樣思考，一方面，就境界本身而言，通常見諸於詩詞——特定的文字書寫物，是以，詩詞書寫當然是境界的承載者。或者，境界也通常與「境」相關連，是以，各種「境」當然也是境界的承載者，如是，當釐清詩詞書寫和各種「境」如何承載境界；另一方面，境界固是隨主體之訴求而存在，固必須由某主體體現（具體表現者）或由某主體體認（接受而認識

---

[55] 當然，「境界」也可以是由主體所創造出來者，這一點似乎也必須列入考慮，但是，果真如此，那麼，「境界」就與「寫境」和「造境」有所重疊了，而致使「境界」變成了含混概念。是以，把這一種可能納入「境界承載者」一體考量即可。

者），是以，主體當然也是境界的承載者，果爾如是，又當究明主體如何承載境界（含其「訴求」如何可能）。

明白了這一層道理，即可了解「境界－境界性」和「境界承載者－境界承載者性」是兩組完全不同的概念，而一般思考者多半在這些地方有了混淆，亦即，把「境界－境界承載者」與「境界性－境界承載者性」混淆了，是此，可以肯定的是，所謂的「境界」只不過是特定的「境界性」（因為「境界」原本就只是「顯現性／突現性」），因而，言及「承載者」，相對強調的也只不過是「承載者性」而已。今以司空圖《詩品》[56] 的〈雄渾〉為例，進一步說明之。

〈雄渾〉示：

> 大用外腓，真體內充；返虛入渾，積健為雄。具備萬物，橫絕太空；荒荒油雲，寥寥長風。超以象外，得其環中；持之非強，來之無窮。[57]

很巧合的是，《詩品》每一「品」的體例都剛好區分為三個部分講述，每個部分又各分為兩段四句話，而每一品都是六段十二句話，以司空表聖的〈雄渾〉為例，其結構如下。

第一個部分講述「大用外腓，真體內充；返虛入渾，積健為

---

56 以陳國球導讀，司空圖著，《二十四詩品》為據。
57 陳國球導讀，司空圖著，《二十四詩品》，頁44。

雄」，[58] 講的是特定的「**境界**」，亦即，先挑明一種「境界」，此或可解為，表聖講這種「境界」時，先肯定了詩文有其「大用」，而此「大用」使外在世界的一切相形見絀（「大用外腓」或可如是解），然而，「大用」的依據或本源，卻是人內在本具且充足的 "X"，而且，這個 "X"（或即「內在真體」）若回溯或返回其本源，保持其原初「渾」的狀態，那麼，其本具的健動力，就會因為未受到框限阻礙，而自有其雄偉之發揮，固能形成表聖所謂的「雄渾」境界。

第二個部分講述「具備萬物，橫絕太空；荒荒油雲，寥寥長風」，講的是特定「境界」本身的「**境界性**」，此或可理解為，表聖以為這種「境界」呈現的特色在於，由於具有「無所不備、無所不包」的性質——外延無限大，所以，內涵也就無限小（甚至趨近於零——「荒荒」、「寥寥」），是故謂之為「渾」，但是，因其無所限制阻礙故，也就有其自本自根的偉壯之發揮（特定作用，例如，「生生之謂易」等等），是謂「雄」，並暗示「雄」固出於「渾」，而這是詩人可以領會、體驗者。

第三個部分講述「超以象外，得其環中；持之非強，來之無窮」，講的是「境界」的「承載者」之性質——「**承載者性**」，以為領悟並能夠展現此種境界的詩人，固需要且已然超越了種種形象、符示的限制，而能夠有無窮之因應和發揮，固未見其勉強

---

58 請留意，「積健為雄」義近《易傳》，而非老莊，如《老子道德經》第28章即示「知其雄，守其雌」，固不會主張「為雄」。這也就是我前文提醒讀者要從華夏文化的總體模塑和陶融實況來看待《詩品》，而不要流於孤立獨斷的原因——是於文本有據故。

反而得以有無窮的創發，從而也相應地體現了這種境界。大體上說，《詩品》的每一品的「第三個部分」是為重點，因為，「境界」固是「藝文能動者之行為或個性衍生之特定訴求的總體突現特質」，而表聖在這個部分把屬於「境界」的最重要因子「『主體』的訴求」講明白了。

如上所述，「雄渾」如果是一種「境界」，那麼，這種「境界」固為人、外在世界，以及詩文之獨造三者的總體突現，而「境界性」則是對「境界」自身所作的描述和詮釋，凡此，表聖並總明其承載者當具備之特質及特定訴求。對照來看，如果劉彥和的《文心雕龍》是以「文章」（布局結構）、作家（習性）和「志」（「文心」之所向／趨勢）來說「風格」，[59] 那麼，就是以創作者為主眼的論述了。若是，《詩品》則是以客觀把握的「境界」、「境界性」和「境界承載者性」三者來提示其「詩品」，則此顯然已超乎「風格」所範，而直趨詩之全體，是詩這種特殊文體之突現的價值、意義之總詮，是可謂華夏「境界」說佳例，而且也正是大大地有別於西方美學的華夏思想之特色，凡「反向格義」不容易經營良善者。

基本上，以上所述固是要為「宗白華的洞察的確揭露了中國美學探究最重要的課題，也開啟了中國美學極有意義與價值的重

---

59 要之，《文心雕龍》當是華夏首度系統論述「風格」概念的論著，其〈議對第二十四〉考評兩漢以來各家之「議」，而歸結「亦各有美，風格存焉」，當是作為一種「文體」的系統義「風格」一詞最早見諸文面者。引文見王更生，《文心雕龍讀本》（下篇）（臺北：文史哲出版社，1995，初版5刷），頁442。

構之路」提供積極例示，但是，這畢竟也只是特定派生發展的相關思考或推想，而質實言之，宗白華本人於中國美學獨擅勝場的貢獻，其實，是在於他在「反向格義」的潮流規範下，為中國美學的重構保留了呈現中國人文特質之領航的契機，此誠如他自己的做法所示：

　　現在再引述一些我們先輩藝人底話來證實我的說法。[60]

可以說，整篇〈中國藝術意境之誕生〉的重要啟示，就在於這些「先輩藝人的話」的引用與闡發上，亦即，訴求「反向格義」固照應了西方美學的先進知識規模，但於相關美學義理內涵及藝術精神的把握，宗白華則例示了一種突顯中國人文特質之生命關懷的詮釋取徑，而格外地為中國美學的重構——特別是在當前西方現代主義美學被解構的時際——保留了自本自根的發展契機。而且，這種契機之保留，也正是被宗白華「人格特質」所彰顯的「散步美學」所保障，[61] 從而形成了他在中國美學界所特有的美學獨步。

---

60 殷曼楟編，《宗白華中西美學論集》，頁165。
61 這種「人格特質」與「散步美學」的關連性和內涵，見於宗白華先生的〈美學的散步‧小言〉及其相關論述所揭涵義。文見林同華編，宗白華撰，《美學與意境》，頁282-283。

伍、結語

　　宗白華的人生，經歷了大時代的苦難轉折、東西方思想的交互薰陶，且統整會合為一種寬闊的學識心靈和生命情懷，而得以在我們的時代發光、發熱。

　　宗白華的時代，固經歷世間的大動亂，學者「如何在亂世中做人」，已然是一件十分困難的事，而宗白華以作為中大人特有的生命操持，總為世人揭示了一種楷模，亦即，畢生致力於學術研究、後輩的智慧接引，以及家國天下發展的改革推動，此大體是其足為世人推崇的人生充實而有光輝的一面了。

　　宗白華的學思歷程固顯示深受西方思想文化的衝擊，也在中西文化思想互動中捲入「反向格義」的潮流、糾結，以及挑戰，不過，宗白華不只能夠入乎西學，尤其能夠出乎西學，而以其畢生致力的美學探究為例，可謂為後人保住了華夏思想文化的發展本根，並以其獨步的美學研究示其梗概，終成為這個世紀的中國美學領航者，後人將得以循其開拓之路向而有更好的發展。

　　宗白華由「反向格義」走向「自家寶藏的開發」，其無可避免地也會遭遇全球化發展潮流的洗禮與挑激，然而，他的「散步美學」最珍貴之處，就在於先於這個「全球格局的動盪」地為後世人指引了一條走出華夏文化之勃發的、屬於華夏人自己的道路，特別是，其美學研究重新把中國古代以來關懷生命的特質體現無遺，也為後人塑造了不移的典範。

　　總結地說，宗白華的學問，值得我們深入研究，深味其生命

之真髓，以及遠瞻其接通華夏智慧的世紀巡航藍圖。容或，這也就是一種「中大人」的光榮體現，請容許我們謹記，宗白華的人生畢竟是在中央大學起步的。

唐君毅先生與中央大學

楊祖漢

國立中央大學中文系教授

壹、唐君毅在南京與重慶中大

　　唐君毅先生（1909-1978）是當代中國的大哲學家，當代新儒家第二代的代表人物，與牟宗三先生（1909-1995）被稱為當代中國儒學的雙璧，他們兩位都能通過中西哲學會通的方式，把傳統的儒學乃至儒、道、佛三教的全幅學術與智慧重新建構，作深度的闡明，並對儒學的發展給出了理論的補充。他們對儒學及中國哲學的貢獻，在當代學人群中，可謂是最為突出的。他們是當代新儒學這一學派能確立，及持續發展，成為當代中國哲學中最具代表性的學派之關鍵人物。他們學術見解的影響力，在華人學界正方興未艾，對於中國大陸逐漸回歸傳統文化肯定儒學的趨勢，也產生了極大的作用。

　　唐君毅先生的哲學見解，在他於南京中央大學攻讀（1927-1932）的那幾年，逐漸醞釀、形成，後來他在中央大學任教（1933-1937，及1940-1947，中央大學在抗戰時，從南京遷到重慶沙坪壩，1945年抗戰勝利後遷回南京），共計十六年的中大歲月，也是他前期個人哲學見解的發展與完成的時期。在中央大

學的任教與生活，及經過處事而來的體驗，對於他的哲學見解的形成，是有關鍵性的作用的。在這期間唐先生完成的著作有：《中西哲學思想之比較論文集》、《人生之體驗》、《道德自我之建立》、《心物與人生》、《文化意識與道德理性》，及多篇很有分量的中西哲學論文，其中論朱子、王船山哲學的論文尤為重要。唐先生可謂是中大培育出來的大哲學家。

唐先生十七歲（1926）到北京求學，曾在中俄大學、北京大學攻讀，對於北京當時的以新文化運動為主的學術氣氛，及理性習慣往外用，缺乏反求諸己，又缺乏宗教與道德的精神的北京學界，不能相契。後到南京東南大學讀書，東南大學（中央大學前身，1927年改組為中央大學）是南方學術的重鎮，文化保守主義的氣氛甚濃，對於唐先生的學思與精神比較契合。[1]

唐先生畢業後，曾任中學教員，後受邀回中央大學哲學系擔任助教，又由於著作受到推重，教育部學術審議會正式核定為副教授（1941），年資從民國28年起算，民國33年（1944）便升為教授。他授課頗為學生肯定，據當年的學生劉雨濤先生（2012年八十九歲去世）回憶：

> 唐先生在中央大學讀書時精通中文、古文書和古典書，還精通英文。他中央大學畢業後回成都在成都教中學。在四川省

---

1 參考本書汪榮祖教授的大文，當年以梅光迪為首，在中央大學的人文學者，並不以北大提倡白話文為然，認為文言文不能廢。唐君毅先生晚年的《中國哲學原論》（六冊）及《生命存在與心靈境界》等重要著作，都用文言文來撰寫，應該多少受到當年中央大學為文言文請命的影響。

立成都中學教高中。他主講莊子〈天下篇〉。〈天下篇〉就談先秦學說，唐先生剛從學校畢業講先秦學說就非常內行沒有問題，四川大學有個教授曾是省成中第四班的學生叫伍仕謙（已故），他就是唐先生教過的學生，這是伍仕謙告訴我的。唐先生教書很投入，全神貫注，越講越有精神，講完三節課聲音基本上就嘶啞了，過幾天又再講課。唐先生一週只講六個學時的課，三點鐘的中國哲學史，三點鐘的哲學概論。

唐先生這種認真的講課態度，後來在香港新亞書院、新亞研究所都始終如一。[2]

當時中大的師資陣容十分堅強，哲學系除唐先生外，有方東美、宗白華、陳康、胡世華等，而方東美是台柱教授，唐、陳兩位都曾受教於方先生。陳康教授是公認的古希臘哲學的權威，他認為柏拉圖所說的 Idea 一般譯為理型是不妥的，應譯為「相」，他有關古希臘哲學的見解甚為當代學者所尊重。陳先生在中央大

---

2 據雷金好（新亞書院畢業生）所述：「他（指唐君毅先生）講課時真是投入，難怪聽他課的人也渾忘了課外的事和時間的過去。……每次他來上課時，身上恤衫總是很整潔的，但在他講課不久後，他的恤衫便會有一邊角抽了出來。又即使在寒冷的天氣裡，他也會常常講得滿頭滿臉都是汗的，其他的日子更不用說了。當汗珠一滴滴滴沿著面頰往下流時，他便先用手去揩，接著掏出一條潔淨的手帕來，一面講著課、一面抹著汗。奇怪的是每次他總是祇揩抹一邊額頭和鬢角上的汗便算，另一邊額頭和鬢角上的汗滴卻任由它流滴到衣上去。到他講夠了──他常常過了時才下課的，最高紀錄是〔一〕個半小時左右──他才帶著半邊濕臉和不整的衣衫離開課室。……牟老師講課也十分精采，但他的精采處跟唐老師的不一樣。我覺得唐老師是道德兼性情中人，他的話常像一股熱流，直奔到聽者心靈的深處，從而使聽者有所感動和融化；而牟老師是理智的化身，他的話常像一道冷冷的強光，直透聽者理智的深淵，使聽者豁然大悟。」雷金好，〈悼唐君毅老師〉，收入《唐君毅全集‧紀念集》（臺北：臺灣學生書局，民國80年9月），頁456-458。

學畢業後出國留學，學成後曾回母校任教一段時間。故當時的中大哲學系是可以與西南聯大的哲學系相比擬的，又也是劉先生的憶述，唐先生除了講學精彩，全神貫注外，在行事上亦必以道德為依歸，對學生的課業與生活都非常關注，為了學生可以不惜身命。唐先生在江南大學臨時校舍的禮堂主持學術講座時，講堂發生崩塌，當時的其他老師紛紛走避，唐先生臨危不亂，指揮學生全部離開，才從容退出。這一事件也凸顯出唐先生從長期真實修養功夫而來的鎮定。

　　唐先生民國33年擔任中大哲學系系主任，推薦牟宗三、許思園兩先生到中大任教。後來牟宗三、許思園兩位與方東美先生相處不諧，被迫離開中大（1947），[3] 唐先生與朋友共進退，憤而離開了他的母校，中央大學不肯讓唐先生辭職，只允許他請假一年。此事表現了唐先生的朋友之義，也因為這一機緣，於江南大學與時任江南大學文學院長的錢穆先生共事，成就了後來離開大陸到香港創辦新亞書院的因緣。[4] 1948年6月，唐先生辭江南

3　方東美先生是當代的著名哲學家，在南京中央大學長期任教，影響力也很大。當年許思園教授對方東美先生的行文與思想曾作批評，引致方先生不快。牟宗三先生後來接任中央哲學系的系主任，為了陳康教授的排課問題，也得罪了方先生。陳康教授先前也在中央大學哲學系任教，當時在外國未歸，牟先生以學生的課程不能虛位以待，便把陳康先生的課找別人上了。方先生為此也很不諒解。方東美曾教過唐君毅先生，對唐先生的治學也做了重要的指點，唐先生對他終生執弟子禮。後來方先生來臺大哲學系任教，名重一時。方先生在1977年去世，唐先生致送的輓聯曰：「從師問學五十年，每憶論道玄言，宛若重天而降；與維摩同病逾半載，永懷流光慧日，如何棄我先沉。」可見唐先生對方先生也十分敬仰。方先生與牟先生雖有此一過節，但後來也能保持君子之交，相互推崇。在牟先生《才性與玄理》出版後，方先生十分欣賞，後來方、牟二位先生在夏威夷「王陽明誕生五百週年」學術會議（1972）再見面（唐先生也在座），方先生特別宴請牟先生，應有修好之意。

4　參考唐端正編撰的《唐君毅先生年譜》，《唐君毅先生全集》（卷29）（民國79年7月，全集校訂版）。

大學教務長職回中央大學，但其時政局已經十分緊張，到1949年4月，應華僑工商學院王淑陶院長之邀，與錢穆先生同赴廣州講學，王淑陶邀請二位先生留下，不要北返，6月抵香港。後來唐先生便與錢穆、張丕介二位在香港創辦新亞書院。[5]

貳、唐君毅先生在中大時期哲學思想的發展

（一）從少年時代開始，唐先生便自覺地探究哲學問題，對於人性是善是惡，宇宙的本體是心靈（精神）或是物質，一切的存在是否如佛學所說的唯識所變現，或乃是客觀實在的等哲學的基本問題，一直用心思考，也不斷有自己的見解提出，只是他的見解也不斷地修正。在中央大學攻讀及畢業後的兩三年間，發表了多篇有關中國哲學與文化，及西方哲學的論文，集結成了《中西哲學思想之比較論文集》。此書後來唐先生表示十分不滿意，不願意把此書當成自己第一本著作。[6]但雖如此，唐先生認為此書有關西方哲學的論述，仍然是有根據的見解。此書有關中國哲學與文化的理解也頗有新意，雖然對於中國儒學的形上學的一些見解可能有不穩妥處，但也並非全屬戲論。唐先生當時認為中國哲學的特色在於「天人合一」與「無體觀」，所謂「無體觀」是

---

5 香港新亞書院在開始創辦時，設備十分簡陋，教室只有兩層樓房，但師生表現出高度的中國傳統書院的精神，所謂新亞精神，傳誦一時。後來新亞書院與崇基學院、聯合書院共組中文大學，成為香港最重要的大學之一。新亞書院在中文大學的地位非常重要，當年新亞能成立及不斷茁壯，靠的是錢、唐、張三位的努力，而唐君毅先生所表現的理想精神一般都認為是新亞得以維持的重要動力。
6 見唐君毅，〈自序〉，《中國文化之精神價值》。

認為中國哲學並不如西方哲學般要以一不變的本體來說明現象的變化，唐先生從陰陽往來，往復循環變化來說明中國哲學的對存在界的體會，他用《易經》「神無方而易無體」來說明此義。對於「天人合一」，後來唐先生還是肯定的，但理解不一樣。當時他對於天的理解並非從道德實踐來體會，而比較偏重從自然的生化來說。而對於「無體」，當時他並非從本體的神用無方來說，而是認為不需要設定一本體，從自然生化之變動不居，氣化之往復生生，便可說明存在界。此與他後來從道德生活的體驗而肯定有超越的心之本體，而且此本體也是宇宙的創生的實體之說不同。故後來唐先生認為，此書的根本觀念是有問題的。但雖如此，此書生動活潑，對東西文化哲學的不同，給出了一個很好的鳥瞰，此書亦表現了他西方哲學的消化與吸收，唐先生後來仍然認為此書對西方哲學之理解大體是有根據的，但對於中國哲學的看法，如上述的對本體的理解，則是不恰當的。但雖如此，當代重要的西方中國哲學專家安樂哲（Roger T. Ames）在論述中國哲學的特色與精神時，便引唐先生此書的導言中有關中國的宇宙論的見解來作根據。或者此書雖然是青年唐君毅哲學的著作，思想不同於成熟之後的唐先生哲學，但也有其價值。如此書導言所說氣化有其自主、靈動性，而不是背後有一不變的本體決定氣化之如此，此一講法在理解中國重氣的思想家的思想時，是很有參考價值的。

（二）唐先生後來經過深入而曲折的思考，肯定了人人本有真誠惻怛的仁心，這是人的心靈本體，此心靈是超越的，不受個

人的形軀所限，故人的本心也就是天地之心，人的形體固然會因著生命的消逝而離散，但此心靈實體則不會隨形體而消失。此一見解一直貫串到唐先生晚年，他此一肯定並非只從思辨性的探索而得，而是有實踐上的實感為根據的。他晚年曾回憶早年有多次體會到人的真誠惻之情是瀰漫宇宙、無有窮盡。最早一次是他父親提到世界會有末日，最後天地間只剩一人，拉著一條老狗在已經龜裂的田地上，踽踽獨行，這時唐先生產生一種大悲的感受；又孫中山先生逝世時，唐先生在北平讀書，看了一場有關志士仁人的電影，唐先生感到人生雖然有限，但仁人志士的心願卻充塞宇宙；又於南京中大讀書時，他與父親離別，當父親離開渡船時，唐先生大動離情，而同時感受到往古來今一切親人離別之情。這一種感受所體會到的情感，是普遍的，這一種普遍並不只是限於人的普遍性。據唐先生的闡述，這是宇宙性的情感，是絕對普遍的。他在《人生之體驗》及《道德自我之建立》二書中，從各方面闡述這種悲憫之情，認為是人之所以為人的價值及意義所在，及人能結成為各種團體，如家國天下、及開展出種種人文化成的事業，如道德、宗教、文學、藝術等等的真實根據。他這一些早年的著作，善於從人現實的生活經驗中闡發出這一些現實經驗與生活其中蘊含的超越的、真誠的、涵蓋一切的悲憫之情，這可說是「即用見體」。唐先生的一生志同道合的朋友牟宗三先生就曾說當年看到唐先生《人生之體驗》第三部分〈自我生長之途徑〉，讓他頓悟儒家道德形上學所肯定的道體，也就是心體與

性體的意義。[7] 這就是說從唐先生的論述，牟先生真切見到了心性本體的真實存在，而此本體就在人的悲憫之情中全幅呈現。由於有這一體證，便可了解在人生的種種活動中，都有普遍無限的意義在其中，而如果真實的活出生命在各種倫常關係中的意義，便可接觸一無限神聖的精神實在。此既肯定人生活動的價值，又從其中體認到作為一切存在根源的形而上的本體。體認到一形而上的本體，是本體論的證悟，而此證悟是從倫常的實踐而得的，故可說是即倫常實踐即哲學推證，又可說是即道德即宗教。

由於唐先生後來不認可《中西哲學思想之比較論文集》中的見解，他願意以《人生之體驗》作為他的著作中的第一種。的確，該書可以明白地表達了他的哲學見解。此書並不是有意要表達他的系統哲學，而是在為了解決自己的生命煩惱，及思辨上的疑難而逐步寫出來的。即是說他是在一種為了自己尋找真理與尋找一種自己相信的合理的生活方式、人生態度的心情下而書寫，這可以說是一種「為己之學」的著述方式。哲學的義理在為了解決個人生命問題的真實要求下而逐步展開，讀者閱讀此書一方面體會了一位做深沉廣闊的思考的哲人之所得，也一方面照見自己生命的問題，探索自己生命可能有的內涵與境界。這一種思考與閱讀，也可以說是「存在」的方式。《人生之體驗》第一部之前的〈導言附錄〉是一篇對生命的意義作深沉的思考的文章，文中表達了宇宙無窮而人生有限的感嘆；也對人類史上表現的罪惡，

---

7 牟宗三，〈綜論〉，《心體與性體》（臺北：正中書局，1968），頁189。

真美善的價值的不容易實現及保存，表達了無奈，描寫了人生的迷惘。這文章的調子是比較消極而深沉的，但通過了這一些感嘆與懷疑，最後以悲憫、不忍來作結，表達了人對人生與價值的正面肯定，也需要對人生負面、消極的現實有所了解。以下引錄此書各部的導言，論述書中的大意。

此書第一部〈生活之肯定〉的導言說：

> 自本書立場言，人生之目的，不外由自己了解自己，而實現真實的自己。所以人首應使自己的心靈光輝，在自己的生命之流本身映照，以求發現人生的真理。其次便當有內心的寧靜，與現實世界，宛若有一距離，由是而自日常的苦痛煩惱中超拔，而感一種內在的幸福。再進一層，便是由此確立自我之重要，之如何建立信仰與工作之方向，自強不息的開闢自己之理想，豐富生活之內容。再進一層，便是在人與人之生活中，人類文化中，體驗各種之價值。最後歸於最平凡之日常生活，都能使之實現一種價值，如是而後有對生活之真正肯定。[8]

此給出了一由反省自覺，而見到一心、性主體的哲學進路，此心性人人都有，但必須從生活中反省體驗，方能自覺。既自覺此，便可逐步見到自己生命，及生活各方面都有其意義，由此自覺便

---

8 唐君毅，《人生之體驗》（臺北：臺灣學生書局，1989），頁42。

可見其真正的人生。見到自己的心性覺悟到此心性是生命活動所以能產生、創造價值意義的根源，就可以對自己的生命存在有正確的了解，無限豐富的意義就在我們生命的活動中逐步呈現。可見個人在天地間雖是唯一的，而所實現的價值，則是普遍無限的，而此普遍無限的價值，只有這唯一的我，才可以在此時實現出來，這便說明了，我這有限的存在，所以會在廣宇悠宙中存在的緣故。於是可說在我的生命實踐道德的意義時，是普遍者與特殊者的合一，唐先生此一論述可以說是從人的生命的開展而見到真理的實現。既說明了人生存在的意義，又彰顯了通過哲學思辨而得的真理。

此書第二部名曰〈心靈之發展〉，其導言說：

> 當你由上部生活之肯定，而反身看你自己的生活，其充實你內在的自我，知道世界充滿價值，以肯定你自己于世界時；你的問題，變成如何反身看你自己的生活，充實你內在的自我，如何包攝外在的世界，于你內在的自我之中，將你內在的自我擴大，至與宇宙合一。你的問題由內外之和諧，變為內外之滲透。你將不復只是要擺脫外物之束縛，暫求苦樂情緒之超越，認識你唯一之自己，知道以自強不息的態度，去實現價值；而是要反觀你的心靈，如何逐步的發展，內心如何逐步的開闢，以貫通于外界。你的問題，由人生現象的體驗，變為心靈自身之發展的體驗，由廣的變為深的了──本

部就是要答覆你這疑問。[9]

這是由內而外，由己而人，從自己個人的生活體驗，活出的意義，進而體會外於我的存在也有其意義與價值。從人對外界的了解，通過自身的活動與外界相融通，可以看到個人的精神是有其不斷發展的要求的。於是可以體會到個人的生命精神可以與天地合一。

第三部〈自我生長之途程〉的導言說：

當你能肯定你之生活，體驗心靈之發展，知道由內心的開闢，以包攝外界統一內外時；你才真認識自我之存在，知自我是真正自強不息的求充實其生活內容的。你方要求進一步，更親切的把握人在其生命的行程中，各種生活內容之形態與關聯。所以此部中，我們以自我生長之途程為題，在其中姑提出十層自我生長之程序，即十種生活內容之形態，十層之人生境界。此時我所說是我自己，所以我不如第一二部之用第二人稱之「你」，而用第一人稱之「我」之敘述語，來表達自我如何進到一層層之人生境界，在其中發現新價值、新意義，又如何如何感到不足，而翻出來，升到更高之境界。十層之人生境界如下：

一、嬰兒之自言自語

---

9 唐君毅，《人生之體驗》（臺北：臺灣學生書局，1989），頁118。

二、為什麼之追問與兩重世界之劃分

三、愛情之意義與中年的空虛

四、向他人心中投影與名譽心之幻滅

五、事業中之永生與人類末日的杞憂

六、永恒的真理與真理宮中的夢

七、美之欣賞與人格美之創造

八、善之高峰與堅強人格之孤獨寂寞

九、心之歸來與神秘境界中之道福

十、悲憫之情的流露與重返人間

一至五是意指凡人之心境，但凡人多不自覺。由五至十，是意指由凡人至超凡人以上之心境。最有由五至十之心境者，是科學家、藝術家，及追求人生理想之特殊人格、修道者及聖賢等。在我作第八時，是想著西洋式之堅強人格如尼采等；作第九時，是想著印度式之神秘主義者；作第十時，是想中國式之儒者之襟懷。但其所指者當然不限於是。又此十種心境之全部，當然非我所能盡寫出，我此文不過一指路碑。人重要的是順此指路碑，而到各種心境中，去一一生活過。[10]

這是由生命的發展展示從凡入聖的各種進路，分別各種生命型態的高下、偏圓。唐先生以十個階段來論述人的生命的精神發展，

---

10 唐君毅，《人生之體驗》（臺北：臺灣學生書局，1989），頁171-173。

一至五是論述一般人的自然生命發展，一般人都會感受到的生命問題，故人的成長會面對的種種問題都收攝到這一個部分來說，其中對人類末日的杞憂，則是所有人都會面對的憂慮，而此一憂慮也是使人能超凡入聖的關鍵。人不能不面對個人生命會歸於虛無，而且整個人類的生命所努力創造的文明，也不能不以歸於幻滅為終結。對於個人生命乃至人類文明都可能毀滅的問題，是唐先生非常重視的，也是他要追求是否有不毀滅的存在的動力。在本書這一部分中已表達了聖者的生命是可以體現無限的，後來他晚期的鉅著《生命存在與心靈境界》，認為人如果成為真實的存在，就可以成為不會不存在的永恆的生命，便是對於是否有不毀滅的存在之問題的解答。從第六階段到第十階段是超凡入聖的各種生命型態，是對各種人格與生命的理解，這一方面了解生命的不同型態，一方面也表達了對不同的文化活動的意義的理解。

　　（三）與《人生之體驗》差不多同時寫成的《道德自我之建立》，以更有系統的方式表達了唐先生的思想見解，也奠定了他作為當代新儒家重要代表人的地位。此書出版後得到當時教育部頒授了二等著作獎。據唐先生當時的弟子後來的憶述，唐先生此書本來是可以得到一等獎的，只是當時唐先生知道了二等獎是頒給湯用彤先生的著作《漢魏兩晉南北朝佛教史》時，他便寫信給教育部，說湯先生曾是他的老師，他不能接受自己得一等獎，而老師得二等獎，如果把一等獎給予湯先生，他自己為二等獎，則便可以接受。結果教育部接受了唐先生的建議。而《道德自我之建立》的全集校訂版附錄了吳敬恆（稚暉）先生的〈評唐君毅著

《道德自我之建立》〉，文中認為唐先生此著「結構完善，創見頗多，有獨立體系，自成一家學說。自身敘述有系統，改進舊說多貢獻。」[11] 語多讚美，應可證明上文之說並非虛言。當然湯用彤先生之書是當代有名的中國佛教史的論著，是非常受到學界推崇的，唐先生的謙辭也不是只尊師重道而已。從這一事件可以看出唐先生生命的真誠與謙厚，如果對比於我們現代的風氣，這種事情根本不可能發生。另外也可以看出當時學界對著作的審查與評論，對於能成一家言的哲學著作是非常肯定的，也不會以作者是否有高學歷、或外國學歷，才會得到推重。當代新儒家的重要人物從熊十力、梁漱溟先生（都沒有正式的大學畢業的證書，被稱為史學中的新儒家的錢穆先生亦然）到唐、牟、徐諸位先生，都沒有較傲人的學位，而卻都被公認為一代大儒，可以看到具有真學問與真人品的人在當時是得到合理的看待的。最近大陸興起了「民國熱」，很多學者認為當年的風氣，有很多並非現在的中國人所能想像的。

從《道德自我之建立》與《人生之體驗》這兩本早年著作開始，可以很清楚的掌握唐先生的思想見解，也可以了解當代新儒學的主要主張。如在《道德自我之建立》，唐先生從對道德實踐的定義是自作主宰、自我超越開始，認為人可以承擔過去所做的種種，但又可以當下表現其心靈的自由，不受過去所做種種事、人的經驗習性乃至自然對於人的影響所決定，人可以當下超越其

---

11 唐君毅，《道德自我之建立》，頁185。

自己、主宰其自己、改變其自己。這是從儒學與佛教禪宗的精義給出了人是自由的論證，而且其著述的態度與行文的方式，是以為了解決自己的生命問題，解決自己所感受到的人生煩惱而給出了步步深入的探索與論證，這也表現了儒學之為「為己之學」的特色。然後，透過對人容易感受到的人的虛妄性、不真實性（如人必會死亡，一切人生努力的成果最後會歸於虛無）而體會到人內心的真實生命的要求是不願意承認人生是虛妄的，世界的存在是不真實的。由此內心的不滿而往內探究，可以看到此不願意人生為虛妄的人生、世界為不真實的世界的要求，是人的真實的心靈，可說是人的真生命。而此心靈可說是本體意義的心或心之本體。此心之本體有無限的悲憫與感通的要求，是一切道德實踐之所從出。故此心之本體不只是人的真生命，也是生化一切的天道相通的，故內在於人的本體的心是普遍、無限的，並不隨著人有生滅的生命存在與世界的存在而生滅，故此心與宇宙心是一致的。這是當代儒學重要的主張，所謂超越而內在，或內在的超越的說法。唐先生早年便對此給出了重要的闡述，可以說是當代儒學的學者最早對此重要的主張給出哲學的論述者。肯定了心之本體，又進而對現實人生及世界雖然為有生滅的存在，但仍然是必要的有真實意義的給出了論證。即不生滅的心體或精神需要有生滅的形氣世間的存在來實現，沒有生滅者的存在，不生滅的意義也不能彰顯。在此唐先生也給出了非常精微、深入的討論。《人生之體驗》的主旨大略也同於上述，而用比較是抒發性、直述的方式來表達，其中也蘊藏了很多對人生的各種人倫活動的意義之

體會，給出了人的如何體會他自己的真心真性，又本著此真心真性在日用倫常中如何實現，對人生各種生命型態與精神的發展給出了全面的展示。此書處處都可以看到唐先生早年對人生的體會與他的重要哲學見解。在抗戰後期，唐先生大體完成了《文化意識與道德理性》（此書在唐先生居港後，大概於1950年左右才完成，1958年出版），此書是以道德理性來說明人生的各種活動，認為人類一切文化活動，均統屬於一道德自我或精神自我、超越自我，各種活動皆為其分殊表現。即是說人的倫常生活、政治活動、科學研究、宗教信仰、事業的經營、體育、甚至戰爭，都是以道德理性為根據的。唐先生此書等於是對孟子的「性善論」作一充分的說明，表明了人生的各種文化活動都出於道德的人性。此書破斥了當代對人性的種種不合理的說法，也給出了唐先生文化哲學的系統理論。

　　以上是唐先生四十歲前的學思概述，此時期他的所思所感，及教學工作，大體都與中央大學有關。固然唐先生之學思發展主要是由於他生命的實感而生的主動思考，及奮進不已的剛健精神，但在中央大學的師友薰陶，及在中央大學與民國初年至抗戰之經歷與憂患也是重要的外緣。[12]

---

12 在此時期，唐先生與他的夫人謝廷光女士從相識到結婚，經過了多年交往，過程並不平順。對於愛情的經歷，唐先生有《致廷光書》收入了他給夫人的多封書信，這些書信除了表達他對男女愛情的真切感受外，也表達了他對哲學問題的許多看法，是研究唐先生早期哲學思想的重要文獻。此書唐師母謝廷光女士寫了一篇非常動人的後序（頁293-303），可以看到他們夫婦動人的夫妻之情，而唐先生認為在倫常關係中，所表達出來的情感，本來就是同一種情感，而從這種真實情感處，可以使人體會到作為宇宙根源的本體。此意唐先生在《愛情之福音》（此書託名克爾羅斯基著，唐君毅譯，其實是唐先生自己作的，此事得到唐夫人的證實）有明白的申論。這一本小書除了表達他認為

參、1949年之後的學思發展與成果

　　（一）唐先生在1949年移居香港後，最初的幾年比較注意文化問題，希望通過對中西文化的研究闡發中國文化的精神價值，以解決五四以來中國文化是否可以真正開出民主與科學之時代問題，及學習西方式的民主與科學是否要揚棄固有的傳統文化這一重大的爭議。《中國文化之精神價值》便是對上述問題的深入而又具系統的回答，此書除了闡發中國傳統有其精神與價值，不能因為中國文化在近世暫時處於劣勢，而否定其價值、喪失民族自信心外，又認為中華文教有其永恆的意義，及有值得為西方文化學習效法之處。在此書的最後三章論「中國文化的創造」處，提出了「返本才能開新」之說，表示要恢復傳統的以「義利之辨」為核心的超越精神，才可以真正消化及吸收西方文化之所長，如果這一種超越精神失掉了，對於也有其超越的精神為根據的西方文化，只能因為現實功利的需要而學其皮毛，這是不能全盡西方文化的內蘊者。這「返本開新」說，也是當代新儒學的一個核心的理論。唐先生於此書中也提出了必須要以「方以智」的精神來撐開傳統中國文化的「圓而神」之境界，所論也十分深切明白。

　　唐先生在移居香港的前期，比較集中精神在以人文精神為核心，說明人類各種精神文化的價值，以對抗在大陸中共政權以唯

對愛情該有的看法外，也表達了他當時個人的哲學見解。很多此書的讀者都認為，這書表達了青年人對愛情該有的正確態度，也具體而微地呈現了唐先生的哲學理論。

物論來否定中國文化、中國哲學的作法，在此期間唐先生發表了很多重要的文字，後來收集在《人文精神之重建》及《中國人文精神之發展》二書中，他以人文精神為核心，闡發了中國文化的真精神，也表達了如何從恢復中國的文化的真精神，以作為讓民主與科學的精神在中國生根之基礎。這方面的見解，後來以更集中的表達方式，具體表現在由唐先生主稿，而與張君勱、牟宗三、徐復觀諸先生聯名發表的〈中國文化與世界宣言〉中，而此不過幾萬字的文稿，成為當代新儒學開宗立派的里程碑。在此宣言中可探索的思想義理也非常多，可以作為中西文化比較的重要文本。在上述《人文精神之重建》與《中國人文精神之發展》及《人生的體驗續編》書中，有許多真誠惻惻、精闢動人的大文章，如其中論宗教的數篇，及對人生的艱難與罪惡的體會，都蘊含了唐先生從其仁者的心懷對當代中國人的苦難的感受。當然在此時期，唐先生也繼續廣泛的研讀中西哲學名著，而有其哲學見解上的發展，這方面的學理見解表現在其兩大冊的《哲學概論》書中。此書已經對中西（主要是西方哲學）各種哲學問題、理論，給出了唐先生自己的安排與解決。此書應該是《生命存在與心靈境界》的前導著作。

　　（二）唐先生後期的著作（1960-1978）除了用心在建構其哲學理論，完成其心靈九境說之外，也回到中國哲學原典，對於中國哲學史儒道佛各家的思想義理，給出全面的詮釋，而完成《中國哲學原論》六大冊，這一部分的著作，學界閱讀與引用是比較多的，但如同上文所說，由於唐先生所運用的文字典雅，涵

義豐富，表達的方式比較曲折而深奧，書中的精義一般學者不容易全盤掌握。唐先生在開始寫作《中國哲學原論》時，是以中國哲學的重要核心觀念如心、性、理等作溯源，又疏釋其發展，都是通貫整個中國哲學史來討論的。其中對理的六義、老子的道的各層義理，及對格物致知、太極的討論，都非常精到。此諸文都收在《中國哲學原論‧導論篇》中，後來藉著「性」、「道」、「教」三概念，對中國哲學史的全幅內容，給出了既有深度，又有豐富內容的闡述。在《原性篇》中是對整個中國哲學史中人性論的發展給出通盤的考察，對儒道佛的有關思想都討論到。在《原道篇》三卷中，以「道」這個概念為核心來論述儒、道、佛的哲學，等於撰寫了一部內容完整的中國哲學史，又可說是本著中國哲學史以論哲學的義理，由此可以看到哲學在中國自有其獨立的發展。此書可以反駁許多西方學人一直以來都有的以為哲學的思辨只表現在西方，而中國則沒有真正意義的哲學之偏見。《原道篇》卷三集中論述佛教哲學在中國的發展，對於佛教的空、有二宗的思想、僧肇、三論宗、天台宗、華嚴宗、禪宗及天台山家與山外的爭論等，都有深刻的探究。當年牟宗三先生曾作如下的評論：對佛教的了解，在出家人中以印順法師為最好，而在家的居士或佛教學者，以唐君毅先生了解最為深入。由於牟先生的《佛性與般若》體大思精、綱舉目張，成為新儒學對佛學了解的代表作，而唐先生這一方面的見解未免受到掩蓋，其中許多可貴的見解與對文獻的詮釋是有闡發的必要的。《原道篇》只論述到唐、宋間的中國佛教哲學，未論及宋明理學；而《中國哲學

原論・原教篇》則以七、八百頁的篇幅來論述整體宋明理學。唐先生在此書中，對宋明理學的精義提出了他個人的見解，其中有關朱子的詮釋，與牟宗三先生的《心體與性體》的見解很有不同。《心體與性體》被學界公認為講解宋明理學的權威著作，書中對朱夫子有異於傳統的衡定，而唐先生的朱子詮釋其實相當重要，表達了朱子的思想另一理解與詮釋的可能，應可以與牟先生所謂的朱子是「別子為宗」之說並立。這一方面唐、牟見解的不同，近年已相當受到學界注意。又《原教篇》中用了很大的篇幅來討論王船山的哲學，這幾篇論文是學界公認有關船山哲學的最好研究成果。《中國哲學原論》六冊中蘊含了很多重要的見解，是可以整理成為有系統的各個專題研究。

（三）雖然《中國哲學原論》的內容義理已頗為當代學者所注意，但由於這一部分著作所根據的基本理論與見解，其實都在他最後出版的著作《生命存在與心靈境界》中才有比較詳細而且較具哲學性的論述，所以要真正了解唐先生《原論》中的見解與其特出之處，必須配合此書。《生命存在與心靈境界》書中表達的主旨，如唐先生自己所說，其實早已在《人生之體驗》、《道德自我之建立》有所表達，只是此書用比較曲折，較重思辨的方式，又關涉到古今中西哲學的有關論述、見解來作比較討論。唐先生雖如此說，但其實此書內容非常豐富、深入。書中主旨雖然不出早年的著作，但乃是以涉及中西重要哲學理論，來論證自己的哲學見解之作。哲學性的論著如唐先生所說，論述的過程遠比結論重要，此書亦可如是觀。在唐先生早年的著作中已經通過了

哲學論辯的方式來證成其哲學見解，但當年比較是把中西的有關哲學見解融入自己的思辨中或體會中來表達的方式，並未客觀的就有關的中西哲學理論本身來作系統的討論。而此書則以「心靈九境」為內容，展示了各種心靈境界中所含有的各種型態的哲學義理，衡量此各種義理型態的高下、先後，然後以儒家理論的圓滿型態來通觀九境，等於是對他所了解的中西哲學的重要哲學型態給出一判教。表達了人的思想從下而上，從低而高，可以有如何的內容。而他認為如果對此九個人生境界及義理的型態能有真實的了解，從「如實觀」，就可以生起「真實行」，則人的生命存在就可以成為真實的存在，而所謂真實的存在，是存在而沒有不存在的可能者，即此時人的存在，就成為一恆久無限的存在。此如同牟宗三先生所說的人就可以成為即有限而無限的存在——在有限的人生中可以體會無限的意義。而如此哲學的目的就可以完成，唐先生認為哲學的目的在於成教，唐先生所謂的成教雖也有傳統的「成就教化」之義，但他所說的「成教」是要以通達人生各種可能有的心靈境界、明白人的虛靈之心用於境而產生的種種不同層次的義理、不同類型的見解，然後生命才得以通透、清明，如此才可以成為真實的存在。這種成教的作法，一方面固然是個人進德修業的歷程，即工夫修養的歷程，也同時是對古今重要哲人所闡發的合理的見解的了解，從一般的了解進到「真知」的歷程。經過如此的理解與實踐的歷程，即「如實觀」與「真實行」，人才可以完成其自己。這也表示了唐先生要用曲折、周備的哲學思辨開出一套融攝中、西、印思想，而以中國哲學為宗旨

的成德之教之用意。當然他這一目的是否可以達成，是可以客觀討論的，但無論如何此書實代表了當代中國哲學家在面對西方哲學的挑戰，以中國哲學的智慧，運用當代的哲學概念、哲學系統來建構自己的見解，以及重建中國傳統哲學智慧的一個代表性著作。此理論性的哲學著作因為也是如何修德實踐以成聖的理論根據，故一方面以客觀的哲學思辨來表達中國哲學的智慧，也對西方哲學所探索的重要哲學問題如知識論、形上學、神學等問題作出中國哲學的探索與解決；另一方面，此書融攝哲學的思辨於人生的實踐上，而展示了每一義理型態與境界所含有的特殊內容與不同的人生哲學的見解，可說是一部攝思辨於實踐，或由思辨以開真正的實踐之作，是值得我們用心來消化吸收的。

唐、牟二先生基本的哲學見解及對中國哲學的看法大體的方向是一致的，但也有很多細部的不同。唐先生的「心靈九境」論並不能被理解為唯心論，以為一切境界為心所造，因為唐先生認為境對於虛靈的心之形成境界，是有作用、有貢獻的。而雖然境對心有作用，但沒有心的虛靈妙用也不能形成境界，心之虛靈、感通也不限於它所知所感的境，故也不能被理解為實在論。此可見唐先生境界論有他特別的義理。他的此一看法可以與牟先生的「兩層存有」論作一比較，以深入了解這兩位當代新儒學大師對於形上學、本體論的不同看法。

肆、結語

　　如同上文所說，唐君毅先生與中央大學關係十分密切，可以說是大陸時期中央大學所培養出來的大哲學家，當然唐先生的哲學成就大半來自於他個人的聰慧與生命的特質，但中央大學確是重要的外緣。他一生奮進不已，立己立人，這種生命的純粹與精神力量的鉅大，在古今的哲學家中，是非常罕見的。他的哲學思想的發展，與他所處的家國環境、時代的動脈，是分不開的，似乎他是能夠把整個時代的精神掌握住，然後給出回應的哲學家，由於中國文化與哲學在近代的衰微，於是他要重振中國哲學，要在與西方哲學與文化相比較的背景下，努力凸顯中國哲學的智慧與中國文化的特質；由於近現代中國的政治不上軌道，民主建國的目標遲遲未能達成，而且一波又一波的國難接踵而來，生靈塗炭，民無所措手足，而中華民族與文化呈現花果飄零之象，於是唐先生要為中華文化如何能使科學與民主生根，如何恢復民族的自信而努力，此中表現了他生命中的深情與悲願。晚年他又能將精神收斂回來，對傳統的中國儒道佛的哲學給出他的系統詮釋，完成《中國哲學原論》六冊的鉅著，而《生命存在與心靈境界》，是他個人系統哲學的完成，內容的精深誠如徐復觀先生所說，是中國近代自有用「哲學」一詞來論述其思想之著作，所未曾有的。在事功方面，如果沒有他的理想性與堅毅奮鬥的努力，新亞書院是不可能存在的，這在中國當代的教育史上，也佔有重要的一頁。

從以上所述，可見唐君毅先生以他的真實生命，隨順著他個人的生命歷程與對時代的關心，在道德實踐、客觀的事功、對時代問題的評論、學術的著作等各方面都有不可及的成就，可以說他已經展現了一個有限的人的生命，所可以發揮的生命價值的極致。應該是我們這個時代重要的典範人物，中央大學有這樣一位先賢，具體表現了這個學校辦學的精神與理想，可以說是非常幸運的。

參考文獻

文中引述到的唐君毅先生的著作都收錄在《唐君毅先生全集》，臺北：臺
　灣學生書局，2014年，校訂版二刷。各書的完成或初版的年份如下：

《致廷光書》，此書上篇的書信於1938年至1942年寫成

《中西哲學思想之比較論文集》，1943年

《人生之體驗》，1944年

《道德自我之建立》，1944年

《愛情的福音》，1945年

《中國文化之精神價值》，1953年

《人文精神之重建》，1955年

《中國文化與世界宣言》，1958年

《中國人文精神之發展》，1958年

《文化意識與道德理性》，1958年

《人生之體驗續編》，1961年

《中國哲學原論》（上冊），後來改名為《導論篇》，1966年

《中國哲學原論·原性篇》，1968年

《中國哲學原論·原道篇》，1973年

《中國哲學原論·原教篇》，1975年

《生命存在與心靈境界》，1977年

其他：

牟宗三，1968，《心體與性體》（一）。臺北：正中書局。

何一，2011，《悲情儒者與儒者悲情——唐君毅生平、學術研究》。北京：光明日報出版社。

段吉福，2014，《從儒學心性論到道德形上學的嬗變——以唐君毅為中心》。上海：上海古籍出版社。

唐至中編，1991，《唐君毅全集·紀念集》。臺北：臺灣學生書局。

唐端正編撰，1988，《唐君毅先生年譜》，收入《唐君毅先生全集》，卷29。

單波，2001，《心通九境——唐君毅哲學的精神空間》。北京：人民出版社。

牟宗三——重鑄儒家圓教之宗師

李瑞全

國立中央大學哲學研究所教授

壹、生平略述

　　牟宗三先生（1909-1985），字離中，1909年（清宣統元年）夏曆4月25日生於山東棲霞牟家疃祖宅。牟氏一族於明洪武年間自湖北遷於此，已歷十六代，是牟家疃的最大一族。及先生之祖，家道衰落，父牟蔭清公於農耕之外，承祖業經營一騾馬店，後改營纊織業，家道中興。蔭清公有三子，宗三先生為季子，而根據農村傳統，長子留家，次子經商，三子則求學。民國6年牟先生九歲入私塾，十一歲改入新制小學，十五歲考入棲霞縣立中學，開始離家求學，十九歲考入國立北京大學預科。期間曾為國民黨預備黨員，後厭惡黨人之劣行而退出。二十歲讀《朱子語類》而有慧解，時亦涉獵西方流行之哲學如柏格森、杜里舒、杜威、達爾文等之著作。二十一歲入北京大學哲學系，於課程隨張申府、金岳霖、張東蓀等研習羅素哲學、數理邏輯、新實在論、維根斯坦等。同時，先生自學遍讀易書，又特喜英哲懷德海之哲學，依之發揮易學而成《從周易方面研究中國之玄學與道德哲學》一書，於畢業後兩年，即1935年，自費印行數十本分

贈師友流傳。大學三年級時，先生讀《新唯識論》，得遇熊十力先生，深受感發，於儒家義理終身不渝。畢業前一年完婚，後育有二子。

　　1933年先生二十五歲，畢業於北京大學，此後歷年陸續發表多篇哲學專論。1934年因張東蓀引介加入張君勱之國家社會黨，並參與唯物辯證法論戰，為《再生》撰寫多篇時論文章。1935年秋赴廣東任教於私立學海書院，僅一年，書院因故結束而北返。熊十力推薦往山東鄒平鄉村建設研究院見梁漱溟，三問三答而不契。回鄉小住後再赴北平，發表多篇邏輯與數理哲學論文。1937年先生二十九歲，在北平任《再生》主編。時張之洞曾孫張遵騮藉雜誌結交，成終身之友。七七事變，先生經天津南走南京、長沙、衡山，後得張遵騮之助去桂林，1938年曾短期任教於梧州中學、南寧中學等，並代張君勱之《立國之道》撰寫「哲學根據」。1938年秋轉去雲南昆明近一年，生活無著，端賴張遵騮資助度日，而遵騮時亦拮据。熊先生推薦於西南聯大不果。先生生活甚苦，曾致函張君勱，又如泥牛入海，毫無回音，於困頓中發憤撰寫《邏輯典範》一書。後聞張君勱來昆明，先生往見，張推諉為未收到信，遂知張之不誠。秋間，熊先生再推薦往復性書院，先生往重慶拜謁熊先生，師徒相見，慨歎人情之險惡，相感而泣。張君勱堅託請先生再主編《再生》雜誌，先生原不允，唯終以情義之故，答允主編，但明言雲南大理民族文化書院成立即往任教。期間同為熊先生門人之唐君毅先生來訪，學術交談甚歡，成終身知己之交。

1940 年先生三十二歲，以講師名義住於雲南大理民族文化書院。是年已完成《邏輯典範》一書，先生開始構思《認識心之批判》一書。1941 年《邏輯典範》由香港商務印書館出版。是年牟蔭清公在棲霞故鄉因受日人迫害去世。民族文化書院亦因故停辦，先生轉赴重慶北培金剛碑馬一浮之勉仁書院依熊先生。1942 年先生三十四歲，秋天赴成都華西大學哲史系任職，正式獨立講學。先生獨居於一小閣樓，專注《認識心之批判》之寫作，宛似與世隔絕，然實心懷家國，孤獨悲苦，生命疏離至極。迄 1945 年，唐君毅先生任教國立中央大學邀先生共事，乃於秋間自成都轉重慶，任哲學系教授。8 月抗戰勝利，先生深感國人散漫，朝野上下內鬥方殷，不見凝聚向上的氣象，與唐先生論及國家前途，深憂之極，乃有著述中國歷史哲學之想，發揚中華民族之慧命根源，以為民族立命。1946 年先生三十八歲，隨中央大學遷回南京，依輪任制而為哲學系主任，由於方東美不滿學校不發聘書給陳康，排了課而不開講，影響學生修業，先生乃與同仁分擔課務，因而引起方東美不滿。1947 年先生三十九歲，感於文運日衰，乃獨力創辦《歷史與文化》月刊，期間梁漱溟來訂購，先生藉機痛陳時勢，警惕中共，嚴正規諫，望梁漱溟能秉公誠以謀國云云，詎梁只就先生之函作眉批回答，先生激憤之餘全數剪下寄回，以示決絕。《歷史與文化》出版四期即因經費不繼而輟。是年學期結束後，更由於被方東美排擠，學校不發聘書，雖有唐君毅先生為力爭不果。隔年，唐先生亦離開中央大學。先生被辭退後，唐先生推薦往金陵大學與江南大學兩校專任教授之

職，先生來往於南京無錫之間，與徐復觀先生結交，住於徐先生之居所。1948 年唐君毅先生亦轉往江南大學共事，時程兆熊任職於鵝湖舊址之江西信江農專，特邀師友於鵝湖論學，先生提出當今為繼先秦、宋明而為第三期儒學，首倡建立「道統」、「政統」與「學統」之使命。期間陸續發表多篇有關時空、邏輯、數學哲學專文，是為《認識心之批判》一書之章節。1948 年秋，先生轉往熊先生所在之浙江大學任職。1949 年先生四十一歲，春，《認識心之批判》一書完稿。4 月，由於共軍渡江，先生離杭州赴上海，後轉廣州謁熊十力先生，與熊先生訣別，夏秋之間隻身赴臺，暫住於徐復觀先生之《民主評論》的臺北分社，開始了港臺儒學的發展。

　　1950 年先生四十二歲，先生與在港的唐君毅、徐復觀先生共同在《民主評論》與《人生》雜誌發表多篇評論中國時政與發揮儒學於政事的文章，徹底反省中國文化與中華民族的現狀與發展。此後先生與唐徐二先生不斷發表時論，批評大陸與港臺時政，申論和發揚中國文化精神，與民主建國之道。同時先生開始撰寫《歷史哲學》一書。1950 年，將近年在雜誌上的文章集結為《理性的理想主義》，在香港出版，此書後改名為《道德的理想主義》。是年秋天，先生應聘於臺灣師範學院（後改名為國立臺灣師範大學），主講理則學、哲學概論、先秦諸子與中國哲學史等。1951 年先生四十三歲，開始主持師大「人文講習會」，隨即發展為「人文學社」。1952 年，《歷史哲學》完稿，先生自謂此時心力實已極疲乏。1953 年 12 月，《荀子大略》由臺灣

中央文物供應社印行。1954年，《王陽明致良知教》由中央文物供應社印行。由於師大之人文學社浮泛，先生另發起「人文友會」，每兩週一聚，風雨不改，直到1956年轉往東海大學任教為止，共聚會51次，對於激勵學子，傳播中國文化種子的貢獻極大。其中第50次藉唐君毅先生來臺，特邀唐先生主持。1955年出版《歷史哲學》與《理則學》。1956年先生四十八歲，受徐復觀先生之邀轉東海大學通識教育中心任教，9月，《認識心之批判》上冊由香港友聯出版社出版，開始撰寫《五十自述》，回顧前半生之生命歷程。1957年先生四十九歲，《認識心之批判》下冊出版，《五十自述》之第三、四章先在香港《自由學人》刊登。1958年先生五十歲，元旦與唐君毅、徐復觀、張君勱三位先生聯名發表〈為中國文化敬告世界人士宣言〉，由《民主評論》、《再生》雜誌同時刊出。是年先生與趙惠元女士締婚。1959年先生五十一歲，開始撰寫《才性與玄理》，10月三公子元一出生。《道德的理想主義》改由東海大學出版。

　　1960年先生五十二歲，陸續發表《才性與玄理》一書之部分研究成果於《民主評論》與《人生》雜誌。是年秋天，東海大學辭退徐復觀先生，先生為支持徐先生亦辭職，離開東海，應香港大學之聘主講中國哲學，專注詮釋中國經典之工作。1961年2月，《政道與治道》由廣文書局在臺北出版，而《才性與玄理》專章已陸續發表完成，開始撰寫《心體與性體》，發表「朱子苦參中和之經過」於《新亞書院學術年刊》。1962年3月，《歷史哲學》增訂版由香港人生出版社印行。先生與唐君毅先生在香港

發起「東方人文學會」，並應邀在香港大學校外課程部主講「中國哲學的特質」（王煜記錄）。東海大學輯印先生之前的文稿為《魏晉玄學》（共六章）。1963年先生五十五歲，人生出版社印行《中國哲學的特質》，此書十年後由臺北學生書局重印。秋間，人生出版社印行完整版本之《才性與玄理》。1964年發表〈胡五峰知言之疏解〉，並完成康德《道德底形上學之基本原則》之譯稿；此後數年至1967年，先生專心著述《心體與性體》，極少發表單篇論文。1968年先生六十歲，應唐君毅先生之邀由港大轉任香港中文大學新亞書院哲學系，5月，《心體與性體》第一冊由臺北正中書局出版，10月出版第二冊。1969年先生六十一歲，《心體與性體》第三冊出版。1970年先生六十二歲，《生命的學問》收錄先生散見於各雜誌之文章，由臺北三民書局於9月印行。先生繼續消化康德，進行《純粹理性之批判》之翻譯，同時開始撰著《佛性與般若》。1971年先生六十三歲，3月臺北商務印書館出版《智的直覺與中國哲學》，此書標誌先生之第二期康德學之成果。1972年先生六十四歲，第一次應邀出國參加夏威夷大學之東西哲學家會議，開始撰寫和發表《心體與性體》未完成之第四冊，陸續發表相關之研究成果。1973年夏，先生六十五歲，代表先生最後完成的哲學體系之《現象與物自身》完稿。

1974年7月，先生六十六歲，屆齡與唐君毅先生同時從香港中文大學退休。先生此後主要任教於新亞研究所與赴臺講學，先後受聘於文化大學、臺灣大學、臺灣師範大學、國立中央大學

等，並在各大學講學與演講，通常半年在香港半年在臺灣教學。
1975年，《現象與物自身》由臺北學生書局出版。1977年先生
六十九歲，《佛性與般若》上、下兩冊由臺北學生書局出版，基
本上完成中國經典之詮釋工作。1978年先生七十歲，2月2日唐
君毅先生病逝香港，先生痛悼不已，稱頌為「文化意識世界之巨
人」。9月門人編印《牟宗三先生的哲學著作》為先生祝壽，此
書由學生書局出版。1979年先生七十一歲，重新編錄《荀子大
略》，收入後來所寫的名家諸篇研究，合編為《名家與荀子》，
由臺北學生書局出版，8月，《心體與性體》第四冊改名為《從
陸象山到劉蕺山》，由學生書局出版。是年，東海大學成立哲學
系，特聘先生為中國文化榮譽講座。1980年先生七十二歲，4
月，《政道與治道》增訂版由學生書局發行。7月先生應韓國退
溪學會邀請訪問韓國。1982年先生七十四歲，4月1日徐復觀先
生病逝臺北，先生痛為文悼念。9月，《康德的道德哲學》譯註
本由學生書局出版。1983年先生七十五歲，3月，《康德純粹理
性之批判》上冊由學生書局出版，7月續出下冊，10月出版原是
講課錄音整理之《中國哲學十九講》，綜述中國哲學所涵蘊的問
題與發展。1984年先生七十六歲，受頒行政院國家文化獎，3
月，先生七十以後之演講集為《時代與感受》由鵝湖出版社印
行。1985年先生七十七歲，7月，《圓善論》由學生書局出版，
此為先生最後之學術專著。1986年先生七十八歲，所翻譯維根
斯坦之《名理論》完稿，6月應中央大學與中國時報合邀為「柏
園講座」重回中央大學，並作公開演講，學子教授遠道來聽講，

誠為中央大學之盛事。此次講論中，牟先生特別提出中國哲學史上之「十大諍辯」之議題，提綱挈領，綜述出中國哲學的原創性和往前發展的基礎，後來更設為中國哲學研究中心的主要研究項目。1987年先生七十九歲，由於在國內外的學術高度貢獻，獲香港大學頒贈文學博士學位。8月，先生譯之《維特根什坦：名理論》由學生書局出版，其中譯者之言對哲學方法與圓教有總結性之論述。1988年先生八十歲，4月將五十三年前出版之《從周易方面研究中國之玄學與道德哲學》改名為《周易的自然哲學與道德函義》，列為「鵝湖學術叢刊」，由臺北文津出版社重排印行。國立中央大學成立哲學研究所，余傳韜校長特聘先生為講座教授，連續兩年在中央大學講述康德哲學與康德美學等課。1989年先生八十一歲，10月中國哲學研究中心成立，禮聘先生為研究講座，譯述康德之《判斷力批判》一書。1990年先生八十二歲，3月先生講述之《中西哲學之會通十四講》由學生書局印行。12月27日先生來臺參加由東方人文基金會、中國哲學研究中心、鵝湖月刊社主辦之第一屆「當代新儒學國際會議」，以「客觀的了解與中國文化之再造」為題，擔任主題演講。1991年先生八十三歲，以指導學生論文為主，先生譯述之《康德「判斷力批判」》完稿。1992年先生八十四歲，發表譯述康德第三批判之譯者商榷長文「以合目的性之原則為審美判斷之超越原則之疑竇與商榷」，提出真善美分別說與合一說，10月，《康德「判斷力之批判」》上冊，由學生書局出版。先生於12月中旬返臺，出席第二屆「當代新儒學國際會議」，發表主題演講「中

國文化發展中的大綜合與中西哲學傳統的融會」，22日檢查身體，入院治療。1993年先生八十五歲，繼續住院到3月1日康復出院。1月，《康德「判斷力之批判」》下冊出版，完成獨力翻譯三大批判的宏願。先生於4月22日回港，6月正式辭謝新亞研究所任職，回臺定居。12月14日先生道躬違和，入住臺大醫院，至隔年1月7日出院，回家療養。

　　1995年先生八十七歲，健康漸減，3月13日再度入住臺大醫院，16日上午呼吸困難，轉急救室，17日好轉，但醫師認病況有漸次下降之勢，4月5日醫師告以各部器官皆甚衰弱，4月9日病況益差，延至12日下午3時40分與世長辭，享壽八十七歲。

貳、生命的學問：儒者之人生歷程與生命之實踐

　　牟先生在五十歲前後即著手撰寫《五十自述》，對自己五十歲前的生命歷程作一回顧。但此書不只是一本自傳，而是一位哲人反省生命的哲學歷程，具有深度的生命存在之意義。牟先生在反思中見出自己生命在家鄉中宛似在其自己的原始和諧狀況，默然與天地一體。但自離開棲霞故鄉出外求學，脫離鄉土，生命即離其自己，繼而浸淫於純理純邏輯之思考中，實與具體生命分割，生命陷於極度的分裂。抗戰時生命流離，勝利則只見政黨爭權逐利，人心崩潰，共黨已成燎原之勢，憂心如焚，因而激論時事與民族文化之出路，再進而著成《歷史哲學》，以為中華文化完成民主建國大業立基。先生自謂此際心力消耗之極，有「病至

於死」之倦。但由此而感悟悲情三昧，心靈境界提升，乃轉而專注詮釋傳統經典，徹法源底，精神義理日漸圓熟而得以重建生命之和諧，趨於大成。以下綜述牟先生一生之心路歷程。

一、原始和諧：大地之子

牟家疃乃牟氏祖居，村後是牟氏祖塋，梨樹森森，春天花開時，牟先生幼年常獨自蕩游其間，村前清溪，兩岸淺水，或躺在白沙，仰望長空，時讓兒童的牟宗三有落寞而不落寞的感覺，尤於清明時節，子孫後人之膜拜，寒食節與冬休時鄉間野臺戲之喧鬧，更讓人自然閒適而自在。此時，先生處於混沌未開的世界之中，自我尚未凸顯，仍處於生命之在其自己之原始和諧之中，生活樸素，怡然自得。

二、生命之游離：慧根覺情之躍動

牟先生十五歲離開祖居往縣城求學，開始了生命離其自己的歷程。生存於一無家的生活，所學習的是人文世界的各種知識技能，都與質樸農耕生活異樣，生命乃如脫水之魚，容易枯竭而亡。牟先生以巨大心力用於對學術與思想之研習追求上，成功了客觀的思辯結構的建立，但生活離開真實而具體的存在，向純思辯與理解的普遍性追求，生命更日益離其自己。在北京大學的學習中，先生獨感時代精神提不住，而趨向軟塌浪漫，對民族文化

之災難已有所感。先生除了課堂研習西方哲學，深浸於邏輯數理哲學之外，自學則研讀易傳經典，與懷德海之歷程哲學，對宇宙人生具有感性之悟解，寫出了第一部哲學專著，顯示先生之直覺感悟之慧解與哲學之創造性，但生命也開始了往純思辯之客觀而抽象的領域之探究，加以生命之頓挫，抗戰與內戰交織，生命幾成一往而不返之異化。直到完成《歷史哲學》，生命極其疲困，慧根覺情猶然而生，洞明天命而止。此中，熊十力與唐君毅之師友之夾輔，實為重要的支持。

三、師友之輔：從遊於熊十力、交友於唐君毅

牟先生在北大三年級時，因緣得讀熊十力先生之《新唯識論》，更由此得見一不同當時北大教授流俗的真人，而有所嚮慕向上的企盼，更由熊先生之「良心乃呈現」一語，頓悟中國心性學之核心義理所在，歸宗儒家，終身不渝。牟先生初雖不喜唐君毅先生之「文學式」的論述，但自重慶結交，深感唐先生之哲學氣質與玄思之心力，相與論學。日後與唐先生、徐復觀先生在港臺之間互相呼應，批評時政，疏導文化，更成為至死不渝之知交。而在理解黑格爾哲學與辯證法方面，牟先生自承深受唐先生之啟發，而形成對中國文化歷史之深切的哲學反思。牟先生早年的中國哲學，雖有源自熊先生之理念與自己之研習，亦實深受唐先生之影響，尤見於早期之宋明儒學之講習之中。牟先生更進一步之獨創則見於《心體與性體》之研究和出版，此時方形成與唐

先生為當代新儒家之兩大重鎮，同為儒學之高峰，光光互映，異同之間，義理精深之處，未可輕議。

四、生命之存在感悟與圓成

　　牟先生在接近五十歲之時，完成《歷史哲學》力作而來的身心之極度疲倦，回溯前此種種以至「病至於死」的怖慄與虛無無助的存在感受，細細體會此中之悲情與覺情，開始蛻變而有新生。由生命之極度的離其自己之奮鬥，生命徹底之自我破裂，漸回歸於生命自身，領悟破裂中的客觀之悲情，無盡的悲情三昧，乃是真正主體之慧根覺情，由此自我肯認與提撕，再建自家生命之和諧合一。故先生就《五十自述》而指出當時意趣消沉感觸良多，亦由此印證生命內容之真理，見出生命悲苦怖慄之消解之路，故最後期望通過對中國學術生命之重建，光復中華民族之文化，以護祐黃帝子孫之生命。五十之年，牟先生再婚，得過一簡易之家庭生活。而自此之後，牟先生專注於傳統經典之詮釋，由學術而與古聖先賢生命相呼應，通過聖人之教而得證道體道於一身，矗立生命之圓教。牟先生晚年，隨心所欲，渾然與物同體而無一毫工夫相，隨心所欲，自然揮灑，生命暢通而事事無礙，如是物隨心轉而達到德福一致，生命圓融通貫，復與天地合而為一。生命之學問至此而極。

　　以下謹進而簡述牟先生之哲學體系與學術貢獻。

參、兩層存有論與中國哲學之詮釋：聖賢生命之存在呼應

牟先生最早自力完成之《從周易方面研究中國之玄學與道德哲學》，即很有哲學慧根之表現，但此書並不是牟先生之哲學歸宗之所。日後得遇熊先生，方決定其哲學生命之方向與終身從事之哲學工作。因此，牟先生的哲學貢獻須從早期之專研邏輯數理哲學而結成《認識心之批判》一書開始。

一、邏輯與認識心之批判：中國哲學之量論與第一期之康德學

《認識心之批判》一書可說是回應熊十力先生所提中國哲學所缺之「量論」之作。但牟先生此書實已超出熊先生原初之構想，直是深入西方哲學堂奧之著作。其中對西方當代之邏輯、數理哲學與康德哲學之理解與消化，已超出一般哲學研究者之上，直追西方大哲學家之體系。故牟先生當時即自許以《認識心之批判》為重作和取代康德之《純粹理性之批判》。牟先生採取的進路是從西方當代之邏輯數學之研究而步步後返至康德的哲學，因而特有現代之豐厚的哲學理據和創新的建構。此書以邏輯數學為純粹理性自身之開展，建立邏輯數學之純理性之根據，實不同於西方當代的邏輯與科學哲學主流之觀點，而自成一家之言。此論最重要的是證成邏輯數學之超越的根據，給兩者以客觀的安立而

穩住思想的邏輯性與客觀性，不致流於無準的約定主義或形式主義，與乎主觀的隨意性，以顯人類思考之客觀性與合理性。其中建立思想三律之獨立於形式系統之上與思想四格度，以改造康德之主觀主義和建立科學知識之指導原則，極具原創性。雖然牟先生日後再消化康德哲學與倫理學而有更進一步的融會與提升，但此書和所涉及的研究成為牟先生的哲學體系不可分割的理論背景和基礎。其中對於維根斯坦的解讀，更於晚年譯出《名理論》時發揮為圓教理論中的方法上的反省與會通。

二、外王三書的建構：新外王之建構

牟先生來臺前後，已深感時代之災難，不因抗戰勝利而踏上建國之途。自五四以來知識份子對儒家以及中國文化之摧殘，幾無所不用其極，因而一般青年實盲爽發狂，學界中人無知於國族歷史與文化精神，國事日亂而日趨非理性反理性，因而決定返尋本根，深研先秦兩漢之經典，展示中華文化之根源與發展方向。此數年間與唐君毅、徐復觀二先生合作，從多個觀點評論兩岸之政事與時代課題。牟先生依儒家之義理與理想，針砭時政時論，提出道德的理想主義，確立生命之價值與道德主體性，以對抗唯物論與馬克思之階級論。在政論方面，牟先生疏導朱子與陳亮論王霸之辯，回應明末三大儒顧、黃、王反省歷史文化與政治之困局，進而區分道政與治道，建立新的道統、正統與學統之三統論。牟先生在深探中華民族在歷史開創源頭之原始經典中，見出

聖哲之表現為道德的憂患意識，以「正德利用厚生」為主政者之修德治國的實踐方向。但中國傳統政治在一家一姓之統治下，只有治道民主而無政道民主之根源。牟先生認為，這主要是中國傳統文化精神為追求理性之綜合表現或理性之內容表現，缺乏西方理性之分解表現或理性之外延表現，因而只及於聖君賢相的理性治理，在政權上只有理想的禪讓政治，未能開出架構式的民主政治。因此，中國傳統雖有治權之開放，而禪讓政治之理想在現實上被握有軍政大權之獨裁統治所壓抑和排拒，結果只有治權而無政權之民主。而理性之內容和實踐的運用在知識上雖成就豐富的實用知識技能，亦未能開出現代科學知識之學。中國歷史發展到兩漢而定型，於政權無法作出合理安排，成為以武力打天下之局面。王朝內部之王位繼承、宰相難處、內外廷之爭、黨錮之禍等，都無法作出進一步之建構和安排。王朝由興起而腐敗衰落，又由有力者起而佔據之，形成一治一亂之循環。這是由於傳統儒學以內聖直接開出外王之形式所限，牟先生乃提出由理性之綜合運用開出架構的運用，或內聖之學經一曲的辯證的開展，道德本心之自我坎陷，以建立新外王，成就民主與科學，完成道、學、政三統並建之建國大業。

三、中國哲學之詮釋：生命體證之詮釋學

牟先生自外王三書之論述完成後，即著手對傳統之經典之詮釋，原初規劃為原始之典型、兩漢之發展，與乎魏晉、隋唐和宋

明幾個階段。對於清代之學術，牟先生以為乃是在外族統治之下，傳統士人已無復以天下為己任之抱負，考據訓詁之學乃磨蝕士子之工具，儒者也已不足以擔負中華民族文化精神之延續與發展之重任，此亦是中國進入二十世紀時，知識份子之無氣魄無理想也無學識的原因。自清以來的二百多年實無學術經典之可言。或由於先秦經典，特別兩漢，部分已寫於《歷史哲學》，故牟先生繼先秦兩漢之研習，進一步首先研讀撰寫魏晉之玄學。因此，牟先生之中國哲學詮釋首先以魏晉為起點，日後繼續專研宋明儒學與隋唐佛學，消化康德而成兩層存有論的偉構。及魏晉、隋唐、宋明三期經典詮釋完成，著成七大冊的經典詮釋，生命已達八十之高齡，竟終未能回頭完成先秦原始典型的著述。雖然如此，但部分的論述，如兩漢之才性之論已附於魏晉玄學之首，漢易之學則見於更早之論周易之自然哲學一書，而孔孟義理則成為宋明儒學之首卷源頭，雖只簡述，而精義實可見。至於荀子與名家則另有簡短之《名家與荀子》之專論，其中亦略及墨家之名理，至於老、莊，則藉魏晉玄學之分析，亦已略陳其大義。故牟先生對中國傳統歷代經典之消化與詮釋，亦可謂全之盡之矣。

是以，牟先生於外王三書之後，首先完成魏晉玄學的詮釋。《才性與玄理》一書疏理了自董仲舒、王充《論衡》下至魏初劉劭《人物志》所及之中國傳統，依陰陽氣化論人性與才性的一脈發展與內容。宋明以後回歸以孟子之義理之性為主流，才性之論述成為輔助與理解氣稟生命的重要理論。才性之豐富內容，因魏晉名士之提倡，更藉道家之玄理之提升，而形成一中國傳統特有

的人格的品鑒與審美理論，由言意之辯與聲無哀樂論等，而表彰出中國藝術哲學之發展與特色，是中國之音樂、繪畫、書法等哲學根源。牟先生在分析王弼之注易與注老之中，見出王弼注易之打破漢易之象數易學，開展以義理詮釋易經之途，然而王弼對儒家之乾道變化各正性命之道德創造性，總有不契之隔，此見出道家之解易與儒家之易學之不同，亦由此而得以彰著明確。牟先生最重要的貢獻是提出道家所成的形上學的特色是「境界形態形上學」，不但標出道家形上學之特色，更見出道家之更為純粹哲學的義理發揮，所證立的生命境界實可為儒道之共法。牟先生於郭象注莊所發揮的迹冥圓融，四門示相之義，更深能相應而盛發之，由此以見莊子之為能繼承老子之實有形態而發揮為主觀形態之圓融義理，確立道家之圓教形態。

牟先生繼而先完成宋明儒學之《心體與性體》。此書是牟先生正式獨立於唐君毅先生言儒學之外而自樹一幟，成一大家之作。牟先生之宋明儒學詮釋實有多重創新之義，大力地提升了傳統儒學討論的高度。牟先生之宋明儒學並不是一哲學史，而是一哲學義理之研究，故並不順歷史之人物與發生歷程，而主要就儒學的理論開創和貢獻來論述。牟先生提出宋明儒學中最具有代表性的九大家，即周濂溪、張橫渠、程明道、程伊川、胡五峰、朱子、陸象山、王陽明、與劉蕺山。《心體與性體》第一冊總論即申論宋明儒學所發揮的先秦五部經典，即《論語》、《孟子》、《中庸》、《大學》與《易傳》，由此以確立宋明儒學之為「成德之教」、「心性之學」。牟先生更借引康德之自律道德與道德

的進路，確立儒學為「道德形上學」，同時指出有更進於康德之處。牟先生以《心體與性體》首兩卷全面和精密分析周張二程和胡五峰之文獻，建立北宋儒學之基本義理取向。牟先生論證出北宋三子，「天道性命相貫通」之義理以及宋明儒學之大宗均是以性理為即活動即存有之宇宙本體之本體宇宙論，宇宙秩序即道德秩序。明道之心性天是一之一本論更是通形上形下為一之圓教，已隱涵天理人欲詭譎相即之義。牟先生之洞見之一是宋明儒之分系始於程伊川，而其中關鍵乃是性理之是否為即活動即存有。牟先生通過文獻之義理疏解，區分出明道與伊川之哲學義理形態之不同，而其關鍵即是心性之存有論關係。明道之說是以心性為一，伊川（及後之朱子）則是心性為形上形下之分，性為理，心屬氣，因而只承認心具性理，但心不即是理之說。牟先生更以《心體與性體》第三冊專論朱子，可謂是朱子學有史以來最全面和最精詳之經典分析之作，由此確立朱子之義理系統。牟先生細述了朱子經歷從學延平與「中和舊說」之奮鬥，最終回歸伊川而成「中和新說」，而建立「性即理」、「心性二分」、「理氣二分」、「心統性情」、「涵養用敬、格物致知」之系統。朱子先是反對湖湘學派之「先察識後涵養」、「以覺訓仁」等論旨，後又反對象山之「心即理」等源自逆覺體證、心理合一的儒學本旨。故朱子雖為大家，但與宋明儒之大宗實為不同的形態。

　　《心體與性體》由此而有的最革命性的結論是判定朱子「別子為宗」，不是宋明儒之嫡系集大成者，以及提出宋明儒三系之說，於傳統程朱陸王兩系之外，提出北宋三子之嫡傳是湖湘學派

之胡五峰，其核心義理為「以心著性」，與明末之劉蕺山合成為第三系。伊川朱子偏向以性理為只存有而不活動，心性為形上形下之關係，是靜涵靜攝的本體存有論，是一橫攝系統。陸王則是以一心之申展立說，是孟子學。五峰蕺山系和象山陽明系均是本體直貫之縱貫系統。牟先生在詮釋宋明儒學之發展中，同時展示了中國哲學之詮釋方法。牟先生指出，在詮釋經典之初步中必須達到「知性之了解」之字詞概念之意義確定，此是「依語以明義」，再進至「理性之了解」之義理貫通，「依義不依語」、「依法不依人」，同時更要能「為其人以處之」而有實踐上的體證。牟先生提出宋明儒者之詮釋先秦經典，實具備一「生命存在呼應」的創造性詮釋的表現，此即通過語言而領悟到語言所呈現的道，詮釋經典即是一證道的歷程。牟先生於程明道以「仁者與天地萬物為一體」詮釋孔子之「仁」時，特別提出此為一種「生命存在呼應」的詮釋，是一具備實踐體證意義的詮釋。此實有龍溪所謂「解悟」、「徹悟」與「證悟」之實踐成聖之體悟。牟先生乃是依此詮釋之規範而進行對宋明儒之經典，以及其他經典之詮釋，牟先生之宋明儒學可謂展現了中國的詮釋學，是一不同於西方的「生命體證詮釋學」。

　　牟先生十年後再出版第四冊之《從陸象山到劉蕺山》，特以第二序的寫法引介象山之學，又詳論陽明之「致良知教」與王門後學之發展。牟先生尊崇陽明之「四有說」為儒學之「超越分解」之最高度的發展，使儒學之義理大明於世，是一顯教。此書最後以劉蕺山壓卷，由誠意慎獨之學而以意根最微詮釋儒學之根

深極寧之學，不但特舉意之價值根源地位，亦為歸顯於密之以心著性之學。牟先生以五峰蕺山「以心著性」而最終心性為一的形態，有別於伊川朱子之心性二分，陸王之一心申展（涵蓋性天），而為宋明儒學之獨立一系，且更能代表北宋三子之儒學正統。對於劉蕺山以陽明學之流弊為「虛玄而蕩，情識而肆」批評龍溪與泰州派，牟先生認為此乃人病，不是法病。牟先生雖然認為羅近溪之義理系統已俱見於明道之內，但盛讚羅近溪之在工夫實踐上化解玩弄光景而標立的「無工夫之工夫」，工夫而無工夫相，以證「當下即是」之旨。同時，牟先生提升龍溪之「四無說」，批駁了江右派之歧出，認為這是陽明之「四有說」之調適上遂的發展，日後更標定為圓教中別教一乘圓教之高峰，但最終之圓教則在明道之一本論。

　　牟先生之傳統經典之詮釋最高成就在《佛性與般若》一書，也是牟先生自評為最圓熟通暢之著作。《佛性與般若》分上、下冊，上冊涵蓋魏晉以來之六家七宗，以及玄奘所傳之唯識宗與華嚴宗，附及《大乘起信論》，下冊專論天台宗。天台宗本早於華嚴宗，但牟先生於義理分判之結果見出華嚴宗尚非佛學之歸宗之地，佛學之最高圓教是天台宗，故以天台宗殿後，此正可見牟先生之經典詮釋不是哲學史之論述。牟先生綜述六家七宗為前期唯識學，而以玄奘所傳之法相唯識宗為後期唯識學。牟先生評判印度原有之空有二宗之說指出，空宗所主之《大般若經》主旨在以般若智「蕩相遣執」，並非立法之經，而是通於一切宗派之共法。空宗以此立宗，雖有特旨，但卻對萬法缺一根源的說明。唯

識宗則能進而說明諸法之根源，蓋皆來於阿賴耶識。此為妄識，故需轉識成智，轉依還滅。然此乃經驗之分析，尚未至超越之分解。而唯識宗之真如亦只是凝然真如，不能起萬法。《大乘起信論》則進至「如來藏自性清淨心」，對諸法有一超越的根源說明，此則有進於唯識宗，並由一心開二門之架構，說明流轉還滅之依據。至華嚴宗則依《大乘起信論》之義理，肯定如來藏自性清淨心，無量恆沙佛法佛性，盛言佛法身之圓融無礙，圓滿無盡之教。但由於華嚴宗教義之「隨緣不變，不變隨緣」，是一「性起」系統，成佛必「緣理斷九」，是與九法界獨立而成之「別教一乘圓教」，故並非真實之圓教。牟先生指出真正的圓教是天台宗。天台宗所依之佛經為《法華經》，此經不在說第一序之教義，故無種種教法，而只陳示佛之本懷，由此得見佛說種種法之本懷，皆是相應眾生而有種種法，而此種種皆不外是一時一地之權法，因此，天台宗重視佛之本懷在於「開權顯實」，乃是第二序之教理之反省說明。牟先生認為智者大師之原初洞見為「不斷斷」，即「即於九法界成佛」，因而是一「性具系統」。天台宗以「不壞假名而說諸法實相」而立中、假、空三諦，以「一念無明法性心」說明一切法與成佛之依據，特別重視此中無明與法性之「即」義，牟先生特別指出此「詭譎相即」乃是天台宗之發明，是圓教之為圓教所必具之非分解的說明。牟先生推許天台宗之判教，即藏通別圓四教，而增益以空宗為通教、唯識宗為始別教，華嚴宗為終別教，而以天台宗為唯一圓教。牟先生於佛學的詮釋中特別提出依唯識宗之三性，即依他起、偏計執、圓成實三

性，可以通於康德之現象與物自身之區分，即前二者是現象界之執性，偏計所執即相應於康德之時空範疇，由此可以說明科學知識之諦性或真理性，而圓成實即是物自身界之展示。至於《大乘起信論》之「一心開二門」之架構，牟先生更認為是一切哲學的共法，即一切哲學都必須對一切法，大分為相反相乘之染淨、善惡、理氣、有無，等等之法，有一根源之說明，而其終亦必為一心之所涵。而此諸相亦必在一詭譎相即之義下方可如實了解。牟先生之佛學詮釋指出佛學之核心觀念是在般若智之去執與成佛之佛性根據。牟先生由此而建立圓教之明確判準，即，圓教必須由超越分解進至非分解的表示，而存有論之說明亦必須以詭譎相即來表示其圓融一切存有之義。

四、兩層存有論與返本開新之極成：圓善、圓教與判教

牟先生之哲學發展，並非純是理智之表現，而實是一「返本開新」的工作，即通過對傳統經典之詮釋，以確立中國文化與哲學之根本義理，再由此以開出新局，以回應民族與時代之課題。經過近二十年之工作，完成對於魏晉、隋唐與宋明之經典詮釋之後，以及重新消化康德之學，牟先生再綜合而鑄成自己之龐大精深的哲學體系，此即《現象與物自身》一書之作。牟先生在經典詮釋之同時，亦對康德之哲學重新研讀消化，不但最終完成三大批判之譯述，更由結合對中國傳統哲學經典的詮釋，與康德哲學建立起一前無古人之「兩層存有論」。牟先生在此認可康德對知

性為自然立法之義，接受出自知性之先驗範疇為對我們所經驗之現象界有存有論的決定，不止是前此在《認識心之批判》所述之超越的運用而已。但此時之現象界乃屬識心之執的「執的存有論」的範圍。牟先生突破康德的物自身為不可知之彼岸，指出人為「雖有限而可無限」之存有，能由道德實踐體現無限的天道之價值，故能開發出「智的直覺」一面，由此而可積極建立本體界的存有，由是可以支持和證成康德的現象與物自身之超越區分之義。因此，牟先生依陽明學之基礎，以知體明覺為起點，直接開出道德界。由知體明覺之無限意義開出存在界，並成就無執的存有論，此則可涵蓋儒釋道三教之本體界之論述，明覺即可化為儒家之德性之知、道家之玄智、佛家之般若智，同為展現本體界之心體之性能。由成就生命之需求乃有知體明覺之自我坎陷，以成就現象界之知，由此而開出科學知識，以達成知體明覺之道德自我要求之使用。兩層存有論涵蓋和推進了康德的哲學系統，更進而成立人類哲學之歸宿之：完成哲學之理型，即圓教。牟先生以儒釋道三教均為圓教，儒家為縱貫型的大中至正之正盈圓教，佛道則為縱貫橫講之偏至型之圓教。但最後，教無教相，一切相融而為一教，無分何為儒、何為道、何為佛，一切回歸「實相一相，所謂無相，即是如相」。

　　牟先生晚年又進一步寫出《圓善論》一書，以解答康德追求圓善即德福一致的問題。牟先生的進路是由考察《孟子・告子上》一章而引出儒家對德福一致的初步構想，再藉由康德之分解而引至德福一致的解答。牟先生批評康德以靈魂不滅與上帝來保

證之解答為有情識作用，認為順理只去至無限智心，不必人格化之，更不必擬設不滅的靈魂來讓德福一致可以完成。牟先生的分析指出唯有在圓教意義之下，圓善才真能證成。牟先生在此充分發揮圓教之意義，提出明確的非分解的進路與詭譎相即之義理。牟先生建立了儒釋道三教之圓教與圓善。對於儒家之圓教理論，牟先生更作了進一步的說明。牟先生在此仍然以王陽明之致良知教為儒學之超越分解之極至，認為王龍溪之「四無說」已能消除致良知教之心意知物之相，而歸於一體圓融而不見分別相。但牟先生仍然以為程明道之「一本論」才真是儒家圓教之典型，再輔以胡五峰之「天理人欲，同體而異用，同行而異情」之說，即可見儒家圓教之詭譎相即之圓融義理。而在圓教之下，德與福詭譎相即，故「無明即法性」、「煩惱即菩提」、「天刑即是福」、「道亦器、器亦道」、「天理即人欲」，物隨心轉，所謂「物邊順心即是福」，則世間之種種事物皆因個人之修德而呈現為相應之福（或禍）。故德福一致不是分解式的德即是福，也不是康德義之綜合的結合，而是詭譎相即意義之下的一致。是以，德福一致的問題須進至圓教方可能真正解答。

肆、一生志業：再造中國文化與哲學

牟先生曾自述一生之際遇，在青年、中年都非常艱苦，只有點晚運，得以在教育英才和學術上有所建樹。牟先生以純樸之質，秉持理性直道而行，年輕時即對民初以來的學界名流教授之

隨風氣，趨時式，恭維青年，以及政黨之以非人性反人性之意識，顛倒是非的風氣，都很有反省和獨立自主的精神，對學術權威絕不阿附。牟先生於大學時即反駁胡適，後直陳梁漱溟之鄉村建設為不足，雖說有青年之狂狷之性，但亦是據理而論，並不懾於著名學者而畏縮。牟先生此一直道而行的鯁直個性，雖在最顛連困苦之時，亦不改易。在抗戰期間，牟先生不但生活困苦，於國事深感無力，只能發為對政黨中人激憤的怒罵。而在物質條件極缺乏之時，獨在狹小的閣樓中專注邏輯數學之演算，建構中國的量論，為中國文化所最缺的一環作出前無古人的貢獻。此時牟先生實是常在內外煎熬之中，生命似與時勢完全不相干而又不能放下，內心是在水深火熱之中而備受折磨。牟先生自述在此段期間，生命宛似割分為兩截，純粹理性與極度感性需求同時交織，生命浸沉在極抽象也極耗心力的數理邏輯之中，而感性情感的生活上又一無著落。半夜無人，身心俱裂。由此而有病至於死的極度的心倦。然而，牟先生反省自己生命與家國之悲慘境況，自覺對生命國族之悲情，生命也在此悲心覺情之浸潤中。牟先生由此悲情之自覺，深化生命之體證，提升自己的生命，確立此悲情三昧中的慧根覺情，打開超越的道德宗教的境界，再邁出為中國文化尋找出路和積極建設的方向。由是寫出一部部經典巨著。

牟先生中年以後，在港臺講學，培養了兩個世代的學人。牟先生之睿識固然是學生所欽敬，而牟先生之愛護照顧學生亦是使學子感受極深的人格典型。牟先生亦如孔子，常與學生一起，不但褒貶古今天下，縱論中西學理，更關注學生生活學習情況，對

學生之關懷照顧是日常生活之事。牟先生上課，總是先安坐講臺前，宛似默想今天的主題，幾分鐘後乃在黑板上寫下題目以及一兩段文獻，隨即清音徐發，環繞課題，輾轉引生，精義入微。偶有相關之處，牟先生也藉此評論時人世事，不但可見牟先生之關懷天下家國之胸襟，亦是指引學子知時論勢，發揮哲人之深思至理於日用倫常。牟先生最能透澈掌握所講之哲學義理，講學時宛似世間大哲重臨，在講康德哲學時，宛似康德親臨，在眾人面前親自說法，磬無不盡，圓音所至，人人有感。牟先生對講課時間之掌握亦神奇地精準，每到下課，必是主題之講述正好終止之時，首尾連貫，無一毫之遺缺。所以下課時，人人心滿意足，神意興發，有吟風弄月之感。牟先生之講學被譽為說法第一，誠非虛言。

　　牟先生常引述熊十力先生之言曰：為學不易，做人實難。在先生所歷之年代，戰亂流離，自然更不容易。有學者問工夫問題，牟先生說自己不做工夫。此不做工夫是羅近溪無工夫之工夫之義。牟先生之工夫即在日用倫常之中。牟先生與大人小子也只是自然相處，固然望之儼然，而即之也溫。先生對學生鼓勵涵容良多，於學生之不肖也常感懷在心，實深念之。而隨機評隲時人時事，義利之辨極其自然。如某國府軍政重要名人以先生深切於為中國哲學推展之望，願以無限支持成立中國哲學研究中心，但要求設於軍部某處，以便培訓軍人云云，牟先生當下淡然婉拒，不為所動。此可見牟先生之行事自然流暢，無礙於心。最後，謹以牟先生晚年數語作結，以明先生之志業。

牟先生在八十大壽時自述說：

我自大學讀書以來，六十年中只做一件事，即：反省中國之
文化生命，以重開中國哲學之途徑。

此數語簡要地涵蓋了牟先生一生之志業。六十年只為一大事
業，此見先生生命之精純。牟先生深切反省中國文化之精神與生
命，完成對中國傳統經典之詮釋，返本而開新，建立體大思精的
哲學體系，把中國哲學推上人文世界之頂峰。此一取向，牟先生
在寫五十自述之時，即已有一自省：

學術生命之暢通象徵文化生命之順適，文化生命之順適象徵
民族生命之健旺，民族生命之健旺象徵民族魔難之化解。無
施不報，無往不復，世事寧有偶發者乎？

旨哉此言！偉哉此言！牟先生在五十歲之後的三十年，全力
投於傳統經典之詮釋與學術之疏導，正是為暢順與調護中華文化
與民族之生命，以脫離自二十世紀以來中華民族之魔難，徹法源
底，以金剛大力，挽狂瀾於既倒。但牟先生一生之努力，亦實不
止為中國，也是為全人類之奮鬥。故牟先生在最後回顧一生時
說：

我的一生，可以說是「為人類價值之標準與文化之方向而奮

門」以申展理性之過程。

　　牟先生自研習哲學，所專注之事即是為人類理性而奮鬥。然牟先生之哲學與文化之反省，自亦不限於中華，乃同時為人類發展到二十世紀而作深刻的反省，亦實是對人類全體的理性與文化作出最大的承擔，而作出終極的貢獻。偉哉牟氏之子，儒門之智者！

　　（附識：本文所述牟先生之生平主要是參考蔡仁厚先生之〈學行紀要〉，此文收於蔡仁厚著《牟宗三先生學思年譜》，後又收於《牟宗三先生全集》。此部分亦參考了參考文獻中諸專書。在本文之撰寫中蒙深圳大學王興國教授贈《大家精要：牟宗三》、《契接中西哲學之主流──牟宗三哲學思想淵源探要》等書，國立中央大學文學院楊祖漢院長就內容上之建議，國立中央大學人文中心專任助理鄧曉婷女士提供牟先生在中央大學教學之資料，以及國立中央大學哲學研究所博士候選人梁奮程同學提供多種網路資料和文獻等，特此誌謝。）

參考文獻

王興國，2011，《大家精要：牟宗三》。昆明：雲南教育出版社。

王興國，2006，《契接中西哲學之主流——牟宗三哲學思想淵源探要》。
　　北京：光明日報出版社。

李山，2006，《牟宗三傳》（增訂本）。北京：中央民族大學出版社。

蔡仁厚，1996，《牟宗三先生學思年譜》。臺北：學生書局。

顏炳罡，1995，《整合與重鑄——當代大儒牟宗三先生思想研究》。臺
　　北：學生書局。

顏炳罡，1998，《牟宗三學術思想評傳》。北京：北京圖書館出版社。

潘重規教授的學術及其在中央大學的歲月

鄭阿財

南華大學文學系教授

壹、前言

一代國學大師黃季剛先生在南京中央大學的教學歲月中（1928-1935），培育了不少語言、文字、經學、文學等方面的著名學者，潘重規先生便是其中最為突出的一位。潘先生在中央大學就學期間，受到中文系諸多名師的啟迪，厚植紮實的學術根柢。1949年後，潘先生在港、臺、南洋等地亦培育了無數的學者，貢獻良多，影響深遠。在近代學術史上，開創許多新局面，終生為發揚中華文化而努力，印證了常言所說的：「一所大學可以沒有宏偉的建築，但不能沒有大師，只有大師能培養更多的大師。」也只有在黌舍有大師的氛圍薰陶下，優秀人才方更能出類拔萃。

欣逢中央大學成立百年，「中央大學百年校史叢刊」編委汪榮祖教授邀我對潘重規先生的求學過程、學問成就與經歷撰文介紹，本人雖忝為潘先生的弟子，但對先生早年在南京中央大學的生活所知甚少，實難承命。汪教授略帶訓勉的口吻說：「正因為現在知道潘先生早年學思歷程者少，你們更應為師門盡心力。」

思前想後，先生在中央大學已是八、九十多年前的事，昔日師友多已作古，親耳聽聞先生事蹟者也不多。我有幸自民國63年（1974）春以來，親炙先生近三十年，在課堂及日常生活間，多少偶聞先生敘及當年南京中央大學歲月中的點點滴滴，雖是個人有限的知聞，然略加敘述，既可聊表緬懷恩師之思，抑或可供後學景仰先生之一助，並作為中央大學百年校慶的獻禮。

貳、生平與經歷

潘重規先生，安徽省婺源縣人（今江西婺源）。民國前4年（1908）2月14日（陰曆戊申年正月13日）生。本名崇奎，小名夢祥。章太炎先生為之易名為「重規」，黃季剛先生因易其字為「襲善」，石禪則先生自號也。民國13年（1924）畢業於贛州第四中學，後即考入南京國立東南大學（今中央大學）中文系，從王伯沆、黃季剛諸先生學。黃氏精於小學（文字、聲韻、訓詁）、文選學，王氏兼及《紅樓夢》，於是道途蕩蕩，廣心博騖。1930年中央大學畢業後，任教於武漢湖北高中，民國23年（1934）奉師命返回母校中央大學中文系擔任助教。民國26年（1937）抗戰軍興，隨學校西遷重慶，流離入蜀，後轉任三台國立東北大學中文系副教授，成都國立四川大學中文系教授、系主任。抗戰勝利後，任上海國立暨南大學中文系教授、安慶國立安徽大學中文系教授兼主任，繼而泛海講學於香港文化書院，渡海來臺後，任省立臺灣師範學院（即今國立臺灣師範大學）國文系

教授、系主任。

民國40年（1951），每週週日上午八時至十時，先生於師大禮堂為社會大眾開講《四書》，並輔導成立「人文學社」，傳播文化之功，騰於眾口，劉真院長稱譽有加。又編撰《民族文選》、《正氣文選》等，宏揚五千年民族精神、人倫之美，深受稱道。

先生研究《紅樓夢》，引申民族大義，民國40年5月22日應臺灣大學中文系邀請講演，講題：「民族血淚鑄成的紅樓夢」，舉座感動。胡適執舊說，先生斥之不顧也。又與羅家倫辯簡體字，擇善固執，至今兩岸多仍繁體字，先生之卓識可知矣。

之後，為營救深陷大陸的母親，遂赴新加坡，任教南洋大學，幾經周折，終得如願，迎奉太夫人寓居臺北。隨後改任香港新亞書院教授、文學院院長，直到退休。民國62年（1973）秋應聘法國巴黎第三大學博士班客座教授，隔年（1974）春應中國文化大學創辦人張其昀先生之邀，返臺出任中文研究所教授、所長兼文學院院長，迄民國76年（1987）退休，獲聘東吳大學講座教授。

先生晚拾敦煌散帙，致力尤勤，遠涉英、法諸圖書館，勘對原卷，自詡：「敦煌石窟寫經生」，甚至隻身遠役，深入俄國列寧格勒（今聖彼得堡）批閱敦煌寫卷與《紅樓夢》抄本。1974年，法國法蘭西學院有見於先生敦煌學研究的卓越成就，特主動頒予代表法國漢學最高成就的茹蓮獎（Julian Price）。1976年韓國嶺南大學贈予名譽文學博士學位。1992年，中國敦煌研究院

為推崇先生在倡導敦煌學研究投注的心力及研究與貢獻，特由院長段文傑先生率團來臺頒贈該院榮譽院士頭銜。1995年，行政院為表彰先生發揚中華文化的卓著貢獻，及在敦煌學研究的輝煌成就與倡導敦煌學的不遺餘力，特頒贈「中華文化獎」。2000年7月，中國國家文物局、甘肅省人民政府及敦煌研究院為慶祝敦煌藏經洞發現一百週年，表彰先生的成就與貢獻，特頒予「敦煌文物保護研究貢獻獎」。先生九十高年仍為中國文化大學、東吳大學、國立臺灣師範大學榮譽講座教授，民國92年（2003）4月24日辭世，享年九十有七。

參、學術成就與貢獻

先生學術研究多方，可謂博雅淹通。依其階段次第，主要有：小學、經學、詩學、《文心雕龍》、《紅樓夢》及敦煌學。其中，以紅學、敦煌學之成果最為豐碩，影響也最為深遠。茲簡述大要如下。

一、敦煌學的研究成果與貢獻

先生真正開始接觸敦煌寫本是在1939年，他應聘到四川三台東北大學中文系任教，當時主任姜亮夫，借他法藏敦煌唐寫本

《尚書釋文》殘卷的照片，他不但排日摹寫[1]，並撰寫〈敦煌寫本尚書釋文殘卷跋〉[2]，這是他第一篇有關敦煌學的研究論文。之後，研究不斷，直至2001年止，總計發表敦煌學的相關論著，計專書15種，論文86篇。涉及經學、文學、語言、文字、佛教典籍等主題。

經學方面：主要以《尚書釋文》及《詩經》寫卷的整理與研究最為著稱。其中〈敦煌寫本尚書釋文殘卷跋〉一文，主要發現巴黎殘卷所存內容，與今本《經典釋文》多所出入，敦煌寫卷是先唐寫本，可據以訂正清代段、王諸儒的訛誤，經持與宋本相校後，發現凡此卷之古文，或全刪，或改易，恰與《崇文總目》載「陳鄂奉詔刊定《尚書釋文》」之說正合。此文甚獲各方好評，時四川大學中文系主任向忠魯大為讚揚。

1957年，先生任教新加坡南洋大學，受邀參加歐洲國際漢學會議時，趁機到歐洲各大圖書館訪書，親眼目睹敦煌寫卷。此後，每逢寒暑假便奔走於倫敦、巴黎，披閱敦煌藏卷。1967、1968、1969三年間盡讀英、法所藏敦煌《詩經》卷子，研究成果結集成《敦煌詩經卷子研究論文集》一書。總結諸篇所論可覘六朝唐代詩學之風氣；可知經卷章句，標題前後，初無定式；《五經正義》自唐迄北宋，皆與經注別行；敦煌詩經卷子，有書

1　先生《三台日記》（民國29年1月至5月）中對於接觸法藏敦煌唐寫本《尚書釋文》殘卷照片，喜悅之情處處可見，排日摹寫，並撰論文。

2　〈敦煌寫本尚書釋文殘卷跋〉，原載《志林》第2期（1941年2月）；又《學術季刊》3卷3期（1955年3月），頁15-29。

字於側者，有注音於側者，實宋人注疏釋文合刻之先河。

敦煌文學方面：先生對最具特色的變文、曲子詞、雲謠集、通俗白話詩、敦煌賦等等，既作總結整理，又多開創之論。如《敦煌雲謠集新書》細校原卷後，訂正了自來許多誤認、誤校與誤改，解決長久以來的諸多問題；並影印原卷全部照片，附上摹本，參校各家，作成定本，提供敦煌曲子詞研究者正確之文本憑藉。此一完美的整理方式，遂成董理敦煌文獻之法式。

敦煌變文的發現，解答了中國俗文學上許多疑案，先生發現《大唐慈恩寺三藏法師傳》卷九提及之《報恩經變》一部，應是《報恩經》之俗講經文，可見「講經文」亦可稱為「變」。列寧格勒藏之《雙恩記》，內容即《報恩經變》，知變文亦可稱「記」；因此「變文是一時代文體的通俗名稱，它的實質便是故事；講經文、因緣、緣起、詞文、詩、賦、傳、記等等不過是它的異稱。」〈敦煌變文新論〉一文對確認變文性質與名稱實具有發現與發明之功。

除變文理論之探究外，更在《敦煌變文集》之基礎上訂正其脫誤，完成《敦煌變文集新書》，不僅增添舊書以外之新材料，更提出個人之新說法，成為繼《敦煌變文集》而為研究變文者之主要文本依據。

敦煌詩歌方面：先生據原卷對《補全唐詩》、《王梵志詩校輯》進行精細、正確之考訂，使補《全唐詩》的工作能更臻完善，又恢復王梵志詩的原貌。此外，又針對王梵志生平事蹟發表〈王梵志出生時代的新觀察——解答全唐詩不收王梵志詩之謎〉

及〈敦煌王梵志詩新探〉，舉陸羽之身世與戴震「十歲始能言」為證，認為王梵志乃一棄嬰，《桂苑叢談》記載王梵志出生隋代之說可信；並證以P.4987號〈王道祭楊筠文〉而推知王梵志是隋代人，是《全唐詩》編者不收錄「王梵志詩」之真正原因。另外，又針對敦煌賦寫卷原卷展開校誤明訛，補闕去衍的校錄，使沉埋千載的敦煌賦，怡然理順的公諸於世。

語言文字方面：姜亮夫《瀛涯敦煌韻輯》是《切韻》殘卷最大規模的整理。先生發現姜書不但漏抄，更在序文前擅加「王仁昫序」四字，乃通校姜書，諟正姜書錯漏不下二千條，寫成《瀛涯敦煌韻輯新編》一書。

「文字是基礎，目錄是門徑」，先生特將數十年披閱寫卷解讀文書之經驗，撰成〈敦煌卷子俗寫文字與俗文學之研究〉，將寫卷中俗、訛、繁、簡等複雜問題歸納出條例，並列舉寫卷文字印證，成為研究敦煌俗文學必備的條例。為協助解除俗寫文字的迷障，特編纂《敦煌俗字譜》提供解讀敦煌文書的工具。另發現〔遼〕行均編《龍龕手鑑》，係根據寫本編纂而成的字書，其所據文字正與敦煌寫本相同，均是俗寫文字之淵藪。此論一經發表，震撼學界，《龍龕手鑑》遂成為幫助解決敦煌寫本文字障礙不可或缺的工具書。

整體而言，除上述研究的卓越成就外，其對敦煌學發展更有以下幾點重要的影響與貢獻：一、首創《敦煌學》專刊，使中國之學，還歸中國之文，積極推動敦煌學研究之發展。二、倡印敦煌寫卷影本，鼓吹影印全部中央圖書館館藏敦煌卷子，促使資料

流通，方便學術研究。三、開設「敦煌學課程」，積極培養研究
人才，指導碩、博士撰寫論文數十篇，為臺灣地區敦煌學研究打
下厚實之基礎，開墾出臺灣地區敦煌學研究之一片園地。四、鳩
集人力編纂《敦煌俗字譜》、《龍龕手鑑新編》[3] 等解讀寫卷的
工具書，掃除文字解讀之迷障，提供閱讀敦煌原卷一把鑰匙。

目前臺灣從事敦煌學研究者，幾乎出自先生門下，其於敦煌
學貢獻之巨大，促進臺灣敦煌學研究發展的影響之深遠，可以想
見。

二、《紅樓夢》之研究與貢獻

先生跳脫傳統學術獨樹一幟的成就，除敦煌學外，就是《紅
樓夢》的研究。研究紅學史者，往往將先生歸之於「索隱派」。
從1951年〈民族血淚鑄成的紅樓夢〉第一篇研究論文開始，一
系列論文，他提出個人的許多新解。著有《紅樓血淚史》、《紅
樓夢新辨》、《紅學六十年》、《紅學論集》、《紅樓夢新解》
等專著。他主張《紅樓夢》許多地方不全是曹雪芹創作，內容也
不全是有關曹家的故實，而是和清初許多政治上的事情有關係。
這個說法對於五四運動以來深受胡適之、顧頡剛、俞平伯等人幾
乎成為定論的「曹雪芹自傳說」，不免產生了衝擊。其實，先生
研究《紅樓夢》，並非如一般人認為是沿襲清代以來到蔡元培

---

3 潘重規主編，《敦煌俗字譜》（臺北：石門圖書公司，1978）；潘重規主編，《龍龕手鑑新編》
（臺北：石門圖書公司，1980）。

《石頭記索隱》出現的那些議論。柳存仁先生說：是從他研究明末清初這個時期在歷史中的許多活動和發展出發的。他注意明清間的歷史，1958到1962年寫過《亭林詩考索》，發現顧炎武有許多首大家看不懂的詩，是因為會被清政府認為違礙的字眼都用《廣韻》鄰近的韻目代替了。他研究錢謙益、柳如是反清事跡，發現《投筆集》裡面收了錢牧齋作的〈後秋興〉詩十三疊，每疊八首，用杜甫〈秋興〉八首詩的原韻，抒寫他和柳如是在順治16年到康熙2年（1659-1968）暗中聯絡鄭成功、瞿式耜等反清復明活動時的激亢、興奮，直到悲痛絕望的心情。這些文字，雖不是研究《紅樓夢》，但是對先生治「紅學」的看法，應曾發生發酵的作用。

先生除了個人對《紅樓夢》的研究提出了一些新解、新辨外，他的影響與貢獻更在研究人才的培育與研究發表園地的開闢。1966年首先在香港中文大學新亞書院開設《紅樓夢》課程，散播《紅樓夢》研究的種籽。1967年創辦了第一本以《紅樓夢》專書作為學術專門刊物的《紅樓夢研究專刊》，刊載國內外有關《紅樓夢》研究的重要篇章，促進紅學的發展。1974年，先生從香港退休返臺，在中國文化大學任教，繼續開設《紅樓夢》課程，成立「紅樓夢研究小組」，賡續《紅樓夢研究專刊》的編印，指導研究生撰寫論文，帶動了臺灣《紅樓夢》教學與研究的風潮。

另外，為了訪求《紅樓夢》的版本，1973年前往列寧格勒（今聖彼得堡），並撰寫列藏本《紅樓夢》抄本論文多篇。

先生在《紅樓夢》研究的另一貢獻，便是《校定本紅樓夢》的出版，1959年《乾隆卅九年抄本百廿回紅樓夢稿》的發現，立即在學界引起重大的關注，提供了許多紅學上，如前八十回、後四十回、稿本、續書、改文加工等錯綜複雜問題重要、嶄新而可靠的材料。但是，抄本的文字，有時潦草難認，有時模糊不清，有的塗抹，有的圈改，有的密密麻麻旁加，有的整條整頁添補。1966年先生開始發動學生，經過兩年多，抄成一份清本，並加句讀標點，成為一個人人可讀的本子。其中過程，詳見〈十年辛苦校書記——乾隆抄本一百二十回紅樓夢稿校定本的誕生〉。最後終於在1983年出版了《校定本紅樓夢附札記》，全書以朱墨分色套印，呈現稿本的特色與文字修改的過程，讓人可以一目了然。

三、小學、經學及文學等方面的研究與貢獻

眾所周知，小學、經學、文學是季剛先生之擅長，先生承繼其精髓，曾為季剛先生《集韻聲韻類表》撰寫述例，並編纂《經典釋文韻編》、《敦煌俗字譜》、《龍龕手鑑新編》、《廣韻譜》等專門性研究書籍，於小學之學術貢獻，實是遠大。

此外，尤為學界所稱道的則是力抗羅家倫簡字運動、開創敦煌俗文字學、編定電腦漢字Big5碼用字的選定等等，這些更是超越個人研究成果的影響與貢獻。

經學是先生最早涉及的學術領域，其中較為集中的主題為

《詩經》。

　　先生親炙季剛先生，熟讀《文心》，且多有心得。1961年於香港新亞書院講學時，特出版季剛先生之《文心雕龍札記》，末附先生〈讀文心雕龍札記〉二十四條，既發揚師學，又呈現繼承師學之部分成果。之後更據英藏 S.5478 唐人草書《文心雕龍》殘卷照片，撰成《唐寫本文心雕龍殘本合校》，特擷錄諸家題記，詳列校文，附原卷照片，闡明唐寫本之勝處，袪學者莫衷一是之惑，且省讀者繙檢之勞。其考校結果，受到學界肯定而引為定論。

　　除了致力於唐寫本《文心雕龍》文字的考校外，對於劉勰《文心雕龍》的思想歸屬問題尤為關切。先後撰寫了〈劉勰撰寫文心雕龍的新探測〉、〈劉勰思想以佛學為根柢辨〉等論文，證明劉勰依定林寺釋僧祐之前，已學養有素，文名早著，釋僧祐整理經藏，特邀劉勰至定林寺擔任編輯工作。又撰《劉勰佐僧祐撰述考》，分從僧祐「勞搜集、疲法事、躬營造、晚多疾」四方面說明僧祐不能親撰的原因；並進一步羅列證據，條陳事實，以明真相。考明彥和撰述之實況，與前文相互輝映，頗有助於釐清《文心雕龍》一書之撰著時間、背景、思想根柢等重要問題。

肆、在南京中央大學的那段日子

　　中央大學起源於 1902 年開始籌建的三江師範學堂，1905 年更名為兩江優級師範學堂，辛亥革命後停辦。1914 年，在兩江

優級師範學堂原址籌建南京高等師範學校。1921年，改為國立東南大學。1927年，國立東南大學等江蘇省九所專科以上學校合併為國立第四中山大學，1928年定名為國立中央大學。學科齊全，居全國之首，是中華民國大陸時期高等教育的第一學府，素有「北北大，南中大」之稱。

先生民國14年（1925）考入東南大學中文系，至1939年轉任三台東北大學中文系教授，其在中央大學的歲月長達十四年，有學生的學習生活，有擔任助教協助教學的工作，還有教師身分的授課。學生時期，有王伯沆、吳瞿安、胡小石、汪辟疆、汪旭初等國學大師調教外，特別是追隨季剛先生的問學，研經窮理，名師高徒，相得益彰，傳為美談。奉師命返校任助教親炙季剛先生的日子裡，無論是治學、為文；山水遊賞、文人雅集，更是先生厚植治學根柢，開闊學術視野，成就淵博學識的關鍵期。以下參酌先生回憶有關之記敘、季剛先生日記、以及個人之聽聞，約略整理，依階段略述先生在中央大學那段優遊學海的歲月。

一、天眞灑脫遊湖寫作，多采多姿學習生活

民國13年（1924），先生在舊制中學畢業後，投考南京東南大學（即後來的中央大學），分發入東南大學附屬中學高中三年級。當時正值新舊制中學交替之際，新制的高三相當於大學預科。因此，自由自在地旁聽中文系王伯沆（瀣）、吳瞿庵（梅）、胡光煒（小石）諸先生的課程。隔年（1925），正式考

進入中文系。入學後，選讀、旁聽有：理學大家王伯沆先生的四書、杜詩、高級作文，駢文大家李審言（詳）先生的文選學、韓文，古文大家姚仲實（永樸）先生的桐城文等，全是高年級課程，毫不在乎一年級的必修課程。所以時間較一般同學來得從容，生活也顯得優遊而寫意。

記得先生曾說他常去南京市北面的玄武湖泛舟，欣賞那裡嫵媚的湖光山色。別人是清晨一早從城外趕著進城，他則是天還沒亮就提著空水瓶，帶著湯匙出城，趕著到「後湖」（玄武湖俗名「後湖」）去擷取荷葉上的露珠兒，帶回烹煮沏茶。談說之間，臉上依然洋溢著浪漫喜悅的神情。昔日湖光山色，荷花娉婷，雞鳴寺鐘聲清揚之情景，彷彿重回於眼前。當時先生曾先後寫下數首七言絕句，其中三首如下：

〈戊辰夏日雨霽泛舟南京後湖暑荷競放〉
水雲十里綠溶溶，拭淨平湖映碧峰，
行到芰荷清絕處，寺樓波底一聲鐘。

〈次日清曉復泛舟湖中，擷荷露盈缾〉
殘月朝陽澹遠山，水禽幽宿媚風鬟，
江湖清味知何許，人在花情鷗夢間。

〈烹荷露，茗飲〉
一湖清氣與香風，盡在松枝活火中，

不共中冷誇第一，本無色相住虛空。

以松枝烹煮荷露沏茶，茶湯滑潤甘甜，可媲美天下第一的「中冷泉」。如此的生活意境，名位利祿、悲歡苦樂，都如荷露般無色無相，為空為幻。

正因如此，所以一般大學四年，修完一百三十二個學分就畢業，先生卻從民國13年到19年整整讀了六年，修習了一百六七十個學分，超出規定甚多。他選讀了季剛先生的「經學通論」、陳伯弢（漢章）先生的「史學通論」、胡小石先生的「文學概論」，但一年級必修的「國學概論」卻沒有修，八學分的體育課，僅修了兩學分，最後還要校務會議討論，到民國20年1月方才獲得中央大學的正式文憑。結束了他在中央大學多采多姿、天真灑脫及癡迷讀書的學生生活。

二、因詩作受賞識，勤學習多互動

先生非常用功，舉凡《十三經注疏》、《說文》、《廣韻》、《四史》、《文選》等，均細加圈點。又常讀佛典，尤喜《楞嚴經》。求學階段，深受王伯沆、黃季剛的啟發與影響，這是當時學界所欽羨且引為美談。先生在〈母校師恩〉一文中，特別強調說：「溧水王伯沆師、蘄春黃季剛師，恩重如山，銘心鏤骨。」

王伯沆先生（1871-1944）名瀣，晚年自號冬飲，師從文廷

式、陳三立、俞明震等人，以才氣見長，博學洽聞。曾擔任陳寅恪先生昆仲的家學業師，是清末至民國年間著名的國學大師。是周法高教授的岳父。

　　先生自認：心性方面，受伯沆先生的薰陶最大，學問方面，受季剛師的教誨最多。先生最初晉謁伯沆先生時是一年級新生，當時是由四年級高材生謝季璋（奐文）先生引見。入學後，選讀和旁聽的課程中就包括伯沆先生所講授的四書、杜詩、高級作文。杜詩課程的試卷為習作，先生以〈丙寅夏歸家雜詩〉、〈經亂得家書〉兩組五首詩篇，獲得伯沆先生的讚賞，給予八十五分的高分。當年批改過的試卷先生妥為保存，其影本如下：

潘崇奎詩作試卷

王伯沆先生

　　民國 17 年（1928）春，汪旭初（東）先生任中央大學中文系主任，特敦聘季剛先生南來任教。季剛先生當代大師，名滿天下。優異的同學，課餘多往寓居拜謁問學。先生在讀完一學期

後，準備回家省親，特去向伯沆先生告辭。當時系主任汪旭初先生正憑欄眺望，見先生從樓梯上來，便問曾否拜謁季剛先生，先生答說：「我感到自己學問淺薄，不敢煩擾尊師。」旭初先生說：「黃先生看過你的試卷，還很不錯，你儘可去他府上請教。」季剛先生《閱嚴集全文日記》戊辰年十日戊戌（1928年6月27日）也記載著：「校中送試卷來，潘崇奎甚可成就。」

隔天，先生到系辦公室，看到了季剛先生批閱的試卷，從頭到尾都用墨筆加圈，有的單圈，有的連圈，自始自終，圓勻整齊，沒有一筆草率。先生心想自己誦讀圈點的群經諸子、史漢文選，歪歪斜斜，大大小小，兩相對照，不禁大慚。乃決定前去晉謁季剛先生。第二天（國曆7月2日，陰曆5月15日）清晨，先生提著一壺從後湖擷取的荷露，附帶幾首新作的詩篇，前往季剛先生大石橋普通平房的寓居求見。關於晉謁的事，季剛先生《閱嚴集全文日記》也有記載：「戊辰年十五日癸卯（7月2日）潘生崇奎（號石禪，贛縣人，年二十一）來謁，貽予荷露一瓶，彼從後湖親挹取者也。與之久談，才極秀穎，貌亦溫厚，可愛可愛。」「口占七言律一首，書石禪扇上」。當日詳細情形，先生極其深刻特在〈母校師恩〉中寫到：「季剛師把我寫呈的近作，略一過目，便滔滔不絕的對我說：『為學最忌氾濫無歸，第一要築基，三年之內，須先將《十三經注疏》及《四史》看完，以為學問的基礎。第二要踏實，治學必須如石投深潭，塊塊到底。第三要熬鍊，為學必歷一番艱難，然後從容涵泳，方有真得。做學問要篤實，為文章則務求高華。人才難得，須好好珍惜。尊師取

友，虛心受善，敦品力學，自立自強，日月自明，山岳自高，既無可衿之道，更不必顧恤人言。』季剛師語妙天下，聲情尤其感人。我當時手握摺扇，季剛師取來展視，見是素紙，沒有經過題寫，便把摺扇帶入書齋，叫我少坐，大約半小時後，季剛師在扇面寫贈一詩。」

詩的全文如下：

江南望地古虔州，溫革藏書舊有樓，
激石奔湍行處得，浮空積翠詠中收。
即看勝境陵湖漢，合有雄文壓斗牛。
俊拔如君似王悅，早應范甯譽風流。
戊辰五月送石禪仁弟歸贛州，因憶劉太希

劉太希（1899-1989），江西信豐縣太阿人，為先生三舅。民國8年（1919）入北京大學文科預科。當時季剛先生任教北京大學，讀其詩文，以為異才，曾親授《困學紀聞》、《曝書亭記》和《日知錄》。

提詩扇面時，季剛先生並不知先生是劉太希的外甥，只因先生家住贛州，因而憶及當年在北大賞識的學生贛州劉太希。

季剛先生在《閱嚴集全文日記》戊辰年十六日壬寅（8月30日）寫到：「潘崇奎來，致劉浩元一信，贈石印一，文曰『長壽』，舊墨八笏，宋本書信箋一合。」劉浩元即劉太希。季剛先生當是看了太希先生的信後，才得知二人甥舅關係。劉太希在〈記黃季剛師〉一文中也說：「民十八年，先生任教南京中央大學，我由上海往謁，那時先生談興甚豪，偶說及近年考入央大學生中，得到一位學子名潘崇奎（重規），在千百文卷中，只有潘生一文，不但文筆精美，且是字字一筆不苟的正楷，近來常來請益，誠為近代青年中之精金美玉，讚賞不已。」[4]

暑假過後，新學期開始，季剛先生開駢文、古韻學及經學通論三門課。先生聽講之餘，朝夕請益的機會更為增多。季剛先生要先生代為買書、借書、抄書、查書，師生互動頻繁。這樣的相關記述在季剛先生日記中處處可見。有關買書的，如：《戊辰十二月日記》：「除日乙酉（二月九日）：潘生石襌有《史通通釋》，較好于田所買者，今取來，遲將償其值。」《讀大戴禮記

---

4 劉太希撰，《記黃季剛師》，載張暉編，《量守廬學記續編：黃侃的生平和學術》（北京：三聯書店，2006），頁33。

日記》：「（己巳六月至七月）七月壬午朔（即西八月五日）：屬石禪託天一書局買《石經文字通正書》、魏了翁《五經要義》，託太希買《唐石經》。」《讀韓詩外傳日記》：「（己巳七月）十二日癸巳：以廿元託石禪寄來青閣，又購《助字辨略》三部、《建康實錄》一部。」《讀古籀拾遺日記》：「（己巳十一月至十二月）己巳十一月廿四日癸卯：又云高明已歸，因屬石禪代向蔡明堂索高明所借《集韻聲類表稿》。石禪代買《荀子集解》、《莊子集釋》各一部。」

借書、抄書的如：《己巳治事記》：「（正月）歲陽屠維歲名大荒落月陽修月名陬丙戌朔旦：石禪來見。竟日移錄伯弢《史通通釋》於余所，謂有蒲氏本書眉，至丙夜乃訖工。」《讀戰國策日記》（己巳十月至十一月）：「廿六日乙亥：在中央大學借得《殷虛書契前編》四冊，擬與石禪鈔此，並鈔劉鶚《藏龜》，則龜甲之書于是乎全。」

先生有時因查檢書籍，時間太晚，季剛先生還令其留宿寓居。如《讀山海經日記》：「（己巳九月至十月）廿五日乙巳：石禪竟日檢《唐石經》。」「廿六日丙午：石禪來檢石經。」「廿九日己酉：石禪檢石經，因留宿。」

季剛先生也經常要先生陪伴用餐、遊山玩水、登寺賦詩。如：《讀大戴禮記日記》：「廿四日丙子：邀潘生游焦山，夜趁汽車不得，仍歸。」《讀山海經日記》（己巳九月至十月）：「十七日丁酉：石禪送《王忠愨遺書》一部，價卅六元。夜與石禪、焯、念田步至梅庵玩月，還遇旭初，約明日為焦山之游。」

「十八日戊戌（即西十月廿日）：昨雖失眠，今仍為焦山之游，甚樂，記之如下：往返之時：往，晨八時五十分。還，夜七時三十分。到家，十時許。同行者：旭初、石禪、焯、念田。」

有時更促膝長談，言佛學、讀佛經。如：《讀大戴禮記日記》：「廿三日乙亥：夜潘生來談，與之言佛學。」《寄勤閒室日記》（庚午四月）：「十日戊午（五月八日）：與石禪夜讀《淨名經》，甚快。」民國18年（1929）11月27日，季剛先生往上海祝賀章太炎先生六十二歲生日，命先生一同前往。誕辰是11月30日，前一日正午，季剛先生設筵於同孚路同福里章宅為太炎先生暖壽。特引先生拜見，太炎先生即席書贈一聯云：「駑馬勤十駕，尸鳩結一心。」並以史家李百藥之字，易學名「崇奎」為「重規」，教誨勗勉，辭意懇切。季剛先生回南京後，又易字為「襲善」。並篆書「重規襲善」四大字，綴以跋語云：

> 己巳十一月晦，為吾師　太炎先生六十二生日。偕石禪如上海祝之。
>
> 師見石禪而憙之，為之易名曰重規，所以愛之者深矣，予因易其字曰襲善。
>
> 烏虖！名字之美，抑盡之矣，將何以副之哉！襲善其勉之！

凡此，均呈現季剛先生對先生的提攜愛護，實非尋常師生情誼所能比擬。先生曾云：舉世都目季剛師為好罵人的狂士，當時也覺得一般人的批評，並不過甚其詞，但後來先生的感受是：「季剛

師對我的厚愛，不能不說是偏愛和溺愛。」師徒二人的相知相惜，可見一斑。

三、伯沆先生作媒；季剛先生讚晚獲之良，可望傳業

季剛先生《讀戰國策日記》（己巳十月至十一月）有載：「廿八日丁丑：夕約太希飯。飯時忽言及石禪未訂婚，未悟其旨，不便酬對。」

1930年，王伯沆為先生作媒，前往黃家提親，請求與季剛先生長女念容為配。季剛先生《寄勤閒室日記》（庚午正月）載：「十四日癸巳：（二月十二日　星期三）午後三時許王伯沆世兄來為門人婺源潘生（崇奎易名重規，字石禪，易字襲善）作媒，求予長女念容為室，潘生勤學能文，覃思經術，可望傳業，且溫恭有德，此良姻也。因即允之。」「十五日甲午：（二月十三日　星期四）晚石禪延伯沆、辟疆、小石于中國酒店，媒禮也。絜念田往，太希主席。太希，石禪母舅，宜為主人。」「廿二日辛丑：（二月廿日　星期五）是日為長女念容受潘氏之聘。禺中，兩媒（王伯沆、汪辟疆）來，送來潘宅庚書，潘宅聘儀兩擡合隨至。告先，後請辟疆書長女庚帖與潘氏。赴大中華樓，設席款媒及賀客，凡兩席，食罷諸人復至寓瀹茗清談，至暮復出，行北極閣下，仍至大中華樓。潘氏款媒延客，余亦與坐，可謂脫略。」《寄勤閒室日記》（庚午六月）：「十八日甲子（七月十三日　禮拜）：二時石禪以汽車鼓樂來親迎長女，行禮後遂

行。至安樂酒店行結婚儀式，賀客男女四十餘人。」可見季剛先生對此門婚事之慎重。自此後，先生由季剛先生的弟子進而為女婿，與季剛先生研學論文更是密切，且與念容師母彼此勉勵，相互切磋，對推進章黃學說發揮積極的作用。

四、捨講師而任助教；學術根柢更加厚植

民國19年（1930）先生大學畢業。那時湖北的教育不是很好，很少人考上北大、中大，所以就在武昌創辦一所最好的湖北高級中學，設備很完善，待遇很優厚，全部教師都是從大學的講師以及較好中學的資深老師中特別挑選的。當時的教育廳長是季剛先生的學生，季剛先生要廳長介紹先生到那任教。當時的教師都是四、五十歲，先生年紀最輕，又剛從大學畢業；大家認為他是空降的，頗不以為意。但先生學問淵博，口才又好，上課時旁徵博引，深入淺出，滔滔不絕，口若懸河，使人如沐春風，大受歡迎。有一次省長何成濬、教育廳長黃建中二人，特地去該校巡視，到先生班上參觀教學，先生照樣講課，不許學生起立迎候，他們就在課堂上整整聽了一個小時，對他非常滿意。同事們從此對他刮目相看。

民國23年（1934），先生湖北高中教職任滿三年，國立武漢大學中文系主任劉博平（賾）擬聘先生為兼任教授。那時專任中學教員的月薪是一百四十塊錢。論名義，是教授；論薪水，也接近專任教授的待遇。正準備簽約，此時，黃季剛先生忽然叫他

回中央大學當助教，要放棄三、四百塊錢的教授收入，去做月薪一百塊錢的助教。當時中央大學的校長是羅家倫，他同時兼任一個邊疆學校的校長，季剛先生把潘先生叫回中央大學，指定他做中文系助教時，系中已經有四、五位助教，不能再加了。所以羅家倫對季剛先生說：「中文系助教額滿，且起薪只有國幣一百元，不如請潘君往邊疆學校任講師，名義待遇均可較優。」季剛先生堅持不肯，說：「我要叫他回來，多教教他，你就調中文系一位助教去做講師吧！」後來就調中文系助教張子睿去任講師，騰出空缺硬是要先生回母校當助教，擔任三班大一國文。

助教一當就是四年，四年間才加了十塊錢薪水。但如果沒有季剛先生那四年的督促與教導，先生在學術上可能無法獲得今天這樣的成就與貢獻。所以先生每次提起這段往事，總是對季剛先生「愛人以德，只望我們學問有長進，不為我們求名位」的苦心感謝再三。

季剛先生對先生的期許與賞識特深，也正因為愛先生之才，才會將女兒許配給他吧！也正因為對先生無限的期許，才會硬要先生返校擔任助教。回中央大學擔任助教這幾年，先生住在季剛先生寓居，朝夕相處，讀書論學，耳濡目染，受季剛先生的影響也就更是深遠，而了解與感情也就更深了。

遺憾的是，民國24年（1935）6月10日季剛先生因病，救治無效，不幸與世長辭。先生在教學之餘，開始肩負起整理與發揚季剛學術之重責大任。

民國26年（1937）抗戰軍興，中央大學西遷重慶，先生晉

升為講師，還擔任中文系三四年級的《詩經》及《文心雕龍》兩門課程。前後四年，之後，轉入四川三台東北大學中文系任教，結束在中央大學十二年的歲月。

中為季剛先生、左潘先生、右念田、下念祥

伍、治學精神的繼承與發揚

　　大學是學術研究養成教育的主要場所，潘先生在學術上成就卓著與貢獻巨大，尤其敦煌學、紅學更是蜚聲國際，固然是基於

個人的天生秉賦及治學精勤，但當時中央大學巨儒群聚、自由學習的環境，名師的啟發引導，以及積極的教導栽培，更是發揮塑造之功。

潘先生學術成就的點線面與其在中大修習的課程、老師的學養與調教，息息相關。尤其季剛先生的刻意栽培，寄予傳承之厚望外，還有開放自由的學習面向，在親炙季剛先生的時日裡，在老師家接觸新書、好書，老師交付整理、抄寫等工作，都是有形無形的積累。

章黃學問專長小學、經學、《文心雕龍》、文選學等傳統學術，不言可喻。就以先生成就卓著、貢獻鉅大的敦煌學與《紅樓夢》研究來說，雖然先生在敦煌方面研究的第一篇論文〈敦煌寫本尚書釋文殘卷跋〉是發表在1941年，四川三台東北大學的《志林》，但實際上他在中央大學追隨季剛先生研學的日子裡已埋下根苗，我們從季剛先生的日記中見到不少購買、抄寫有關敦煌圖書的記載，如《戊辰十二月日記》：「十七日壬申：周君來鈔書，以國學叢刊中敦煌出佚籍屬其鈔。」「廿三日戊寅：蟫隱廬書到，計十五種，錢九十二元有奇。」十五種便有《鳴沙石室佚書》、《續編》、《古籍叢殘》、《隸古定尚書》、《敦煌零拾》。「廿四日己卯：另求羅刻《敦煌碎金》。」《己巳治事日記》：「十一日丙申：得穎民書云，為求得《敦煌石室碎金》。」《寄勤閒室日記》（庚午四月）：「九日丁巳：石禪為買得新出敦煌本淨名經集解關中疏一部二冊，聞尚有稻芊經疏，未知何處出售也。」《量守廬日記》（甲戌三月）：「八日壬

戌：假貲出游，過中央研究院之門，忽思買《敦煌掇瑣》，遂買得上輯二冊（三元五角）中輯二冊（二元）、《敦煌劫餘錄》六冊（四元）。」諸如此類，隨處可見，當時已埋下先生日後發展敦煌學的有利因子。特別在先生攜荷露拜謁季剛先生的隔天，師母黃念容「自滬還，帶來江西本阮刻《十三經》，又應若託帶《涵芬樓秘笈》第四集（內有唐寫本《尚書釋文》）」、廿六日壬子：「景鈔吳檢齋《唐寫本舜典釋文校記》。」可見先生對唐寫本《尚書釋文》早有接觸，且多有心得而沉潛於心；因此，1939年當姜亮夫出示法藏敦煌寫本《尚書釋文》的照片時，先生便以為至寶，旋即撰文發表。若非早已養成識寶的見識與挖寶的能手，恐即使得以入寶山，也是空手而還，終無所獲。又如《寄勤閒事日記》（庚午年三月）廿六日甲辰：「因屬石禪寄銀買內藤還曆《支那學論叢》，以其中有鈴木氏《敦煌本文心雕龍校勘記》也。」《戊辰九月日記》六日辛卯：「與商務一箋（催邵批書目，求《嘯堂集古錄》、《龍龕手鑑》）。」先生在敦煌俗文字學開創之功，為世人所推崇，其《唐寫文心雕龍殘本合校》一書仔細辨識章草，詳為校文，闡明唐寫本之勝，功在龍學。先生九秩華誕饒宗頤特撰壽聯：「龍龕開字學，唐草酌文心」，讚頌先生在《龍龕手鑑》及《文心雕龍》的貢獻。在在說明永續經營的學術研究，其基址的選定與基礎的穩固，是建構大學學習的重要關鍵。

先生從小便喜歡閱讀《紅樓夢》，進入中央大學中文系，恩師王伯沆以講授儒家經典聞名，但同時也是研究《紅樓夢》的名

家，曾用五色筆，六次評點《紅樓夢》。是辛亥革命以來，《紅樓夢》評點用功最深、成就最大的學者。潘先生對《紅樓夢》的研究，伯沆先生當有所啟發。先生從 1951 年第一篇紅學論文〈民族血淚鑄成的紅樓夢〉，到 1996 年《紅樓血淚史》的結集出版，幾十篇研究論文，七部著作，並完成一部《校定本紅樓夢》。其貢獻主要在《紅樓夢》主旨的探究，認為它是部具有反清復明思想的小說；其次是在《紅樓夢》版本的研究。

先生有關《紅樓夢》主旨的觀點，可說貫穿他整個紅學研究生涯。對於《紅樓夢》一書力主反清復明思想的看法，除了顯示對中國傳統文學表現手法及文字隱寓藝術深刻的解析之外，他師承章黃，有著良好的乾嘉樸學學術訓練，治學究文字、講版本；深刻體會「詩言志」的文學傳統。同時又由於太炎先生與季剛先生同為清末革命黨員，強烈主張排滿，這或許無形中影響到先生閱讀《紅樓夢》的心態，進而有所啟悟。

在治學方法上，深受季剛先生的薰陶，以乾嘉樸學的傳統圈點《十三經》、《四史》等厚築學術根基，重視文獻原典的閱讀，主張貴發明、不貴發現。慎思明辨，不喜標新立異，不作無根之論。自訂日課，堅持日記，輔以抄寫，迻錄要籍，既可幫助記憶，又可發現問題。其圈點抄錄《說文解字》、《爾雅義疏》等文字專書，即遵循師說，我們曾見先生鈔書、日記、日課，其情形與季剛先生日記中所呈現完全一致，頗類顧炎武《日知錄》。

能跟隨大師，親近大師，有緣接觸名家，廣開世面，開闊視

野，這對研究的面向、興趣、觀念乃至研究方法，都有著潛移默化之功。潘重規先生在南京中央大學那段歲月的學習歷程，真可說是最佳的例證與典範。

張夢機教授與中央大學

陳家煌

國立中央大學中國文學系專案副教授

　　張夢機（1941.9.13-2010.8.12）是臺灣近三十年來最重要的古典詩壇祭酒！自 1983 年 8 月起，受聘於中央大學中文系，於 1999 年 2 月退休，並持續於中文系兼課至 2010 年往生前為止。張老師在本校授課長達二十七年，與中央大學情緣既深且遠。張老師除著作等身外，為中央大學培育無數英才，病後身廢而吟詠教學不輟的精神，更足以令世人欽佩，成為在中央大學中足以傲人的學者詩人典範。

　　張老師於民國 30 年出生於四川成都，祖籍湖南永綏。祖上世代務農，為殷實地主。父親張廷能畢業於筧橋中央航空學校第三期，中日戰爭期間，隨國民政府遷都重慶，遂攜家移居四川成都，而後奉派赴美國受訓。夢機老師有一位稍長一歲的兄長張克地先生。老師出生時，外祖母夢見飛機於天際飛翔，大概因為女婿任職空軍，抗戰方酣，夜有所夢。因此，家人乃將老師命名為「夢機」。

　　1945 年抗戰勝利，1946 年老師的父親自美學成返國，任職南京空軍司令部教官，遂舉家遷居首都南京。夢機老師便與兄長於南京就讀小學，曾和母親與家人於玄武湖畔遊玩時，聽到周遭播放周璇歌曲，便喜歡上周璇，終身不渝。在南京的時間雖然不

長，但是在大陸淪陷渡海來臺後，南京、玄武湖與周璇歌聲，乃成為老師一生重要的童年回憶，日後於詩作中不斷吟詠。而南京，也正是本校創校所在地，可知老師與中央大學宿緣深厚。

國共內戰，國民政府節節敗退，老師全家乃於1948年遷居臺灣高雄，居住於岡山空軍勵志村眷村中。因為是軍眷子弟，自小懷有從軍報國志向，曾與長兄約定，哥哥當空軍，弟弟當陸軍，克紹箕裘，日後齊心戮力報效國家。在岡山眷村成長期間，老師與長兄及眷村少年友伴，如宋定西、傅丙仁、劉鉞、李芳崙、陳顯、畢國璋、蘇人俊等人，舞拳弄棍，以俠氣自任，而這些年少玩伴離開眷村後，多投軍報國，更有多位官拜將軍（包含老師長兄）。唯獨老師就讀岡山高中時期，受國文老師影響，逐漸對中國文學產生興趣。老師的母親，雖然在老師小時候就教導老師背誦了許多詩詞，不過老師古典詩的啟蒙老師卻是老師父親的友人，當時臺灣南部優秀的古典詩人鄒滌暄先生。老師就讀岡山高中時，鄒先生教他寫了第一首詩，之後不斷指導批改老師的詩作，讓老師初識古典詩格律規矩。

1960年高中畢業後，老師負笈北上，考入臺灣省立師範大學體育系。在體育系修讀期間，也修習國文系課程，總共達四十學分，並向李漁叔、吳萬古、江絜生諸位先生學習詩詞，在校刊發表古典詩作品。在大三時，師大國文系系主任林尹先生約見老師，並鼓勵老師報考國文研究所。大學畢業後，於惇敘中學擔任體育組長。之後於1968年考上師大國文所碩士班，並在1969年以《近體詩發凡》為學位論文，取得碩士學位，指導老師為李漁

叔先生。其間，於1967年得到臺北市聯吟大會第一名，初試啼聲、嶄露頭角。其後，於1968年獲臺灣省全省聯吟大會銀牌獎，至此，確立老師青年詩人的地位。日後更在1979年，分別以《師橘堂詩》與《西鄉詩稿》二書，獲第二屆中興文藝獎章古典詩獎與中山文藝獎，隱然成為新一輩的詩壇祭酒。

老師在獲得碩士學位後，於1970年與田素蘭女士結婚，婚後育有二子，並在1972年回師大國文系擔任講師。於1973年考上師大國文所博士班，便辭去專任教職，於臺灣各大中文系兼課。在博士班修業期間，老師曾任教於國內南北七所大學中文系，也因此能廣結善緣，育人無數，與許多當今中文學界優秀學者有師生之誼，如李瑞騰、蔡英俊、陳啟佑、李正治、王文進、簡錦松、簡恩定、龔鵬程、馬叔禮、吳榮富等人。1981年，老師以《詞律探原》獲國家文學博士，並在高雄師範學院國文系擔任專任副教授。可是到處兼課、南來北往的生活實在太勞累，老師也不免在當時作詩感嘆「上庠真穡十年心」！

1983年受聘於中央大學中文系。終於能從高雄師院轉聘中央大學中文系，當時系主任蔡信發先生幫助頗多。老師在六十一歲的〈恩承居集飲，喜晤信發〉一詩中，除了描述蔡信發的丰采外，對於蔡教授曾在擔任中大中文系主任及文學院長期間鼎力相助一事，多所感激：

平居忍閑寂，剝啄知朋來。嘉招謝面喻，踐約相歡咍。所喜識君久，當筵共香醅。事瑣歸雋語，河瀉如辯才。雄州昔吾

陷泥淖，中壢賴汝拔擢回。八年黌宇膺顯職，幾番賴汝手暗推。沉綿病中本多累，迭次賴汝慰悲哀。前塵尚歷歷，豈容盡成灰。讌罷乘軫去，返宅看盆栽。同聽雨喧述交誼，茗莽濃釀分瓷杯。

——〈恩承居集飲，喜晤信發〉

詩中「雄州昔吾陷泥淖，中壢賴汝拔擢回」，指的是老師當時家住臺北，卻在高雄師範學院專任，每週南北奔波，苦不堪言。當時相同處境的北部學者，為了生計必須南下高雄師院任教的，除了老師之外，同時還有曾昭旭、顏崑陽、何淑貞等人。同樣是中大中文系退休的曾昭旭教授曾寫道：「我當年和他每週同車赴高雄上課，相約在車上他為我講一首詩，我為他講一則義理，結果他總是聽聽就睡著。」在這段話中，固然顯出老師的率性豁達，但也透露出南北奔波的勞累，實常人所不能堪者。當時在高雄師院任教，後來也到中大任教的顏崑陽教授，便是在這種折騰下，於高雄師院的講臺上病倒。當時中大校長余傳韜先生與中文系系主任蔡信發先生起愛才之心，從高雄師院網羅張老師及曾昭旭教授，對老師而言，那真的是「雄州昔吾陷泥淖，中壢賴汝拔擢回」了。

老師感念余校長知遇之恩，為之襄理校務，擔任行政職。於1987-1989年兩年擔任中大總務長，於1989-1990擔任校長秘書室主任秘書。於1990年8月開始擔任中文系系主任。蔡信發先生於1988年8月到1990年7月，第二度擔任中文系系主任，張老師

便是蔡教授的繼任者,而蔡信發先生卸任中文系主任後,便榮膺中央大學文學院院長一職。在老師投身行政工作時,蔡信發教授不論是在中文系主任或是文學院長職位上,想必對張老師有很大的幫助,因此老師便在日後感謝蔡教授「八年黌宇膺顯職,幾番賴汝手暗推」的暗中協助。

自1983年獲聘中大後,老師的人生運勢一路順遂,老師也把握住機會,貢獻己力,為中央大學服務。之後榮膺要職,擔任本校總務長、校長主秘等學校一級主管,更重要的是之後所擔任的中文系系主任,可以延攬優秀人才,壯大中文系的聲勢。在老師擔任系主任期間,中文系聘進兩位師資,一是李瑞騰先生,一是李國俊先生。李瑞騰先生極富行政長才,除了廣博紮實的學術著作外,兼治古今文學,也創作散文新詩,當時年富力盛,為中文系開拓新格局,肆後,除學術教學成績卓然超群外,更擔任本校中文系系主任、圖書館館長、文學院院長,於2010-2014年借調擔任國立臺灣文學館館長;李國俊老師進入中文系後,以培育戲曲人才為職志,成立青玉齋南樂社,教授學生絲竹管弦傳統樂曲,並成立南管練習隊。除在學校練習,也曾前往國家音樂廳等地參與表演,並協助整理南管的口傳歷史資料。在李國俊先生的努力下,中文系培養一群優秀的南管演奏者,在實際的演練下,戲曲研究能夠活化而成為個人生命情調的一部分。因此本校中文系戲曲特色,除洪惟助老師的崑曲研究展演外,結合李國俊老師的傳統南管研究展演,形成雙璧之美。夢機老師在擔任系主任時,聘進二位李老師,對日後中央中文系均有卓越的貢獻,由此

也可見張老師的識人之明。

在當時張老師擔任中文系主任期間，中央大學中文系名家輩出。校長余傳韜本欲聘任當時新儒家大師牟宗三先生，親往東海大學拜訪，牟先生卻辭而不就。但經牟先生引薦其弟子們，也就是當時鵝湖社新儒學青壯輩學者，如王邦雄、曾昭旭、岑溢成和袁保新等人，都在1986年被余校長禮聘入中大。當時中大儼然成為新儒家重鎮。隔年，中央中文系聘進張夢機老師一生的摯友，顏崑陽教授。加上中文系原有的《紅樓夢》專家康來新、崑曲專家洪惟助、禮學專家章景明等人，當時中央中文系前途光明美好，可貴的是系上同仁均值壯年，大有可為。可惜老師卻在擔任系主任剛滿一年後，於1991年9月9日腦幹中風，幾瀕於死。

老師於事後回憶，他中風當天恰巧去醫院探視正在住院的大哥。本來就患有高血壓的他，沒想到竟然在此刻中風。因為在醫院中風，所以能及時處理，免於一死，雖不幸，也算幸運。老師於中風期間住進加護病房，有一天在半夢半醒之間，聽到可能是護士的一位小姐說：「這個病人怎麼還沒死！」由此可知，當時老師真的是生死繫乎一線。

我想老師當時實在是太累了，才會在五十一歲壯年中風倒地。

老師擔任中文系主任前不久，父親辭世。擔任系主任後不久，1990年秋天，老師的妻子，師大國文系副教授田素蘭因食道癌辭世。失怙、喪偶，在兩年內連接發生，就算老師是師大體育系出身的健壯肉體，也會被擊倒吧！我想，老師不止是身體上

的勞累，更累的是當時生命重要的兩人相繼辭世，心中不堪其痛楚，才累倒的。老師忍著悲痛處理紛雜的系務。當時兩岸剛開學術互訪不久，系上得風氣之先，在1991年暑假率領中央中文系訪問團前往大陸各大學進行交流，為期兩週。老師在從大陸回來後的第五天，便已發病。壯遊神州後，積勞成疾，令人不勝唏噓。壯年時連遭喪父、亡妻，緊接著自己也中風，老師五十歲以後的遭遇，就如龔鵬程先生所說的：「攖人世之奇慘，病廢樓居數十年」！

老師在鬼門關前走一遭，僥倖保有一命，卻也半身不遂，口齒不清。但是老師憑藉著無比的毅力復健，竟然能重登講席，繼續授課。在摯友顏崑陽的協助下，賣掉臺北建國南路的房子，移居新店安坑玫瑰中國城養病，並將居所命名為「藥樓」。風痺之後，老師要用力費勁才能寫字、講話，所幸視力、記憶都無損傷，無礙講學。中文系遂經過系務會議通過，讓老師居家授課，以指導研究生的方式減授鐘點。課程大概都排在週三全天，上午在碩士班開設「詩學研究」，三鐘點，下午在博士班開設「文學研究」，二鐘點，修課學生必須從中央大學通車到新店安坑玫瑰中國城的藥樓上課。除了上課外，老師專心養病，在摯友顏崑陽的建議與鼓勵下，老師重拾詩筆，大量寫詩。中風初期，尚無法寫詩，但在老師病況大致穩定後，便開始拾筆創作詩歌。詩人瘂弦曾在1996年1月與陳義芝、楊錦郁、韓舞麟、宇文正等人至藥樓拜訪老師。瘂弦問老師是否還在寫作，老師回答：「寫文章太費力耗神，詩則天天寫，在腦海中思惟運作，主要是消磨時

間。」不過老師在養病及消磨時間所寫的詩，竟然比病前多出數倍不止。老師現存詩作約二千首，在病前所作，不及四百首。也就是他在病後到往生的這二十年間，寫了一千六百首以上的詩。

對不良於行、半身病廢的老師而言，寫詩、讀書、授課、應接賓客，已是老師病後人生的全部。寫詩，也成了吟詠生命、寄託心靈的最重要媒介。老師病後大量寫詩，摒除紅塵間名利與庶務糾葛，創作日夥。老師病後的詩作，與年少時逞才使氣而寫作精美雕琢詩作不同，開始面向不良於行的自己，以詩歌記錄日常生活的一切。詩對老師而言，已不是誇耀文學才華的存在，而是另一種心靈療癒的日常生活必需品。寫詩使得病後人生不太無聊，寫詩也使得足廢口訥的老師，重新找到生命的意義。因此老師昔日中央大學的同事王邦雄先生，曾經為文記述老師中風後對老師的不捨，文章的題目便是〈英雄已去，詩人歸來〉。老師中風前在人世間的事功榮耀，偉岸事蹟，都已如流雲飄去。病後的老師，大量寫詩，境界更上一層，與早年詩才不同，老師病後，成了一個最純粹的詩人，詩人成了他在人世間的第一身分，凌駕於教授、系主任、總務長之上。因為大家提到張夢機，便直覺地想到他是大詩人，而在當代只要一提到古典詩，大家第一個想到的便是病後持續不斷寫詩的張夢機。

老師中風後病情稍稍穩定後，才又開始寫詩。當然大病初癒，不良於行，老師只能困守在藥樓，除了定期的回診，或是極少數的朋友讌集，老師鮮少外出。斗室方丈，便成了老師生活的全部空間。足廢口訥，卻更能使老師靈臺清明，詩思泉湧。雖然

老師極少怨天尤人，抱怨病後的不方便，但是在詩中卻常流露出
對命運無可奈何的感慨。雖然這種感傷極其幽微不彰，如這首詩
寫的病後日常生活呈現出的情調一樣：

及昏樓望待雲回，生意經年到此灰。葉少愈增林突兀，
天高不覺塔崔嵬。又從寒歲悲塵事，早為沉疴止酒杯。
買屋閒居銷晝永，著書換得鬢毛催。
——〈冬日書懷〉

每次看到這首詩，心下不免默默哀傷。老師的樓居生涯，二十年
如一日。每天從早坐到晚，天錮其軀，常人所企求的「閒居」，
對病後的老師而言，乃是每日的生活基調。任何人在這種情形
下，如何能有「生意」呢？但是「葉少愈增林突兀」，又是老師
以景物自喻。此詩寫在歲末冬寒之際，萬木凋零，卻能使枝幹不
因茂葉的遮蔽而更顯格調。如同老師病後，人生繁華已落盡，但
不向厄運低頭的一股強勁生命力，如同寒冬落木一般，老幹彌
彰。獨坐藥樓的老師，生涯至此，身罹奇疾，身外的聲名榮利早
已不可得，也不在乎了。唯在詩藝上盡力外別無所求，人生境界
更高一層。如果這世界上有詩歌之神，應當是祂在老師中風之
際，奮力挽回老師生命，讓老師的餘生都為詩歌獻身吧。
　　在1995年，老師中風後四年，老師寫了一首詩向老友同事
們報告近況：

蔬食生涯世外清，且拋窮達臥山城。三年詩卷收花氣，
一幅簾波捲樹聲。人事又驚隨鳥換，病心真欲與鷗盟。
分憂釋謗恩長在，入戶林邱鑒此情。

——〈書近況寄諸故人〉

這首詩也是老師表示對於世外榮辱、窮通聲名別無所求的作品。
前四句寫下老師甘於病後閒居生活。雖然足不出戶，但卻能於室
內欣賞窗外美景，並將之吟詠入詩句，這也就是「詩卷收花
氣」；舉目所見，只有經由窗戶才能眺望外面的世界，而望窗時
先見窗簾，簾子因風起伏似波，也與窗外風聲相互應和，窗外風
不僅吹發樹聲，也使得窗簾搖動如波。腹聯則寫自己已病，閒居
猶似隱居，機心已泯，人事轉換已與己無干，但是聽聞人事消
息，還是有所驚嘆。最後則感謝「故人」們分憂釋謗，關於這個
部分，詩意隱晦難解。老師已殘疾，理應無所受謗。況且老師一
生不臧否人物，對於他人，只挑優點說，鮮少批評，這在中文學
界是眾所皆知之事，不知此時老師有何憂謗？不過，老師以指導
研究生的方式減授鐘點，不良於行使得學生必須從雙連坡北上新
店上課，當時校方或系上可能有非議之聲。中文系同仁如顏崑
陽、曾昭旭、王邦雄、蔡信發、岑溢成、康來新、李瑞騰等人，
一定支持老師以養病為由，於家中授課，是否因為此事與校方、
系上有所齟齬，事經二十餘年，不得而知。顏崑陽教授於1996
年離開中大遠赴東華大學任教，也不知因為何事離開。但是系上
好友全力相挺，讓病後的老師感到溫馨，感恩於心。

中央大學破例讓老師於家中授課，讓老師免於車馬奔波勞苦，專心養病，這種高誼精神，在中文學界傳為佳話。本校前校長蔣偉寧先生，在老師往生後，中文系李瑞騰、孫致文為老師編輯的紀念文集《歌哭紅塵間》書中的序言曾寫到：

> 我知道，在這漫長的艱困歲月中，中文學界的朋友一直是支撐張老師度過難關的一股力量，像蔡院長、曾昭旭教授、陳文華教授、顏崑陽教授等等，總在張老師有需要的時候，就適時地伸出援手，這樣的情義，正是一種深度人文精神的具體表現，令人感動。

中央大學中文系，在老師中風後，如同蔣校長所說，展現的情義，令人感動。老師病後一直在家中授課，直到1999年1月底退休。自1999年2月開始，固定每學期開設一門研究所的課，直到2010年7月，也就是他辭世前的一個月。中央中文系，真是一個有情有義的系；中央中文系的學生也何其有幸，雖然長途跋涉，卻也能親炙老師晚年最精深幽微的詩學課程。尤其老師病後摒除一切俗務，將全副心力付諸詩歌研究、創作，其講述內容必然精采無比。

如前所述，老師在中風病況穩定後，開始大量創作古典詩。在1993年12月，由學生李瑞騰編輯集結老師病中復健餘暇的創作，有詩三百餘首，名為《藥樓詩稿》；1999年出版《鯤天吟稿》，作為他於中央大學退休的紀念詩集，收詩約五百餘首，這

本詩集是非賣品。2001 年出版《鯤天外集》，此書卷一以詞為主、卷二為詩、卷三為詩評，也是非賣品。2004 年在好友陳文華、學生簡錦松兩位教授的幫助下，出版《夢機六十以後詩》；2009 年出版《夢機詩選》；2010 年出版《藥樓近詩》。老師在2010 年夏天往生後，學生龔鵬程親攜老師自選遺稿，2013 年 1 月於大陸出版《張夢機詩文選編》，收詩 781 首，詞 75 闋，並附上老師碩士論文《近體詩發凡》，在老師眾多已出版的詩集中，此選集是比較好的本子。當然，老師詩作全集的補遺及出版，還待我輩弟子們努力蒐集勘校。

《鯤天吟稿》是老師病後最重要的詩作結集，老師也在此集序言中闡述他病後心境與處境，而且總於熬到退休了，在工作生涯上也算進入另一個里程碑：

> 余自罹病以還，今且八載，而身猶殘障，口仍訥澀，日日看山看樹，聽風聽鳥，除復健外，惟以披書廣詠自誤。惜夫歲月易逝，題材寖荒，周遭事物，幾已摹寫殆盡，且余久病不瘳，登涉維艱，縱有谿壑美景，恐難入吟篇。述作不易，幸能成書，亦快事也。況余退休在即，輯以為鴻爪之跡，不亦可乎！此所以不計工拙，敢陳大雅之故也。

《鯤天吟稿》五百餘首詩大概展現了老師罹病八年來的生活。一方面要固定在中文系開設兩門課，一方面又要持續復健。困身斗室一隅，老師無聊的處境可想而知。寫詩寫到「題材寖荒，周遭

事物，幾已摹寫殆盡」，寫到沒有題材可以書寫，愈顯出老師坎坷迍邅的處境。老師病廢藥樓之後所寫的詩，如同龔鵬程教授所說的：「翻來覆去，可說只是同一首詩或同一題詩：藥樓遣悶」，信乎此言。但是老師還是發揮他絕佳的詩藝，將相同的心境、相同的景物、相同的時節遞嬗，以不同的形式傳達出來，讓千餘首的詩作，不致於重複。這種體物入微，仔細琢磨周遭事物的觀察力，還有憶往懷舊咀嚼情誼的敏銳心思，是老師在寫了千餘首詩後，尚能游刃有餘的詩學功力。這也是老師病後培養出用心專一，聚精會神，將所有的心思放在寫詩之後才能呈現的格調。

日本小說家村上春樹曾經在談論舒伯特的鋼琴奏鳴曲時提到一個觀念，也就是：「這個世界上，不無聊的東西人們馬上就會膩，不會膩的東西大體上是無聊的東西。」日本漢學家吉川幸次郎在《宋詩概說》一書中，也曾將唐詩比喻成酒，而將宋詩比喻成茶。酒易醉人，但不可多飲；茶味平淡，卻可當成日常飲品。老師病後詩，大多是書寫無聊心境，但是一首一首讀下來，卻充滿了日常機趣和幽默觀點。平淡枯燥的病後復健生活，在老師筆下詩中，竟然生意盎然。

老師在2000年寫的〈回首〉一詩，大概可以概括地呈現他近十年來病後的事況：

披書以外是賡詩，四季都歸默眺時。黍夢光陰蟬不管，
鵑花心緒蝶難知。朋來助講存高誼，客至交歡話上醫。

往日事如風雨過，今朝愈覺繫人思。

——〈回首〉

詩中所謂的「黍夢」，乃黃粱一夢的簡稱。此詩寫出老師病後，
賡詩、默眺之外，最高興的就是有友朋、佳客前來拜訪，為無聊
的樓居生活憑添一絲樂趣。除此之外，每週一次的中央中文系研
究生前來上課，也讓老師歡娛良久。如以下這兩首詩寫病中授課
傳業情況：

寒舍開講筵，環坐三學博。論法頻傳詩，啟門授金鑰。
秋氣穿前廳，左側臨大壑。巧聯與趣聞，偶爾供一噱。
課罷諸生歸，斜陽掛屋角。閒眺雲緩升，周遭盡落索。

——〈授課憶舊〉

午後樓陰冉冉移，諸生遠道共茶瓷。且從皮陸明吳體，
偶向陳黃辨宋詩。請業不曾嫌口訥，叩鐘稍欲見祿期。
輕車歸去斜陽晚，坐看白雲無盡時。

——〈授課〉

老師不僅在古典詩創作為一代宗師，在詩學理論上更有獨到的見
解，尤精於格律法度之學。老師年少時便以碩士論文《近體詩發
凡》鳴世，書中細論詩法、格律、拗救，在 1981 年更出版《古
典詩的形式結構》，更加細密地討論詩法。其餘如《詩齋說

詩》、《杜律指歸》、《詞律探源》、《鷗波詩話》、《讀杜新箋：律髓批杜詮評》、《詩學論叢》等學術專著，也多偏重形式法度，尤精深於杜甫詩。「論法頻傳詩」，當是實際授課內容。「且從皮陸明吳體，偶向陳黃辨宋詩」，皮陸乃晚唐詩人皮日休、陸龜蒙，陳黃乃宋代江西詩派的三宗：黃庭堅、陳師道、陳與義。所謂的「吳體」，是古典詩中特殊的拗救格律，創自杜甫，流行於晚唐、北宋，至黃山谷時發揮到淋漓盡致，吳體的研究，也是老師於詩學中特殊的學問所在。老師從辨明格律家數起始，最後辨明唐宋詩的分野。所以老師詩中「啟門授金鑰」一句，充滿了無比的自信，從拗體明辨唐宋詩，乃是老師於詩學中最重要的貢獻。在授課期間，老師會穿插中文學界學人趣聞及軼事，這也是老師所謂的「巧聯與趣聞，偶爾供一噱」。老師交游廣闊以及幽默風趣，在中文學界為人津津樂道。學生上課時能聽到師長輩的趣聞，也增添了上課的樂趣。

　　老師在中大退休前，一學期開課兩門課，大概是「文學研究」、「詩學研究」、「文學理論研究」與「詩學專題研究」四門課輪流對開。1999 年退休後，則於每學期開設一門課程，九十二學年度新開「唐詩專題研究」、九十三學年度新開「詩詞專題研究」，在九十八學年度第二學期，也就是他去世前的一個學期，開設了「杜詩專題研究」。老師從來沒有開過杜詩的課，但卻選擇在將近七十歲時開設杜詩，可見他想將一生集中專注杜詩的研究，在這門課作一個總結。老師授完一學期的「杜詩專題研究」後，便去信中央中文系系辦，暫停下學期兼課事宜。老師

親筆寫信給系上助教如下：

> 馮小姐：
> 很對不起，本學期最後一個月，我言語乏力，口齒不清，授課很吃力，故準備休息一學期，看看結果，再作決定吧。勞神之處，敬祈鑒宥。匆此　即祝
> 學安
> 張夢機上　九十九、七、一

馮曉蘋女士是中文系助教，負責老師的排課事宜。當初老師的信在系務會議上公布，說明老師不再兼課的原委後，我看到信，心下一陣淒楚感傷。老師的身體已經這麼不好了啊。然後跟同事孫致文相約，暑假有空時去看看老師。沒想到，還沒約成，老師便已然住院。接著在2010年的夏天，8月12日，與世長辭。

　　老師往生後，中央大學中文系組成治喪委員會，由系主任楊祖漢教授與老師好友門生們，洽商治喪事宜。治喪委員會名譽主任委員是中央大學老校長余傳韜先生，主任委員是當時中大校長蔣偉寧校長，總幹事為中文系楊祖漢主任，副總幹事為孫致文教授。老師一生的好友顏崑陽教授寫了〈大詩人張夢機教授傳略〉。老師的學生，當時擔任臺灣文學館館長李瑞騰教授，偕同中文系孫致文教授，在短期間之內編輯了《歌哭紅塵間——詩人張夢機教授紀念文集》，此書收錄了與老師相關的文章，由中央大學中文系出版。李瑞騰老師並命孫致文籌辦老師告別式的相關

事宜，也命令我鳩集學生，組隊在老師的告別式中吟唱。告別式於2010年9月2日下午，在臺北第二殯儀館舉行。由本校退休教授曾昭旭講述老師一生行誼，中央、師大、淡江學生的吟唱送別，親友學生致辭後，告別式完滿結束。告別式後，老師靈骨亦安奉於三峽三德公墓。在老師後事的籌辦過程中，李瑞騰老師出力最多。在老師生前，李老師不僅出資校定出版老師的《碧潭煙雨》、《詩學論叢》與《藥樓詩稿》，在老師病後，於系務上多所協助，老師身後，更掛心老師詩集的出版，並指導碩士生撰寫老師作品研究的學位論文。李瑞騰之於張老師，可謂不辱師門、無負師恩。

　　我是老師的學生簡錦松教授的學生。記得在中山大學中文系就讀時，簡老師在詩選課的最後一週，用兩小時的時間，跟我們講授藥樓詩，並略述張夢機老師的事跡。那一年，1994年的初夏，我二十歲。當時既佩服老師詩作的高妙，更因為老師悲慘的遭遇而難過。之後到博士畢業前，我都沒離開高雄，跟著簡老師做學問。第一次見到老師時，是2008年初夏，我應聘中央中文系，面試後，順道北上安坑探望老師。老師之前已收到我寄給他的詩作，對我讚譽有加，令我愧不敢當。會面後聊了一下午，大多是中山、中央師長們的趣聞。臨走前老師要贈書給我，簽名時問了一下日期，我回答「6月3日」，老師突然顆顆笑了兩聲，愉快地說出「禁煙節」。

　　因為是學生的學生，我稱呼老師為「太老師」。老師說不要那樣叫他，稱他為「老師」就可以了。從這裡可以看出老師的隨

和謙遜。因此，此文全篇，我都稱張夢機為老師，雖然他是我老師的老師，不過，他在我心中，是一位真誠而沒有距離的真老師。

　　應徵上中央中文系專案教師後，經過一年，我在中文系開設大二的「詩選及習作」。我用盡力氣來上這門系上的必修課，期間與致文兄去找過老師幾次。在這門課上學期結束前的最後一週，我選了張夢機、顏崑陽、龔鵬程、簡錦松還有我自己的詩當成授課內容，課後，幾位學生聽了我介紹老師的為人及詩作後，想去玫瑰中國城找老師。在2010年的寒假前，我和致文帶著一群大二的學生，和他們寫的詩，一起去安坑拜謁老師。老師那天的心情很好，對學生的詩作稍稍修改一番，也給了他們意見。之後我們一群師生盡興而歸，賓主盡歡。

　　來中央任教後，我常寫詩寄去給老師看，老師有時會次韻我的詩，令我受寵若驚。我本來就不太喜歡寫詩，比較喜歡寫論文。但是因為有老師的欣賞，詩作日夥。趁著課餘去安坑拜訪老師，雖然路途遙遠了些，不過心裡總是很踏實。

　　老師去世後，我也不再在系上開設「詩選及習作」，因為寫詩失去了重要的鑑賞者，也沒有力氣教學生寫詩。詩對我而言，僅剩學術研究的價值。老師去世後，我大概有兩年多沒寫過一首詩，也不再教人寫詩，心神沮喪，無力且無助。

　　老師去世後兩年半，在2013年的3月初，我才因為某個契機開始再拾筆桿。寫完悼念丁亞傑的二首詩之後，開始動筆的第三首便是懷念老師的詩作：

重壞紅塵隔迢遙，遺詩格調自兀嶢。問字說項似昨日，
令我小子志氣驕。逸興遄飛坐如石，論詩憶舊動顏色。
難忘淡海浮舟夜，風流滿船水天碧。痼疾鎖斷多少春，
幽幽二十年酸辛。縱使世間添好詩，可惜杜門寂寞人。
放吟天地無寬窄，倔強提筆何須藥。明朝授課說詩時，
詩老定教後生識。

——〈憶藥樓主人，次韻吾師「觀雲篇」〉

「明朝授課說詩時，詩老定教後生識」，只要我站在講壇上一
天，我就會持續述說老師的事蹟，並將老師的優秀詩作介紹給未
來的莘莘學子。這就是薪火相傳。這就是詩學的傳承。這就是我
對張夢機老師的承諾，也是我在心底無聲而堅定的自我期許！

行走人間，和生命對話
—— 王邦雄、曾昭旭教授與中央大學

康珮

國立中央大學中國文學系專案助理教授

　　回顧中央大學文學院的歷史，不能不提到王邦雄、曾昭旭二位先生，因為他們創建了中文研究所以及哲學研究所，並使中央大學中文系所和哲學所成為中國義理發展的重鎮。二位先生時常被並舉，二人從大學同窗至今，已相識近五十年，情誼深厚。他們是國立師範大學國文系的同學，一同創辦《鵝湖月刊》的摯友，師承張起鈞，私淑唐君毅、牟宗三，延續新儒學的精神，擁有同樣的人文使命感，最重要的，他們都是生命的導師。二位先生異中有同、同中有異的人格學風，常為人所津津樂道，為中央大學人文領域上不可不觀的一道高峰。

壹、王邦雄、曾昭旭教授的生命歷程

　　王邦雄老師生於1941年7月27日，雲林西螺人。臺南師範學校畢業之後，在西螺附近的鄉下小學教書，任教一年後考上國立臺灣師範大學國文系，因為小學生剩一年就要畢業，他基於情義決定暫緩自己的學業，帶領學生直至畢業，且考上初中。1961年始進入師大國文系就讀，師大畢業之後回故鄉西螺中學服務，

一年後考上文化大學哲學研究所，王老師認為求學必須連貫才能專心，因此決定保留學籍先服兵役。研究所就學期間，專任於北一女中，本來為了顧全課業，請求教夜間部，但深獲校長賞識，還是安排教日間部。北一女中任教四年，師生相處融洽，教學相長，王老師投注所有的時間心力用心教學。碩士論文以《老子》為研究專題，博士論文為《韓非子政治哲學之研究》，由吳經熊、謝幼偉、張起鈞三位先生共同指導。後來自覺當初寫碩士論文，因為致力於教學，而寫得不夠好，1979年重寫老子，而以《老子哲學的形上性格與其政治人生的價值歸趨》的論文升等教授。

1974年至1983年，王邦雄老師在文化大學哲學系任教，後來在淡江大學中文系專任三年（1983-1986），余傳韜校長多次親自禮聘，在1986年轉至中央大學中文系，至2003年退休，在中央任教有十七年的時間，指導研究生眾多，對教學貢獻卓著。王老師著作等身，包括《中國哲學論集》、《緣與命》、《再論緣與命》、《老子的哲學》、《韓非子的哲學》、《二十一世紀的儒道》、《儒道之間》、《人人身上一部經典》、《生死道》、《老子道》、《人間道》、《莊子道》、《走在莊子逍遙的路上》……等等，近年來王邦雄老師有感於自己對中國義理的詮釋已經成為一個體系，因而完成《老子道德經的現代解讀》、《莊子內七篇・外秋水・雜天下的現代解讀》二書，是其思想體系成熟之作，特別重要。

曾昭旭老師生於1943年2月2日，原籍廣東省大埔縣，1949

年跟著母親逃難到香港，1954年轉至臺灣。畢業於臺北市立建國中學、國立臺灣師範大學國文系，為國立臺灣師範大學國文系碩士、博士。曾昭旭老師原本就讀師大數學系，後因現實考慮，毅然轉國文系。研究所時，由高明先生指導完成碩士論文《俞曲園學記》，1977年取得國家文學博士，博士論文《王船山及其學術》則由高明、林尹先生共同指導。從數學系出身，曾老師邏輯清晰縝密，乃其天生優勢，加上鑽研經學、史學、文獻造詣博深的王船山，使得曾老師開展出與眾不同的學風。

曾昭旭老師曾任教於臺北市立建國中學、高雄師範大學國文系，並曾兼任所長，1986年經王邦雄老師引薦，由余傳韜校長聘至中央大學中文系，擔任系主任，2001年退休。

曾老師有深厚的國學素養，卻不走學術專業之路，畢生致力於建構儒學現代的心性學、愛情學，自比為「街頭哲學家」，認為自己是一個儒學的實踐者，而非儒學的理論者，因此曾老師的著作多為直接面對人生的生命之作，諸如《不要相信愛情》、《孔子和他的追隨者》、《永遠的浪漫愛》、《愛情功夫》、《解情書》、《良心教與人文教：論儒學的宗教面向》、《存在感與歷史感：論儒學的實踐面向》、《讓孔子教我們愛》、《曾昭旭的愛情教室》、《儒家傳統與現代生活：論儒學的文化面向》……等等，其中《在說與不說之間》展現了他的義理學架構，是其升教授的升等論文。

貳、氣質殊異，各開學問之門

　　王邦雄老師和曾昭旭老師，雖然是大學同窗，但真正的情誼卻是從畢業後才開始建立。二人在求學過程中，科目各有擅長，但曾老師活躍於各種活動中，與王老師交集不多。畢業後的一次長談，才令王老師重新認識曾老師，並成為一輩子的摯友。王老師曾在〈我所知道的中文系〉一文中形容曾昭旭是「中文系的異類」，乃是因為曾老師不同於國文系刻板的書呆子形象，當初王老師休學延遲了一年，反而促成了二人做為同學的機緣，「展開了在中國義理學上幾十年同心並行的進程」。王老師和曾老師都以張起鈞先生為引導未來走向的恩師，張先生認為當時最有才氣的學生，便是蔡明池先生，以及王邦雄老師、曾昭旭老師。張起鈞先生談論三位得意弟子，說蔡明池是英雄，適合打天下，後來真的走上從政之路；說王邦雄是學者，有領袖的氣勢，號召力強，日後是「鵝湖月刊社」的大哥；說曾昭旭走聖人之路，曾老師一生重視身心修養，一如其師所說，直契生命義理之學。

　　王老師、曾老師被視為新儒學第三代的代表人物。當代新儒學一般以熊十力、梁漱溟、馮友蘭、張君勱、馬一浮為第一代的代表；方東美、唐君毅、牟宗三、徐復觀為第二代的代表；牟先生的弟子輩則是第三代，包括劉述先、杜維明、蔡仁厚。王老師和曾老師並未直接師承唐、牟二位先生，但當時唐、牟的書在臺灣雖未為流通，王老師、曾老師卻大受吸引而廣泛閱讀，與生命志趣確有契合感動之處。1975年，唐君毅先生到臺灣大學任客

座教授，之後，牟宗三先生也應聯合報基金會的邀請到台大講學，王邦雄老師就在台大聆聽牟先生講宋明理學，也到牟先生的住處聽講佛學。牟先生晚年和王老師都住在永和，關係愈顯緊密，親如家人。王邦雄老師認為，那是一個本土文化跌落谷底的時代，不像西方哲學具有豐富的詞語概念，在力求現代化的時代氛圍中，青年學生熱衷西方哲學，中國哲學被冷落。唐君毅、牟宗三、徐復觀延續老師熊十力的理想與氣勢，開創當代新儒學返本開新的文化運動，他們的哲學體系博大精深，和胡適、錢穆的國學考據有濃厚的史學色彩不同，而極具哲學思辨的特色，王老師、曾老師私淑唐、牟，是因為唐、牟讓中國哲學以不同的面貌出現，對中國幾千年的文化傳統和中國哲學有重大的突破與開展，讓身為中國人的現代青年不會感到羞愧，原來我們有自家的哲學傳統與文化精神。在民族自卑感那樣強烈的時代，他們的講學能夠感動人心，因而觸動了王老師和曾老師的年輕生命。

身為學人的學思進路，本來就與天生才氣性向直接相干，曾昭旭老師溫柔敦厚、對學問能經由體驗走自反之路，較接近唐君毅先生；王邦雄老師則更能從人生病痛處切入，對人間社會有責任感，外王性格特為明顯，較接近牟宗三先生。也因此，王老師和曾老師雖同屬新儒家，他們講學和做學問處其實同中有異。曾老師出身數學系，研究船山學，看似曲折重事功，其實曾老師的學問乃是直接面對生命，開展現代亟需處理的兩性相處之道，亦即愛情學，他認為愛情其實是儒學中「仁」的最高型態，沒有法、禮、義可為保證，只能由雙方以最坦誠的態度，共同修人格

獨立的道，才能夠一起成熟圓成，不會互相牽引陷溺，這確實在傳統儒學的系統之下，又往前推進了一大步，對儒學的現代發展有時代意義。王邦雄老師在大學時就已反映出學術的路數，在師大修習《老子》時，張起鈞先生給了王老師98分的高分，另外，《韓非子》這門課任課老師也給了100分的滿分，顯示王老師對老莊、荀韓之學特別相應，之後也延續這一方面的學術研究。王邦雄老師有領導氣質，在師友之中常常展現大哥風範，提攜後輩不遺餘力。王老師講學特別看重文化傳統的繼承，期望學生能在孔孟、老莊思想的引導之下，貞定人生的方向，並開發生命的動力，不是空談學術，而是真正落實在日常生活之中。所以，王老師的著書講學，都反省人生應如何安頓身心，不講虛玄的哲理，而講親情、友誼道義，講人世間的緣與命，講人生關卡。

王老師和曾老師本身便是中國文人「游於藝」的典範，十分享受生活，也在生活中實踐生命理想。王老師善品茗，客廳上就掛有王仁鈞教授揮毫所題的「茶癡」二字，從烏龍喝到普洱，他還說「道在烏龍普洱間」。上課、演講，都隨身攜帶茶罐，特別喜愛普洱的深厚蘊藉感，和他給人溫暖深厚的感覺相呼應。王老師喜交遊，年輕時有豪傑之氣，常講江湖道義，因此在學界頗具善緣。養生之道除了品茗之外，打網球是每週固定的休閒運動。曾老師也喜品茗，不同於王老師喜茶的濃厚氣韻，曾老師喝茶偏向清淡雅趣，遇到交誼深厚的學生朋友，曾老師常以其字相贈，輔以自畫的蘭，展現中國文人書畫游藝的美感情趣。曾老師聲音

具有磁性，講學時字正腔圓，抑揚頓挫十分動聽。他常以自行車代步，平日的休閒是看電影，進而發展出頗具特色的電影詮釋學。

曾、王的學生們常和老師一邊喝茶，談學問，也談人生，在生活中濡染二位先生的學問。王老師有獅子座的霸氣，在中央大學任教時，王老師家住永和，曾老師則靠近大安森林公園，二人均坐校車往返台北和中壢之間，有時趕車，曾老師輒拔腿狂奔，之後還能和學生炫耀自己的身手矯健，王老師則敬而遠之，寧願優雅地搭乘計程車，也不能容許自己顯追車的狼狽相。

參、創辦《鵝湖月刊》，延續中華文化傳統

1975年，王邦雄取得國家文學博士，並在同年7月，和當時就讀博士班的曾昭旭、就讀碩士班的袁保新、岑溢成，以及剛從大學畢業的楊祖漢、萬金川，共創《鵝湖月刊》，一群年輕學人，因為對幾千年的中華文化有強烈的使命感，決心創辦雜誌，展現了年輕學人的理想、氣魄與擔當，創辦的理念是在「傳統與現代」、「中學與西學」之間建立會通的橋樑。

當時《鵝湖》的創辦有其時代問題與文化傳承的自我期許，大學生為「中學為體，西學為用」的現代化之路，與激發復興中華文化運動之間的衝突，尋找可能的出路，加上退出聯合國、保衛釣魚台等一連串事件，青年學子本於生命活力與理想追尋，面對時代，並回應時代。《鵝湖》的創辦人中，除了袁保新是輔仁

大學哲學系之外，皆出身於師大國文系。在學術、文化的思潮脈絡中，中文系是「中學為體」的大本營，但「西學為用」的強大壓力，使得中文系顯得保守老舊。中文系一向以義理、辭章、考據為架構，當時師大的學風不能滿足這些亟欲開創新局的學子，他們反省舊方法的不足，進而興起重振中國文化的熱血抱負。《鵝湖》除了在義理上用功之外，還有許多青年學者從文學史學加入這個行列，展現新的氣象，是中國文學和思想發展充滿朝氣的一段輝煌歲月。

當時，台灣社會瀰漫著追求民主與科學的狂熱，先秦孔孟、宋明理學似乎都成為妨礙進步的包袱，和自由主義相較，新儒家維護傳統的立場呈現了相對保守的態度。其實，《鵝湖》並非如此狹隘，《鵝湖》以本土儒學為根基，但也不排斥西方哲學，援引康德、黑格爾，證明中國義理不僅有可和西方哲學會通之處，更有自家唐牟的優越。袁保新、岑溢成精通西方哲學，岑溢成曾經留學德國，楊祖漢則是孔孟儒家與宋明理學的專家，萬金川更是精於梵文的佛學專家，在「鵝湖月刊社」中，中學、西學、傳統、現代，各種不同的哲學思想都有學者專家可以彼此辯難，相互激盪。

王老師、曾老師在當時已是炙手可熱的名師，在各地講學皆是一席難求。王邦雄老師就讀博士班時，已經在輔仁大學哲學系兼課，第一年開「老莊」，第二年開「論孟」，第三年開「韓非」，學生反應熱烈，和方東美先生同為最受學生歡迎的老師，當時剛辦《鵝湖》，充滿學術熱情，講課能感動青年人，連走道

都擠滿學生，蔚為盛況。龔鵬程先生在〈兩先生：王邦雄與曾昭旭〉一文中回憶，就讀淡江大學時，曾老師和戴璉璋先生分別擔任「中國哲學史」兩班的教席，都極為轟動，曾老師的課擠爆了宮燈教室，走廊上全排上椅子，學生們站在窗邊聆聽。後來王邦雄老師也來淡江授課，一樣受到學生熱烈歡迎。

曾老師、王老師的生命安頓之學具有感召力，袁保新、岑溢成、楊祖漢、萬金川諸位老師的講學亦是一時之選，《鵝湖》呈現出一種清新的學術力量，未有門派的標籤，廣納各種聲音，特別有動人的能量。因此，《鵝湖》草創，沒有任何財團法人、基金會的支持，雖然困難，但學生們不僅訂閱也自動自發去雜誌社幫忙，一邊幫忙，一邊討論學問，確實是在當時中文學界開展一種朝氣蓬勃的氣象。

《鵝湖》創立的那一年，剛好唐君毅先生回臺灣大學客座，11月，《鵝湖》邀請唐先生擔任第一次對外學術演講的主講人，並在隔年連載唐先生《病裡乾坤》一書。牟先生1994年從香港新亞書院退休之後，回臺灣定居，和《鵝湖》關係漸趨密切，影響也逐漸增大。因此，《鵝湖》的師友對唐、牟為代表的當代新儒學便有了傳承的歷史意義。

肆、中文所和哲學所人文薈萃，打造中央儒學重鎮

余傳韜先生擔任中央大學校長時，希望平衡以理工為主的學校架構，打造當代儒學重鎮，加強文學院的功能。牟先生那時在

師大演講，余校長特別去聆聽，結束後余校長當面邀約牟宗三先生到中大演講，當時，王邦雄老師也在場。牟先生指著王老師，跟余校長說：「你請他去講，他講得比我好！」余校長也真的就邀請了王老師到文學院演講，並親自去聽講。過二天余校長便親自致電給當時在淡江大學專任的王邦雄老師，聘請他至中央任教。

當時淡江大學尚無研究所，而余校長接受牟宗三先生的建議，打算成立哲學所，王老師覺得這是一個能夠實現理念的好機會，但基於情義的考量，雖然余校長多次邀約，他仍在獲得淡江大學張建邦校長的諒解之後才接受了余校長的聘書，並同時推薦當時任教於高雄師範大學的曾昭旭老師。

1986年，曾昭旭老師和王邦雄老師來到了中央大學執教，余校長極為禮遇。同年，王邦雄老師也向余校長引薦岑溢成、袁保新，創辦「鵝湖社」新儒學的學人們都陸續來到中央大學，一時之間，中文系的義理陣容聲勢浩大。隔年，又請到顏崑陽和龔鵬程兩位文學理論的名家，可惜後來龔鵬程先生另有規劃，僅來兼課。除了新儒家的標竿人物外，當時中文系有教授文字學的蔡信發老師，1983年從高師轉至中大的古典詩學大師張夢機老師，《紅樓夢》專家康來新老師，戲曲名家洪惟助老師等等，使得中文系人文薈萃，學術氣氛蓬勃。

在余校長與曾、王兩位先生擘劃之下，中大於1987年成立中文研究所，1988年由王邦雄老師規劃成立哲學研究所，曾昭旭時任中文系系主任。成立中文所時有二個理念：一是認為中國

義理不應是西方文學的附庸，應該以自己的義理為核心，去建構環繞著中國文化與哲學義理而成立的各種理論，包括建構出從自己的文學土壤中發展出來的文學理論。再者，中文系在本質上是國學系，以研究古書為範圍，內容包含政治、經濟、天文、醫學……，不應只限於文學研究，因此，接受非中文系的大學畢業生報考，期盼結合各領域的專業知識，鑽研歷代的典籍史料，可以達到科系整合的目的。哲學所的成立則是希望把傳統現代化，在吸收西方哲學之後，對中國傳統哲學可以重新理解與開創。

這樣的理想確實是宏大的，也可以看出余校長重視人文學科，結合中文系所、哲學所，展現打造中央大學人文重鎮的強烈企圖心。要實現這個理念，僅靠一個大學、一個科系，並不容易達到，想建構自家的文學理論是很龐大的工作，要使其他專業領域和中文系的傳統國學知識結合，也需要長時期的投入與養成。雖然當時有一些理工科系的學生因為這樣來報考，也往往是基於對中文的喜愛和熱情，並沒有在國學的訓練之下，再和本來大學時的專業素養結合發展。不過，這樣的努力一時間雖然無法立竿見影，但對日後學生的研究方向也產生了很大的影響。

通過當時中文系亮眼師資的號召力，有許多學生慕名而至，成立研究所也讓中央大學變成架構更完整的大學，讓文學院和理學院的發展趨近平衡，有一樣的份量。余校長特別重視通識教育，期許理工學生走出實驗室，到文學院聽課，促使文、理學生更多交流，科技仍須植根於人文。在通識教育已成為共識的今日，回顧當年余校長的規劃與期許，仍然可見其前瞻遠見。

當時，《國文天地》在台北開課，週一到週五，五門課全請中央的老師，包括王邦雄老師的「老莊」、曾昭旭老師的「論語」、蔡信發老師的「史記」、顏崑陽老師的「詩學」以及康來新老師的「紅樓夢」，可見得當時中央大學中文系受到重視之處。

　　因為余校長愛才的熱切之心，對文學院的規劃藍圖和發展的願景，從敦請牟宗三特別開講座，轉而禮聘王邦雄老師、曾昭旭老師在中大任教，後來陸續加入岑溢成、袁保新、朱建民諸位老師，確實使中大成為中國義理的發展重心，而和顏崑陽、張夢機之間師友融洽，中午常在中大校園一起散步，在後門餐廳一起用餐，風雲際會、豪情萬丈，可說是當時中大的一道風景，盛況空前。那樣的時代風氣，在校園民主運動之前，余校長主動到各地尋找人才，才能有這樣的風起雲湧的情形，現在講程序、講制度、講績效，有了更科學量化的方法，在學術上可能培養出更專精的教授，卻很難再出現如胡適、錢穆、唐君毅、牟宗三這般的大師了。

　　曾老師、王老師分別在2001年、2003年從中大退休，因為想要延續中大中國義理發展的優良傳統，為中文系延攬了萬金川老師、楊祖漢老師，為中大發展留下重要的資產。萬老師是佛經語言學和佛學思想的專家，帶領學生學習梵文，研讀佛經經典；楊祖漢老師是宋明理學的專家，同時關懷東亞儒學，並訓練研究生研讀康德，落實了當初「傳統與現代」、「中學與西學」會通的研究目標。楊老師成立了儒學研究中心，對於儒學在中大的發

展不遺餘力，持續培育儒學的新生代研究者，讓中大的義理研究一直具有自己的發展特色，在儒學傳承上也有重大價值。

伍、身體實踐，推廣儒道哲學，成爲生命導師

龔鵬程在〈兩先生：王邦雄與曾昭旭〉提到學院中人對二位老師的評價有些曖昧，一方面很欽佩，一方面又不以為然，原因是曾、王兩位老師的文字多用日常語言，而非學術上概念清晰、高度抽象化的哲學語言，寫的文章多向大眾說話，而不是在被學界評等認可的學術期刊發表。但龔鵬程認為外界看法並不妨礙曾、王兩位老師所樹立的人文成就。

曾老師認為自己是生活型的教授，不求聞達，他並不需要用學術上客觀的數據來證明自己，他的價值觀只想認認真真做個真誠的人。這正是曾老師、王老師不同於其他學術型學者的特殊處，這個時代，不乏研究表現傑出的優秀學者，但卻缺少曾、王這樣感動群眾的哲學家。曾、王秉持中國儒學仁者愛人的純正精神，強調哲學的培養不應是閉門造車、紙上談兵，應該走入人群，推己及人。

王老師、曾老師帶研究生，是從生活中學，他們認為研究生已經有足夠的思辨能力，但做學問的過程中會有疑惑、有苦悶、有茫然、有孤獨之處，二位老師總是學生身心休憩時的溫暖懷抱，因此和老師學孔孟之學、學老莊之道，總是心領神會，更能直契古哲學家的精神。

對義理的教學培養，二位老師還是有學術專業上的精進方法學，中央大學中文系的課程，在二位老師的時代，便立下一至四年級分別開設「論語」、「孟子」、「老子」、「莊子」四門課程，修過「論語」才能修「孟子」，修過「論」、「孟」才能修「老」、「莊」，通過設計有思想脈絡的發展和進程，希望把人文的理念在中央大學通過中文系和哲學所實現。

曾老師特別重視導師制度，他認為在中大令他印象最深刻的也是導師經驗。在系主任的任內，他便主張導師應該帶導生四年，而非年年更換，才能形塑一個班風，真正了解每個學生。因此在卸任之後，便親身實踐這個理念，他認為必須持續和學生接觸才能展現成效。他在一年級至四年級均開設一門課，大一到大四分別開設「大一國文」，「電影欣賞與批評」，「莊子」，「中國思想史」，因此有了更多和學生接觸的機會。

在對導師制度理念的親身實踐之後，曾老師帶出了一班具備凝聚力，師生和同學之間感情非常好的班級。教學處處見到小創意，重視人我關係、師生關係。學生能感受老師的誠意懇切，直至如今，畢業超過二十五年，他們仍然維持每年一次，兩天一夜的同學會，十分難得。這個班級出現了好些傑出校友，其中為人所知的，包括了小說家陳雪，和美食評論作家葉怡蘭，都是曾老師的學生，並自覺受到曾老師啟發甚大。陳雪曾經說：「所謂的『老師』，在我心中已成專有名詞，是我大學的導師曾昭旭。」曾老師是第一個肯定陳雪寫作能力的老師，也是在陳雪覺得生命已在懸崖邊時，扶住她沒讓她掉下去的恩師，曾老師的言教身

教，給了她寫作堅持下去的力量。

這就是二位老師的學問，也是他們在人文領域最大的成就。哲學的目的是安頓身心，透過修己得以安人，王老師講學重在安頓人心，談孔孟、論老莊，學問不僅要通，還必須透，作為當代的知識份子，所關懷的和所做的學問應是彼此扣合的。現代人的生活忙碌不堪，茫然不定，人文心靈盲昧不明，一味追求人間社會流行的價值標準，沒有活出自己的方向，生命無所依傍，在「人生關卡」中，如何找到「當代人心靈的歸鄉」一直是王老師的人生關懷，也是王老師在教學時特別用心之處，現今師者，成為授課工具，教學只是金錢與技術的等價交換，但王老師曾老師卻能傳道、解惑，真正成就儒家的師道。

因此，王老師曾老師南北奔走，四處講學，教人如何安頓身心，面對人間世的瞬息萬變，從不安處入手，他們的文章不談哲學的深奧之處，只談哲學的親切之處，其影響力遠遠勝過只寫給菁英份子看的學術論文，二位老師是向社會大眾說話，真正為儒家傳承有所貢獻。

陸、王邦雄：儒道之間，活出自己的風格來

在牟宗三先生的弟子之中，王邦雄老師不是直接師承，卻是最親近的弟子之一，儘管《鵝湖》後來常闡發牟先生的學問，但王老師卻從牟先生縝密的哲學體系之中，走出另一套學問之路。

哲學常論及人生的病痛處，加以反省、批評，但對王老師來

說，這些都是有意義的考驗。王老師綜合儒道之學，認為面對同樣的人生困境，儒道從不同反省方向入手，都為了解決人生的問題。在《儒道之間》的序文中，王老師就說：「儒家告訴我們什麼是好的，道家啟發我們如何成全我們的好。」儒家的美善，有待道家的空靈來成全，儒家實現人生正面的美善價值，道家化解人生負面的壓力困苦。這便是王老師學問最重要的儒道會通的實踐意義。

　　王邦雄老師的博士論文寫《韓非子政治哲學的研究》，法家有時代感與現實關懷，和王老師博士班的年輕豪情有相應之處，因而會以之為研究對象。1993年他將講莊的講詞出版，名為《莊子道》，當時王老師在中大任教，有感於生命中多背負儒家理想式的擔負壓力，學人英雄形相應當解消放下，在人間散步的心情，反而近於莊子獨步千古閒散自在的意態風貌。王老師的生命型態和學思屬性，或許可以從他的自陳中略得一二：「人生的好與不好的自覺，自儒家來，而好與不好的工夫，也當在儒家做。好與不好是高貴，也是負擔，把好與不好的分別解消，不執著高貴，也可以放下重擔，或許，這就是一個儒學門徒解讀老莊的心路歷程吧！」（《莊子道》自序）所以，王老師的生活態度近於道家，對生命的理想關懷卻是儒家。王老師有俠義性情，對師友講兄弟道義，對學生晚輩寬厚提攜，對儒學有承擔的使命，對生命的脆弱有理解同情，對人世間的陰暗不平有寬和包容，他不是求一人的自得修養，而是要共成一個人文世界。

　　王邦雄老師講孔孟、講老莊超過了四十年，就義理的部分已

在中壯年便趨成熟，後來的講學更致力於生命體驗的闡發。義理的圓熟在教學生涯中造成學生搶位置聽課的熱烈盛況，生命的感發則在後來對民間講學時的生命觸動。二者均是因為真誠，所以能夠有動人的力量。

王老師不只在大學、研究所講老莊，數十年來也在民間講學，主要講老莊原典，是因為歲月的錘鍊讓他對生命的靈動有更多消化體會。從大學教席退休後，他把近乎成熟，講習數十年的老、莊，逐章逐句的寫出而給出現代詮解，《老子道德經的現代解讀》、《莊子內七篇‧外秋水‧雜天下的現代解讀》、《道家思想經典文論》可為他的學思歷程的總體呈現，而王老師對儒家的義理分析主要可見《論語義理疏解》、《孟子義理疏解》。不僅如此，王老師還精研法家之學，對《韓非子》的見解有獨到之處，下一步的人生規劃便是將《荀子》、《韓非子》的研究心得撰寫成書。他認為荀韓的思想要從老莊來切入理解，且各家思想不是各自分立的，而有其連貫，他將整個先秦思想的發展構成一個人文的進程，這也是王老師最特殊的見解。他認為從孔孟、老莊到荀韓，是中國哲學極重要的進展，也是逐漸走向客觀化的過程。孔孟為了救治周文疲弊與禮壞樂崩，開出仁心義理的根本，但是儒家的理想性太強，理想擔負轉成生命的負擔，有待老莊之道來消解。王老師講儒家通過老莊去講，老莊講「絕聖棄智」、「絕仁棄義」，絕棄不是反對，而是在心中解消執著，絕棄是以虛靜心的化解作用，而作用的保存儒家的理想。而荀韓的認知心是受到老莊的影響，卻由觀照轉向平面的認知，進而建構客觀化

的禮制，老莊的美善來自無心自然，心知執著的人為造作帶來偏見與傲慢的謬誤，荀韓卻認為天生自然沒有善，善是人為制作而來，所謂「起偽化性」，即是人為制作的禮樂人文，化成天生自然的人性，教育的意義和可貴也正在此。

王老師對千年文化傳統的認同感很強，一轉而為傳承文化傳統的使命感，當大家都認為積弱的中國，要努力學習西方的科學民主，大倡「中學為體，西學為用」，王老師卻說從自家文化發展的脈絡，我們可以「中學為體」，也「中學為用」，現代化的科學與民主，背後即是荀韓的認知心靈，知識就是認知心，我們的文化中早就有了。從文化發展的脈絡來看，孔孟到老莊是重要的一步，老莊到荀韓又是重要的一步，從孔孟到老莊才有民主的心態，不然儒家總是「擇善而固執之」，一直認為自己是對的人不會講民主，所以道家講「絕聖棄智」、「絕仁棄義」，「絕棄」就是「聖人無常心，以百姓心為心」，這不正是民主最佳的註解嗎？科學技術與民主法治需要在體制內做有效的管理，即有待荀韓的認知心，韓非的計算心背後是認知心，政府的編列預算，工商業的生產線行銷網，如同科研的量化處理。學界常把韓非的「術」看作權謀算計，甚至陰沉險惡，只講法家的陰暗面，忽略法家奉公法、廢私術之依法行政的正面意義，我們不該忌諱講「術」，術是方法論，正是現今實證科學之價值中立的實務操作。

由此可知，王老師論學寫書仍不離人生，不離社會，這同時亦是先秦儒學的學思屬性，如同牟先生所言，中國哲學乃是生命

的學問，王邦雄老師一生學問的貢獻處便在於此。

柒、曾昭旭：當代愛情義理學的理論建構與發揚

曾昭旭老師身為當代新儒家第三代代表人物之一，並非將儒學視為象牙塔中的學術文字遊戲，而是從中國義理的詮釋中，體悟出儒家愛情義理學，並且身體力行，以四處講學，實際心理輔導的方式，將儒家生命學問具體實踐在人間。曾昭旭老師的學思型態正展現了當代儒家如何從傳統義理中汲取智慧，用以回應當下時空所遭遇的現實問題。

曾老師的博士論文寫的是《王船山及其學術》，因此學思體系方法論便奠基於王船山所提出的「兩端一致論」。曾昭旭老師解釋所謂的兩端，是指形而上的道，包括超越的理與絕對自由的心，其二是形而下的器，包含表象界的萬物與相對應的語言。而所謂的「一致」是指透過辯證的對話與互動，說明兩端終為一體。這原本是王船山為了詮釋易學所提出的理論，易學通達中國哲學中的宇宙觀與人生觀，因此這套理論經過曾昭旭老師的詮釋之後更顯出其能夠融攝人生的理論深度廣度。曾老師進一步闡釋人的生命本來是澄清無憾，與天道不隔，但是落實在具體現實世界中，難免有不滿、遺憾、困頓、難堪，當生命有了陰影傷痕，形而下的具體生命便與形而上的理體不通，人心僵化異化成病，遂生出各種醜陋罪惡。曾老師強調，若是此時能以自覺的功夫，豁然警醒其創造的良心，身心性情之間往復循環辯證，讓僵化的

生命重新恢復健康，讓破裂隔閡的生命重新找回價值根源，遂達成個人生命的圓滿成就。

曾老師從王船山之處所捻出「兩端一致論」作為主要方法論的意義在於，讓儒學不只是束諸高閣的理論，而轉變成能在具體人生當中實踐的思想。曾老師剖析己學有別於宋明儒者之處，在於前人多從本體推擴，他自陳自己的學問是：「要從根源處落下的時候，體要真實發用及物，本要涉及末，心要涉及身，愛要涉及情，這就是有待自覺且平放的心，從有限隔閡處慢慢做生命的溝通才行。」[1] 也因此曾老師日後選擇愛情此一主題，作為自己學問的具體實踐處。

曾昭旭教授最為人所熟知的是一系列愛情義理學的建構。在儒家的體系中，論述多半是以君臣父子等縱向的倫理實踐為主，歷來沒有儒者認真論述五倫當中的夫妻倫。曾老師分析這是過去時代所限，而今重視男女平權，建構關於儒家對愛情的看法，正是當代儒者不能迴避的課題。

曾老師指出儒學是生命實踐的動力學，此動力來自天道所賦予人的本性良知，而當人的生命健全無礙之時，便能由內向外發為愛之關懷，此孔子所謂忠恕之道，己立立人己達達人的境界。而最理想的愛情應該建立在兩個獨立的真誠生命融合互動。這兩個獨立個體在愛中互相幫助，互相成全對方。曾昭旭老師說：「於是雙方之主體必須合一，卻又不是彼此從屬的併吞合一，而

1　見曾昭旭，〈王邦雄、曾昭旭兩先生七十大壽慶祝會紀錄〉，《鵝湖月刊》，第441期（2012年3月），頁63。

是雖合一卻雙方都仍不喪失其主體性的二而一，一而二的合一。」[2] 這種狀態才是真愛。反之世人多錯把愛情當成一時的浪漫，強者只想佔有對方，弱者只想依賴對方，這樣不健全的狀態必定難敵時間流逝，之後生出眾多仇恨憾事。

即使兩人相愛之始於真誠無私，但處於真實世界之中，相愛的兩人仍然要面對貧窮病苦、人際關係互相傾軋等各種考驗。為此，愛情也需要有修養工夫。曾老師要化消這些考驗：「此心反歸於真誠無私，更要秉此真誠無私之心再度落入紅塵(形軀肉身、習氣成見、環境體制)，去轉化種種限隔為兩心之通道，以重證兩心之合一。」[3] 而通過此一愛情學的修持，兩人終能互相扶持，一起跨越身心衰敗災厄困頓的種種障礙。向外面對社會，兩人能產生更多能量立人達人。向內面對自身，也因生命充滿意義，有所支持，而無懼於生死大限，成為身心安定的依據。曾昭旭老師所開展的愛情義理學論述，實是當代儒學理論不可忽視的高峰。

捌、中大百年，對中文人的期許與展望

為了中大百年紀念訪問兩位先生，他們對於目前台灣文化環

---

2 見曾昭旭，〈愛情學之本體論與工夫論──再論心性學與愛情學〉，《淡江中文學報》，第14期（2006年6月），頁6。

3 見曾昭旭，〈愛情學之本體論與工夫論──再論心性學與愛情學〉，《淡江中文學報》，第14期（2006年6月），頁11。

境重功利輕人文的風氣頗為擔憂，同時他們在中央任教多年，對於中央更有著深深關懷，因此二位先生都分別對中央與中文人提出了建言與期許。

臺灣目前傾力發展科技，凡事注重數據與效率，不外乎是要追求更進步更快樂的生活方式。詎料物質生活水準提升之後，但人的幸福指數卻成反比，當今社會人心浮動，忙碌不堪，憂鬱躁鬱諸種精神疾病普遍，自殺事件頻傳，目前已到了必須停下腳步反思未來方向的時刻。或許答案就在被忽視的中國文化傳統當中。

曾昭旭教授分析當代社會輕視人文的弊病：「西方文化逐漸出現一些流弊，基督信仰的衰退，天主教信徒增加最多的不是在歐洲、美洲，是在南美洲、非洲、亞洲，例如韓國便是基督教的新興基地。因為西方文化領導風騷三百年，導致非常嚴重的人的心靈問題，過度的外在的物質層面的開發，忽略了人的精神，過去人的精神可以交給基督宗教，但基督教沒落後，出現許多人的心靈問題，例如憂鬱症，人找不到安身立命之所。」當人不能為自己存在找到價值，再多的物質享受都於事無補，成為心靈文盲。王邦雄教授則說：「人作為自然物，我們忙碌不堪，作為社會人茫然不定，人文心靈盲昧不明，因此社會不定，沒有方向感，所以總是忙碌。」想要追求快樂而不從貞定內心方向開始，再多努力都是緣木求魚，枉費氣力。

因之曾昭旭老師要中文人不要妄自菲薄，中國文化真正有著無可替代的價值意義，只是在時代發展之下，尚未被認清：「從

明朝開始，中西文化平等交流，但到了後來，近二百年是東方去西方取科學民主的經，現在是西方要到東方修安身立命的經，所以中文在未來一定是非常被世人所需要的。因為就安身立命來說，中華文化才是真正的大宗師，所以中文系的學生要預先把該做好的功課準備好，尤其保留中華文化的精髓，臺灣優於大陸，不要西方來尋求時，自己沒有準備。」中國人文傳統在台灣一脈相傳沒有斷絕，新儒家的傳統經由鵝湖諸君子提倡更發揚光大，因此臺灣的中文人有著無可替代的重要地位，面對未來時代的挑戰，更需要有更大的準備來應對。

王邦雄老師也說現代人的出路要從傳統裡去尋求、去開發：「人人身上一部經典，這是千年文化傳統，貫串幾千年在每個世代的每個人的心中，這絕對不能失傳。」所謂的傳統不是陳風舊俗，而是寄託聖人智慧的經典。而東方思想的精髓正是在反思自身，廓深對心靈的認識。因而人人心中所欲所求，乃至可光大可長久的方向，都早已被寫在經典當中，這正是所謂人人身上一部經典。中文人未來努力的理念正應該是將聚集中國文化精髓的經典給予當代詮釋，跟當代生活結合，曾、王兩位先生致力於創辦中研所、哲研所，倡言應用倫理，身體力行教育學生，乃至於四處講學，都是在實踐這點。王邦雄老師說：「因此講的是經典，但跟生活有結合，寫的文章背後有時代感受，一個人會發光的地方一定是責任感、理想性的地方，失去這個就沒有動力，也開不出方向。現代人太容易被時代思潮引領而去，你會變成迷失，會迷失在現代的十字街頭，因為變化太快速、太複雜了。」

更進一步究其原因，目前重科技輕人文的風氣，起源於全球化之下的國際競爭。在物質與科技層面的進展，固然需要努力迎頭趕上，但仍不能因此迷失方向，一味西化。王邦雄說：「今天的時代關懷在地球村與普世化，地球要有未來，生態平衡的環境保護已成普世化的價值，也得保有獨特性，每一個國家、每一個人文地區還是有自己的傳統，普世化要從我們的傳統中去回應全球的變局，承擔全球的責任，但背後還是要有自己的傳統。不是變成地球村的公民，就忽視自己的文化心靈和精神特質。不能淪為他國的文化殖民地或次殖民地，心靈雖然隱微，但卻是最顯現，人文還是根本。」如果失落自己文化的特色，無法得到世界各文化地區的重視，反之，唯有回歸中國文化傳統的源頭活水再次出發，重新詮釋文化傳統，轉為世界的資產，才是建構文化傳統的普世價值。

　　在這樣的進程中，曾、王兩位先生期許中央大學持續肩負傳承文化的責任。王邦雄說：「對中央大學來說，新儒學不是某一學派，它講論傳承的是幾千年文化傳統，中央大學中文所哲學所，不要太被現代思潮、現實功利給引領而去，而當在傳統找尋現代的出路。」曾昭旭、王邦雄老師為中央大學奠定新儒家研究的研究團隊，目前仍然有楊祖漢、岑溢成、萬金川等教授堅持儒學的研究與傳承，所成立的儒學研究中心仍然抱持著「引傳統進入現代、讓經典回歸生活」的理念。曾昭旭老師說：「中央有非常好的過去的歷史淵源，對中國傳統的儒學、身心性命的修養之學，中央是有傳統的，中央的同學應有這樣的自覺，承接前賢的

餘緒，光大我們的中央中文系的學問。」由此可見，中大確實站在一個重要樞紐的位置上。

即使面對現代化的諸種質疑，中大人仍然應該挺立擔當身為中文人的責任，王邦雄教授期許道：「人文的種子需要被延續，面對現代化，人文仍然要有使命感、理想性。希望中大的中文所、哲學所能堅持人文的精神和理想，作一個學者要有時代感、存在感，面對時代的難題，要走出自己的路來。」事實上，儒學原本就是孔子為了回應戰國時代的難題所得到的解答，而後在歷史上，儒學持續歷經各種各樣時代的考驗，而有賴不同時代的儒者持續給出新的回應，方才讓儒學代代相傳，開出新的花果。在二十一世紀的當下，時局仍然艱難，但這才是吾輩所應發揮責任感、理想性的地方。

◎ 因本文非學術著作，因而未嚴格作註，關於本文參考文章，請參見如下：

‧王邦雄，〈我所知道的中文系〉，《中國時報‧人間副刊》，2003年7月21日。

‧曾昭旭，〈愛情學之本體論與工夫論：再論心性學與愛情學〉，《淡江中文學報》，第14期（2006年6月），頁1-14。

‧龔鵬程，〈兩先生：王邦雄與曾昭旭〉，《書目季刊》，45卷3期（2011年12月），頁101-120。

‧周伯霖，《曾昭旭生命教育思想研究》，南華大學生死學系碩

士論文，2014年6月。

· 〈王邦雄、曾昭旭兩先生七十大壽慶祝會紀錄〉，《鵝湖月刊》，第441期（2012年3月）。

弦誦斯崇，甲於南東
——中大戲曲教育的奠基、傳承與開展

孫致文

國立中央大學中國文學系助理教授

壹、緒言

「自昔戲曲之作，文章家輒目為小道，《藝文》、《四庫》皆不著錄，亡佚散失，至不可究詰。……故考訂之難，十倍於經史。」這是吳梅於 1931 年任教於中央大學時寫下的句子。[1] 百年之前，「戲曲」創作與研究都普遍被學者視為「小道」、「末技」；扭轉這種觀念的關鍵人物，學術界公認是王國維與吳梅二人。對這兩位開創戲曲研究的名家，錢基博在《現代中國文學史》中有扼要且精到的評論：

> 曲學之興，國維治之三年，未若吳梅之劬以畢生；國維限於元曲，未若吳梅之集其大成；國維詳其歷史，未若吳梅之發其條例；國維賞其文學，未若吳梅之析其聲律。而論曲學者，並世要推吳梅為大師云！

---

1 吳梅，〈中國近世戲曲史序〉，《吳梅全集·理論卷中》，頁989。

王國維的戲曲研究成果，以《宋元戲曲史》為代表；此書是王國維歷史文獻考證的諸多學術成就之一。當代學者陳平原即說：「戲劇研究只是王國維波瀾壯闊的學術生涯的一站，開創新局面後，即迅速撤離。」[2] 王國維的志趣不在戲曲，甚至據說也不愛看戲。至於吳梅，則以畢生之力從事戲曲的教學、創作、研究與推廣。

自 1922 年應聘在東南大學（1928 年改名「中央大學」）任教，除 1927 年曾因東南大學停辦而短暫離開，直至 1937 年中大遷校重慶為止，吳梅都在東南大學、中央大學中文系任教，且在金陵大學兼課。《中國戲曲概論》、《詞學通論》、《元劇研究ABC》、《遼金元文學史》、《南北詞簡譜》、《霜崖曲跋》等吳梅重要學術著作，都在這段時間完成、出版；另一影響長遠的名著《曲學通論》，也在這時正式定名出版。這些著作正是中國戲曲研究的基石。

若說吳梅是戲曲研究開風氣之先的拓荒者，則他在東南大學、中央大學任教時期培育出的優秀學生，無疑是戲曲研究最強而有力的建設者：王玉章、唐圭璋、盧前、王季思等人，在各大學任教，日後都成為詞曲研究的佼佼者。又有多位雖非東大、中大學生，但在南京同樣受吳梅指導、培育者，如任訥（字中敏，號二北）、錢南揚、汪經昌、萬雲駿，日後也在曲學方面有卓著的表現。

---

2 陳平原，〈中國戲劇研究的三種路向〉，《中山大學學報》，第 3 期（2010 年，廣州），頁 1-27。

1949年，吳梅弟子汪經昌、盧前弟子盧元駿隨政府來臺，其後分別在臺灣師範大學、政治大學、文化大學等校任教；而在中壢的中央大學教授詞、曲逾四十年的洪惟助，正是尉素秋、汪經昌、盧元駿的學生。1992年洪惟助在中大創設「戲曲研究室」，其後又籌設中文研究所戲曲碩士班、博士班，2002年更出版了全世界首部《崑曲辭典》。此外，正在籌設的中大「崑曲博物館」，則將會是全球第一座以崑曲為主題的大學博物館。就臺灣戲曲發展與研究而言，洪惟助和中大現任戲曲教師則又不僅是傳承者，更肩負著重要的開展任務。

　　中大人可以自信地說：中國戲曲研究，在中大萌芽，在中大茁壯，在中大開花結果，更將進而傳播四方。

貳、廣博易良吳之風——曲學宗師吳梅

　　《禮記‧經解》：「廣博易良，《樂》教也。」吳梅於1927年為得意弟子盧前的劇作《飲虹五種》所作序文中，有一段文字，頗能代表他對「曲」、「樂」之教的看法：

　　　蓋禮教廢而人倫絕，夫婦之離合，不獨可覘世風之變，而人
　　　情之淳澆，即國家興亡所繫焉。曲雖小藝，實陳國風，而可
　　　忽視之乎？[3]

---

3 吳梅，〈飲虹五種序〉，《吳梅全集‧理論卷中》，頁1014。

吳梅畢生貢獻，實可說是「《樂》教」的體現；而吳梅「《樂》教」所及，在東南大學、中央大學培養了不少傑出弟子。

吳梅（1884-1939），字瞿安，一字靈鵁，晚號霜崖（也作「霜厓」）。長洲（今屬蘇州市）人。幼年習舉子業、學八股文，卻不感興趣，因此參加科考並不順利。後來雖然豁然領悟八股文寫作技巧，在1901年十八歲那年，以第一名補為長洲縣學生員（俗稱「秀才」），卻仍於兩次鄉試中失利。1905年清廷廢止科舉考試，吳梅擺脫科舉考試的束縛，開展他教學與研究的生涯。在蘇州一所小學短暫任職後，經友人黃人介紹，吳梅於1905年秋天進入基督教會所辦的「東吳大學堂」任職。這位友人，正是日後完成第一部國人所撰《中國文學史》的黃摩西，而吳梅在東吳大學堂最主要的任務，便是協助編撰這部《中國文學史》。

任職於東吳後，吳梅又歷任蘇州存古學堂、南京第四師範學校、上海民立中學等校教職。1916年，商務印書館出版了吳梅《顧曲塵談》一書。在此之前雖已陸續創作、發表了幾部劇作、曲話，但《顧曲塵談》是奠定吳梅學術地位的代表作；據說，北京大學校長蔡元培，正是購讀了此書，才於1917年聘請吳梅至北大任教。

蔡元培對《紅樓夢》研究甚深，他喜歡看戲，更重視北大學生書法、音樂、繪畫等方面的美育。從這點看來，聘請吳梅至北大授課，並不令人意外。然而，在北大開設曲學課程，可說是破天荒之舉。不但北大校園內有知名教授質疑，據說上海也有報紙

刊載文章數落，直言大學不應教授「元曲」這種「亡國之音」。所幸，在校長蔡元培的支持與當時文科學長陳獨秀對質疑聲浪的公開反駁，吳梅並未捲入這場紛爭，教學未受影響。在北大任教五年，培養的學生中最傑出的當屬任訥與俞平伯（名銘衡，以字行）二位。

1921年7月，「東南大學」正式成立，陳中凡（原名鐘凡，號斠玄）應聘為東南大學國文部主任兼教授，次年上任，並自北大聘請吳梅至東南大學任教。陳中凡在北大就讀研究所時，同時又擔任北大文科預科補習班國文教員，據說當時與吳梅同住在一座教員宿舍，且「對他的曲學成就十分欽佩，經常請教，並跟他學唱崑曲，情誼日深。」[4] 1922年秋天，吳梅舉家南返，在南京大石橋廿二號租屋而居。

據目前所見檔案可知，1922年6月6日東南大學文理科主任劉伯明曾向校長郭秉文推薦聘請王國維。郭校長於6月8日即致函當時同濟大學校長沈恩孚（字信卿），請他代邀王國維至東南大學「教授詞曲詩賦等各項學程」。[5] 王國維當時在上海猶太富商哈同所辦的倉聖明智大學任教，多次推辭北大的邀聘，只在1922年以「不受職位、不責到校」的條件受聘為北大研究所國學門通信導師。王國維曾以「不應學校之請」，向羅振玉明確表達了他「前清遺老」的心態，或正因此，他並未接受中華民國第

---

4 參見吳新雷，〈吳梅遺稿《霜崖曲話》的發現及探究〉，《南京大學學報》，第4期（1990年）。吳新雷是陳中凡在（南京）中央大學的學生，其後在南京大學任教多年。
5 《南大百年實錄‧上卷 中央大學史料選》（南京：南京大學出版社，2002），頁202-203。

二所國立大學「東南大學」的邀聘。

王國維、吳梅雖然沒能同時在國文系任教，但新成立的東南大學積極邀聘兩位戲曲領域知名學者，實應是中國大學教育史與戲曲研究史中不應抹滅的紀錄。

對吳梅受聘至東南大學開課，當時學生陳旭輪曾回憶：「吳中吳霜厓師（梅）新由北大移硯東南，諸生仰其文采風流，選讀其詞章之學者，盛況空前。」[6] 可見東南大學的學生十分敬仰吳梅，並踴躍選修吳梅所開的課。據1923年4月編印的《國立東南大學一覽》和1930年編印的《國立中央大學一覽·文學院概況》等檔案記載，吳梅開設的課程有「曲學通論」、「詞學通論」、「曲選」、「詞選」、「戲曲概論」、「南北詞律譜」、「曲論」等課程。這些課程，不但能讓吳梅一展所長，更讓原本被視為小道、末技的詞曲、戲曲，在大學的土壤裡生根。

關於吳梅在東南大學、中央大學的教學生活，近時有多本傳記可參閱；[7] 最直接的資料，則是吳梅身後留下了1931年至1937年任教於中大期間的日記，其中頗有關於中大師生、校況的記述。[8] 在1931年的日記中，多次記載中大欠薪的情事，再加上吳梅經常腸胃不適，生活並不順遂，但他都並未因此倦勤。1931

---

6 陳旭輪，〈關於黃摩西〉，《文史》，第1期（1944年1月），轉引自苗懷明，《吳梅評傳》（南京：南京大學出版社，2012），頁169。

7 如王衛民，《曲學大成 後世師表——吳梅評傳》（上海：上海古籍出版社，2010）；苗懷民，《吳梅評傳》（南京：南京大學出版社，2012）。此外，王衛民又蒐羅了吳梅弟子和後世學者對他生平和學術的文章，編成《吳梅和他的世界》一書（石家莊：河北教育出版社，2002）。

8 日記已由王衛民整理，收入《吳梅全集》（石家莊：河北教育出版社，2002）。以下引用吳梅日記，皆據此本，不另標示出處。

年11月6日（舊曆9月27日，以下皆不記舊曆）日記中寫到：「天未明，即起，大便，腹痛如絞，便後復臥。辰初起身，已紅日滿窗矣。初擬請假休養，繼思來寧即為授徒，苟可起床，何必荒人學業，因仍到校。」11月9日病況似未好轉：「早起，體微有不適，遂不食早點。是日為全國學生義勇團大閱期，校中停課，余即寓中改課卷，無有愜意者。」11月13日又記：「早起體有不適，欲請假休養，繼思不可荒廢學生學業，仍驅車去。」即便身體不適，也因想到「不可荒廢學生學業」，而支撐病體到校授課；即便學校停課，也在病中批改學生作業。教學勤勉若此，實可感人。

　　無論是在北京大學，或是在東南大學、中央大學，吳梅講授曲學課程時，常帶著曲笛；除了講授，更在課堂親自擫笛，讓學生了解宮調、笛色，也教學生唱曲。戲曲原本就不只是文學讀本，知曉音律，甚至親自唱、演，才能真切了解戲曲作品；也唯有如此，才能創作出詞律雙美的劇作。

　　吳梅教學，講究「取法乎上」，更要求學生「潛心做學問」、「下笨工夫」。無論詩、詞、曲，吳梅的造詣都很高。他的詩歌創作，受教於陳三立（號散原，陳寅恪之父）；詞的創作與研究，則師事朱祖謀（號彊村）。至於崑曲的唱唸，則得到俞宗海（字粟廬，俞振飛之父）的指導。[9]「取法乎上」的要求，表現在吳梅對學生的習作要求上；東大國文系校友尉素秋（來臺

---

9 吳梅於遺囑中寫到：「詩得散原老人，詞得彊村遺民，曲得粟廬先生，從容談讌，所獲良多。」

後曾任教於中央大學、成功大學等校）就在回憶中提及：

> 瞿安師教我們填詞，總選些難題、險韻、僻調，把我們逼得
> 叫苦連天，越往後反而漸覺容易了。瞿安師解釋先難後易的
> 道理說：「射人先射馬，擒賊先擒王，倘作詞只會浣溪紗，
> 作詩只會五七言絕句，那是沒用處的。」[10]

可以推想，「先難後易」一則使學生不至於誤以詞曲創作為簡易
之道，再則也不容易在初學之時養成志得意滿的壞習氣。然而，
「先難」，是否便把學生嚇跑？或許由於吳梅循循善誘的教學方
式，學生反而都樂在其中。後來在廣州中山大學任教的知名學者
王季思，曾寫下他在吳梅指導下學習填詞的記憶：

> 當民國十三年的二、三月間，我才是東南大學一年級學生，
> 選讀了吳瞿安先生的詞選課。先生以同學們多數不會填詞，
> 為增加我們的練習機會和寫作興趣起見，在某一個星期日的
> 下午，找我們到他的寓處去。他備了一些茶，瓜子，拿出一
> 本歸玄莊的《萬古愁》曲本給我們看。隨出一個題目，叫大
> 家試作，他更從書架上拿下那萬紅友的《詞律》，戈順卿的
> 《詞韻》，給我們翻檢。初學填詞，困難是很多的，有了老
> 師在旁邊隨時指點，隨時改正，居然在三四個鐘頭裡，各人

---

10 尉素秋，《秋聲詞・校後記》（臺北：帕米爾書局，1967），頁108。

都填成了一闋。[11]

　　為了引發學習興趣，並讓學生有更豐沛的創作靈感，吳梅和當時國文系的師長經常和學生們在假日同遊南京名勝，並作詩、詞唱和。即便是考試，吳梅的安排也十分風雅；國文系校友方遠堯（來臺後任教於臺灣師範大學國文系，並曾在中央大學中文系兼課），曾撰文回憶吳梅在中大授課的情況：

> 我還記得他教「曲律」的考試，是在秦淮河畔六朝居餐館舉
> 行，那期選讀的只有十多位，大家各帶曲譜及紙筆墨硯，於
> 午前九時到達，臨時指定一人，隨手翻開書本選調，誰也取
> 不了巧。他自己也同樣作的。他先作好，便打譜。到十二時
> 大家都交卷了，於是圍坐一張大圓桌，一面飲食，一面吹唱
> 起來，真是難得的一次雅集。[12]

正因為吳梅擅於誘發學生的學習興志，學生似乎都不畏難，甚至對詩、詞、曲都產生強烈的興趣。這些受吳梅啟迪的東南大學學生們，進而發起組成一個詞社，吳梅為他們命名為「潛社」。盧前說：

---

11 王季思，〈憶潛社〉，原載《擊鬼集》（1942年出版），今據王衛民所編《吳梅和他的世界》收錄者。引文見該書頁72。

12 方遠堯，〈中大早期的中文系〉，刊於《國立中央大學六十週年紀念特刊》（中壢：國立中央大學，1975年12月），頁67-70。

潛社之集，為前去南雍前一年事。霜厓師實主之，每月一集，以詞課為常，間亦課曲。在萬全酒家舉行次數最多。或賣舟秦淮，其舟曰「多麗舫」。社友既集，擇調命題，舟乃蕩至復成橋下。戊辰季秋，師歸自粵，重集多麗舫，……然此後麗舫時有潛社之集。上海光華大學亦常組潛社，時前與霜師同執教其間。師回中央大學，僅舉社集一次，前代主之，所作常匯刊《小雅》雜誌中。而南京潛社則有專刊，都詞曲二百餘首。[13]

位於夫子廟前的「萬全酒家」（吳梅、黃侃等人日記中，常稱之為「老萬全」）是南大國文系師生經常聚會的地方；師生們在酒樓舉行社課，或僱一艘名為「多麗」的小舟，順秦淮河而下，詩酒交映，幾乎使人忘了他們身處的是個動盪時代。這樣的聚會持續十多年，十分難得。參加的學生，除了來自東南大學與其後的中央大學，更有吳梅兼課的金陵大學、光華大學。原初以學生為主的活動，後來也吸引了國文系汪東、王伯沆、胡小石等師長加入。他們唱和的作品，陸續刊印為《潛社詞刊》（1926）、《潛社曲刊》（1929）、《潛社詞續刊》（1936），最後合編為《潛社彙刊》，成為民國詞曲創作的珍貴文獻。

然而，吳梅並不希望學生忘情詩酒或結黨營私，以「潛」字為詞社命名，正期望學生但「潛心學習」。王季思說：

---

13 盧前，《冶城話舊・多麗舫》，《盧前筆記雜鈔》（北京：中華書局，2006），頁423。

為什麼用這個「潛」字，先生當時沒說。後來我私下問他，他說當時東大教授中，實不免有借學術的組織作其他種種企圖的，他不願意因此而引起其他的糾紛，所以用這個字，希望大家潛心學習。暫不要牽入政治的漩渦。[14]

吳梅關心、鼓勵學生，但並不縱容、討好學生。在詞學方面深獲吳梅肯定的弟子唐圭璋說：「先生對學生一方面是和藹、親切、循循善誘；可是一方面也不寬假，不放任，不姑息；如有不當於理的，就會被嚴厲訓斥，因此，學生既敬愛他，也畏懼他。」[15]當時，常有學生到吳梅寓所學唱崑曲（即所謂「拍曲」，吳梅日記中稱「按曲」），1931年11月29日一早，幾位女學生到老師家按曲，直到上午十點才離去；當天，美術系學生孫多慈沒到，吳梅敏銳地察覺，並頗為嚴厲地在日記中寫道：「知其全為風氣所動，非真求研討音律也。」[16]

又如，崑曲名家俞振飛（俞宗海之子）與人提到，他曾聽說有人在吳梅面前唱曲，唱後十分得意，請吳梅評判好壞；吳梅說：「再學三年，夠一個『壞』字。」（唐葆祥，《俞振飛評傳》）這些都顯示吳梅對學生的要求嚴格，更強調下工夫的重要。王季思的弟子黃天驥（廣州中山大學中文系教授）就說：

---

14 王季思，〈回憶吳梅先生的教誨〉，原載《劇影月報》（1994年），今據王衛民所編《吳梅和他的世界》收錄者。引文見該書頁117-118。

15 唐圭璋，〈回憶吳先生〉，原載《雨花》（1957年5月號），收入唐圭璋，《詞學論叢》（臺北：宏業書局，1988，再版），頁1033-1038。引文見頁1035。

16 《吳梅全集·日記卷上》，頁51。

「當年吳梅先生給王先生說：『聰明人要下笨工夫。』」王先生就常拿這話教導我們。」[17]「拍三年夠一個壞字」就是「笨工夫」，各方面的藝術造詣都需要這種工夫才能增進；可惜，今人大多知而不能行。

對戲曲的用心，對後輩的督促、指導與期盼，並不只限於東大、中大學生，也不僅限於學界晚輩。吳梅對戲曲重要的貢獻，更不可不提他在崑劇「興亡繼絕」的用心。

興起於江蘇崑山的「崑山腔」，明嘉靖年間經魏良輔等人改良，曲調變得更加清柔婉折，當時人稱作「水磨調」；這種細膩的腔調廣受歡迎，從吳中（蘇州）傳揚至各地，成為當時劇壇主要聲腔。嘉靖末、隆慶初年，梁辰魚以崑腔創作了《浣紗記》，詮釋范蠡、西施淒美的故事，成效更受肯定。自此直至清代康熙年間，崑劇成為中國戲曲舞臺最重要的劇種，許多文人也投注心力創作崑曲劇本。康熙年間，洪昇《長生殿》、孔尚任《桃花扇》便為崑劇頂峰時期的代表作。這些文人創作，曲詞典雅，唱演雅緻，因此有「雅部」之稱。相較於崑劇，其他地方劇種統稱為「花部」，又稱「亂彈」。然而，自康熙末葉以後，崑劇少有真切反映現實生活與發抒當代人真情實感的傳奇作品，因此許多作品僅成為案頭之作；即使有機會演出，也無法觸動人心、吸引觀眾。反觀花部戲曲，正由於文詞較為俚俗，但所敷演的故事卻是「婦孺能解」。在此種局勢下，崑劇的主要演出地域又退縮至

---

17 洪惟助主編，《崑曲演藝家、曲家及學者訪問錄》（臺北：國家出版社，2002），頁371。

江南地區上海、蘇州等地。在此之後，隨著政局動盪、社會經濟衰頹，文士、富商對崑劇的支持能力減弱，熱鬧、易懂的京、徽等花部劇種，逐漸在江南劇壇取代了崑劇的地位。1922年，最後一個純粹演唱崑曲的劇團——蘇州「文全福班」宣告解散，崑劇發展的命脈岌岌可危。

為了保存、發揚崑劇，1921年一群有志之士在蘇州倡辦了「崑劇傳習所」，招收十至十五歲的學員，聘請全福班藝人傳授崑劇。這些學員多為藝人子弟及貧童，傳習所提供膳宿；除了教戲，還聘請老師教他們識字、讀書。經過三年學習與兩年幫演，這批藝名中都帶有「傳」字的崑劇傳習所學員，成為延續崑劇演出的主力。如今，崑劇之所以還能在舞臺上演出，甚至在2001年獲聯合國教科文組織列為「人類口述和非物質遺產代表作」，「崑劇傳習所」的設立絕對是最重要的因素。

設立「崑劇傳習所」時，由十二人組成了董事會；其中一位，正是吳梅。而大力贊助「崑劇傳習所」經費的，是當時愛好崑曲的實業家穆藕初（名湘玥，以字行）；穆藕初也正是1920年（民國9年）與江謙、郭秉文等人一同聯名推動改「南高」為「國立東南大學」的十位發起人之一。[18]

吳梅不但推動、支持設立崑劇傳習所，其後還推薦了精通古文的傅子衡，在傳習所教授「文化課」，讓學員識字、學習古文、了解曲文。每逢寒、暑假返回蘇州時，吳梅也常到傳習所為

---

18 十位發起人是：王正廷、蔡元培、張謇、江謙、袁希濤、沈恩孚、蔣夢麟、穆湘玥、郭秉文、黃炎培。《南大百年實錄‧上卷 中央大學史料選》（南京：南京大學出版社，2002），頁99-101。

學生講解四聲陰陽、唱唸吐字。1927年這群學員組成了「新樂府」，1931年改名為「仙霓社」，在上海、蘇州、南京等地演出。吳梅多次到劇場看這些「傳字輩」藝人演出，並在觀劇後提供許多意見。1927年，吳梅指導傳習所學員唱演自己的劇作《湘真閣》，並在1929、1935年於上海、南京等地演出。這部作品，藉明末方以智等人與秦淮名妓的故事，傳達吳梅對「故國喪亂」的感懷，是民國初年在舞臺上演出少有的崑劇新戲。

在吳梅日記中可見，當時中大國文系不少教師愛好崑劇且支持仙霓社，例如：詩詞、文獻名家汪辟疆，金石文字學家胡小石，以及與吳梅同為蘇州人的國文系系主任汪東。1935年10月、11月，仙霓社在南京演出，吳梅和汪東籌措經費，邀集中央大學學生前去看戲，一方面給「仙霓社」實際的支持，另一方面也讓中大學生能有機會藉由觀劇印證課堂所學。

1937年，中大因戰事遷校重慶，吳梅也舉家由南京回到蘇州，再經南京至武漢、湘潭，一路躲避戰火，於1938年7月初遷居廣西桂林。雖然羅家倫校長、國文系系主任和學生多次力請吳梅返校，但吳梅以「病日益增，氣促至不可多語，豈能登壇講授」[19] 辭謝了中大的教職。在東南大學時期弟子李一平的安排下，吳梅於1939年1月11日從昆明動身，於1月14日移居雲南大姚縣李旗屯，住在李一平家的宗祠。同年2月17日下午，吳梅在夫人與子孫圍繞中辭世，年五十六歲。中華民國政府於1939

---

19 吳梅，〈與中央大學國文系諸同學書〉，《吳梅全集·吳梅年譜》，頁983。

年4月20日明令褒揚，褒揚令中有云：「國立中央大學教授吳梅，持身耿介，志高行潔。早歲即精研音律，得其窅奧；時以革命思想寓於文字，播為聲樂。嗣曆各大學教席，著述不輟，於倚聲之學多所闡發。匪獨有功藝苑，抑且超軼前賢。」[20]

在學術史上，吳梅為「曲學」謀得了一席之地。在戲劇史上，吳梅為「崑劇」保留了一線生機。在大學教育中，吳梅為學生厚植了文學、戲劇素養。吳梅不但允為中大名師，在文化史上也必有不朽的地位。

參、弦誦斯崇，鬱鬱蔥蔥──江南才子盧前

吳梅在1936年1月11日日記中提到：

> 余及門中，唐生圭璋之詞，盧生冀野之曲，王生駕吾之文，皆可傳世行後，得此亦足自豪矣。（《吳梅全集・日記卷下》，頁667）

這裡提及的三位弟子，日後果然都在學術界大放異彩。吳梅在東南大學、中央大學的弟子中，能發揚師說、宏揚曲學的，自然也不僅有盧前。如前文提及，還有王玉章：依吳梅建議，以《南北詞簡譜》為基礎，專就北曲考訂詳譜，著成《元詞斠律》一書。

---

20 見盧前《霜崖先生年譜》所錄，《南北詞簡譜》（臺北：學海書局影印，1997）附錄三，頁718。

又有王季思：詞曲創作深得吳梅肯定，曾讚許「學殖淵通，詞章楚楚」而向陳中凡推薦至（廣州）中山大學任教。其後，王季思果然不負恩師期望，在中山大學培育出當代多位重要戲曲學者，而他的代表作《西廂記校注》，表現訓詁、考據與曲學結合的功力，是目前為止最受肯定的《西廂記》校注本。

在東大、中大學生外，吳梅在南京時期還培育了萬雲駿（光華大學畢業）、汪經昌（光華大學、金陵大學研究部畢業）兩位曲學方面表現不凡的弟子。此外，在北大時期的學生任訥、每逢暑假常從北大至蘇州求教的錢南揚（1959年後在南京大學任教），都是吳梅曲學弟子中的佼佼者。

上述王玉章、王季思、萬雲駿、汪經昌、任訥、錢南揚等曲學名家，由於未曾於中大任教，不在本文敘述範圍。至於盧前，不但於畢業後曾返母校任教，他的志趣與成就也與其師最近。雖以曲學表現受吳梅肯定，但盧前的成就卻不僅限曲學。吳梅最得意的弟子，當推盧前。以下概述盧前的生平與學術。

盧前，字冀野，號飲虹。曾自言中學時「是以數學成績不好出名的」；[21] 雖因數學成績不好而落榜，後於1922年被「破格錄取」進入東南大學國文系就讀。

在東大諸多學生中，盧前的才氣、志趣、成就，都與乃師吳梅最近。不僅能作詩、填詞、制曲，又能度曲、唱曲。兩人著作也頗相呼應：吳有詩集《霜厓詩錄》，盧有《盧冀野詩抄》；吳

---

21 盧前，《柴室小品》卷二〈造境助學談〉，《盧前筆記雜鈔》（北京：中華書局，2006），頁90。

有詞集《霜厓詞錄》，盧有《中興鼓吹》；吳有散曲集《霜厓曲錄》，盧有《飲虹樂府》；吳有劇作《霜厓三劇》，盧有《飲虹五種》。吳梅藏書數萬冊，曾選其中重要戲曲刻本264種，編為《奢摩他室曲叢》，交由張元濟主持的商務印書館涵芬樓刊印其中152種。（其中，初集、二集共35種已於1928年刊行；三、四兩集已刻版，卻毀於「一二八事變」戰火下。吳梅珍藏的古籍也有27種被毀。）盧前藏書雖不如其師豐富，但也從師友處搜訪曲學著作61種，編校刊行為《飲虹簃所刻曲》。在學術著作方面，吳梅有《顧曲麈談》等（詳見上文），盧前也有《南北曲溯源》、《中國散曲概論》、《中國戲劇概論》、《詞曲研究》、《明清戲曲史》等書。吳梅稽考南北曲格律，編成《南北詞簡譜》，盧前則用心於散曲格律，編成《廣中原音韻小令定格》。

　　大學畢業後，盧前先後任教於金陵大學、（上海）光華大學、成都大學、成都師範大學、河南大學、中央大學、（上海）中國公學、（廣州）中山大學、（上海）暨南大學、四川大學等校。其中，金陵、光華、中央三校，盧前則與吳梅在身分上屬同事。兩人與學生都十分親近，深受學生敬愛。

　　與吳梅略顯拘謹的性格不同的是，盧前十分開朗、樂觀。作家謝冰瑩〈記盧冀野先生〉一文刻畫盧前的形象與性格說：

　　一個胖胖的圓圓的臉孔，濃黑的眉毛，嘴上有短短的鬍鬚，
　　穿著一身黑色的棉布中山裝，手裡拿著一根黑色的手杖，看

起來活像一個大老闆；誰知他卻是鼎鼎大名的江南才子盧前
——冀野先生。

他永遠是樂觀的，豪爽的，即使天塌下來，他也不著急。[22]

盧前的天真、樂觀，也表現在他的作品中；他的一首新詩作品，
被知名作曲家黃自譜上曲，至今仍被傳唱：

記得當時年紀小／我愛談天你愛笑／有一回並肩坐在桃花下
／風在林梢鳥在叫／我們不知怎麼睡著了／夢裡花兒落多
少。[23]

雖是新文學創作，卻仍具有古典文學的韻味。他在東南大學時期
的同學浦江清便認為，盧前的新詩：「風格完全脫胎於中國舊詞
曲，不摹仿西洋詩，頗得一部分人之贊賞。」[24] 吳梅雖然不曾發
表強烈批評新文學的言論，但似乎不曾以白話文寫作（即使日記
也如此）；盧前在新詩、新劇方面的興趣和表現，則顯然與其師
不同。

除了在教學、研究上表現優異，在同儕中，盧前在處事方面
也最受器重。1942年冬，盧前奉教育部指派，出任位於福建永

---

22 謝冰瑩，〈記盧冀野先生〉，收入《盧前文史論稿》（北京：中華書局，2006）附錄，頁321-328。
　 引文見頁321, 324。
23 盧前，〈本事曲〉，收入新詩集《春雨》，《盧前詩詞曲選》，頁18。
24 浦江清，〈盧冀野五種曲〉，收入浦漢明編，《浦江清文史雜文集》（北京：清華大學出版社，
　 1993），頁70。

安的「國立音樂專科學校」校長。盧前將此段時間聞見所記,輯為《上吉山典樂記》一書。1942年,行政院通過設立「國立禮樂館」,盧前又受命於次年(1943)暑假辭去國立音樂專科學校校長一職,在重慶協助籌辦「禮樂館」。同年,正式於重慶開館,由時任教育部政務次長的顧毓琇兼任首任館長、禮制審議委員會主任委員。館設禮制組、樂典組、總務組。禮制組主任即由盧前擔任。在顧毓琇與考試院院長戴傳賢、教育部長陳立夫召集下,多位官員、學者、社會賢達數度集會討論修訂《中華民國禮制》。1944年,監察委員汪東接任館長之職,持續蒐集禮、樂資料。1945年抗戰結束,盧前於12月30日返回南京「為國立禮樂館尋覓館址」,[25]「擬租靈隱路的房屋」。[26] 在汪東主持下,由中大校友李證剛、殷孟倫、高明等人編成《中華民國通禮草案》一卷。[27] 1949年以前,盧前還曾先後擔任《中央日報・泱泱週刊》主編、國民政府國民參政會四屆參議員、南京市文獻委員會主任、南京通志館館長等職,確實是一位經世幹才,甚獲于右任等黨政大老賞識。

盧前對吳梅十分敬重,也時常協助恩師處理大小事,甚至盡心照料家人。師徒之情,在吳梅日記、兩人文集中隨處可見。1939年,吳梅病故的前兩日,仍校閱盧前撰作的《楚風烈》傳奇,並為這部劇作題寫〈羽調四季花〉曲。吳梅身後事,盧前盡

---

25 盧前,《丁乙間四記・還鄉日記》「制作基地」一則,《盧前筆記雜鈔》,頁373。
26 盧前,《丁乙間四記・還鄉日記》「二奇女子」一則,《盧前筆記雜鈔》,頁375。
27 參見高明,《禮學新探・弁言》(臺北:臺灣學生書局,1978),頁1。

心操辦，並於當年編成《霜厓先生年譜》。[28] 日後，盧前不忘囑咐，刊印恩師遺集。一段中大師生情誼，誠摯感人。

1949年中國大陸易幟之前，同學好友易君左以一張「登機證」相贈，但盧前以「上有高堂，下有妻室，一家十餘口，部分尚留南京，未及逃出」辭謝，未能渡海來臺。1950年，曾輾轉託人致函于右任，除感念舊誼，還提及生活困頓，「藉洪、楊史實，撰寫一章回小說以自給」。[29] 幾經迫害，盧前於1951年病逝於南京。

肆、宏我黌舍，甲於南東——洪惟助與中大「戲曲研究室」

纘繼吳梅、盧前等前輩在南京中央大學的曲學教育，在中壢中央大學將曲學進一步發揚、開展的中大教師，當推業師洪惟助先生。

先生出身嘉義新港望族，1943年生。幼年即喜好書法、繪畫、音樂等藝術。初中時，受教於太夫人的老師——張李德和女史，學習書法、舊體詩。張李女史是名門之後，其先祖於清領臺灣時期，曾任參將、副將；女史擅長詩、書、畫、棋、箏、花藝、絲繡（時人譽為「七絕」），頗知名於臺灣藝文界。惟助教

---

28 參見盧前，《霜厓先生年譜》，《南北詞簡譜》（臺北：學海書局影印，1997）附錄三，頁700-718。
29 參見陳慶煌，〈盧冀野傳〉，《國史擬傳》第七輯（臺北：國史館，1998），頁279-294。

授受其啟發，藝文學養日益豐厚。

為「宏揚中國文化」、「開展中國文藝復興之機運」，1962年中大校友張其昀在臺北陽明山創辦「中國文化研究所」；次年改名「中國文化學院」，招收大學部學生，聘請名師任教。惟助教授嚮往該校理念與陽明山美景，於1963年考入該校中國文學系。1969年，再考入國立政治大學中國文學研究所就讀，獲碩士學位。

在文化學院中文系求學時，系主任為中大校友高明（字仲華，黃侃弟子）；高先生並講授「詩選」課程。「曲選」一門，即由吳梅弟子汪經昌授課，「詞選」、「專家詞」又由吳梅、汪東女弟子尉素秋講授。進入政大中文研究所後，再受教於中大校友高明、盧元駿（盧前弟子），碩士論文《段安節樂府雜錄箋訂》即由盧元駿指導。尉素秋於東南大學期間，詞作深受吳梅、汪東稱賞；吳梅甚至在評閱習作後，慶幸徐州一帶「現在素秋起來，又可接續風雅」。[30] 汪經昌（字薇史）雖然畢業於光華大學社會系，但隨吳梅習曲多年，對音律頗有心得，被認為與任訥、盧前同為吳梅門下曲學三大弟子。[31] 至於盧元駿（字聲伯），是盧前於（上海）暨南大學授課時的得意弟子，擅長詞曲創作與研究，深得盧前真傳。1969年，盧元駿創辦政治大學崑曲社，延請徐炎之、張善薌夫婦教學。徐、張伉儷在南京時期與溥侗等人主持「公餘聯歡社」崑曲組，吳梅也常參與曲會，時有交往。惟

---

30 尉素秋，《秋聲詞‧校後記》（臺北：帕米爾書局，1967），頁108。
31 參見張充和，〈盧前文鈔‧序〉，《盧前筆記雜鈔》（北京：中華書局，2006），頁7。

助教授於政大求學時，雖未參加崑曲社，但後來單獨求教於徐氏夫婦，習曲、吹笛前後一年餘。惟助教授雖不及親炙吳梅、盧前，也非中大校友，但他的學習歷程，卻與中大、吳梅關係密切。

碩士畢業後，經高明推薦，惟助教授於1972年受聘至中央大學中國文學系任教。當時的系主任胡自逢先生，也是高明在臺的及門弟子。除教授「曲選」課程，惟助教授於任教中大之次年（1973年），即發起創辦「中央大學崑曲社」，禮請徐炎之自臺北至中壢教學，並親自接送長達五年。中大崑曲社活動，持續至1989年才告終止；惟助教授講授「曲選」，則前後近二十年，至1991年交由李國俊先生授課。長年的曲學講授與曲社活動，讓中大延續了吳梅兼顧文學與唱演的特有傳統。

雖然推崇吳梅開創之功，惟助教授卻不盲目信從吳梅的曲學主張，所著《詞曲四論》一書，對吳梅名著《顧曲麈談》跟《曲學通論》都曾提出商榷。1989年曾發表〈吳梅務頭之說商榷〉，2010年出版《崑曲宮調與曲牌》書中〈管色及其運用〉一章，都根據翔實的文獻與曲譜，對「太老師」吳梅憑經驗、感覺的論說提出補正。

更具開創意義的是，惟助教授長年投注心力，希望在中大創設「戲曲研究所」。海峽兩岸的戲曲學者多出身自中文系，但中文系戲曲課程並不多，在一般中文系中不能受到完整、深入的戲曲訓練。國內從未有「戲曲研究所」，各大學「戲劇研究所」多以西方戲劇、現代劇場為主要研究對象；一旦「戲曲研究所」設

立，便能在戲曲文學、文獻、音樂、表演等方面提供較完整、深入的研究，培養全面觀照的戲曲學者。在重理工、輕人文的大環境下，雖然尚未能創設獨立的「戲曲研究所」，但自2003年起，中大中文系碩士班、博士班設置戲曲組，招收戲曲專業研究生。至今已培養多位優秀青年學者，在多所大學、中學任教。中大在戲曲學術及藝術之發展上，有重大推動作用。

在曲學教學之外，惟助教授對崑劇的用心，則不僅承繼吳梅之志，更大幅開展。

臺灣的崑曲活動，最早的文獻紀錄可上溯至清乾隆四十八年（1783）；[32] 在1949年以前，臺灣的崑曲主要保存於流行的北管、十三腔、京劇中。1949年後，不少曲友隨著國民政府遷居臺灣後，組成曲社，舉辦「同期」。此後，崑曲在臺灣日益發展，崑劇表演活動頗為頻繁。雖然京劇團偶爾演出少數崑曲劇目，但在1999年之前，臺灣始終沒有專業的崑劇團。為了保存並傳承崑曲，惟助教授自1991年全心投注於崑曲的推廣與研究。

在學術研究方面，為了長期研究崑曲，並蒐藏崑曲相關文物、史料，1992年1月惟助教授於中大成立「中央大學戲曲研究室」。二十餘年來，中央大學戲曲研究室所蒐藏的文物有一千餘件，包括明清以來戲曲家及崑劇藝人書畫、清代和民初線裝書、

---

32 參見洪惟助，〈臺灣的崑曲活動與海峽兩岸的崑曲交流〉，載於國立傳統藝術中心籌備處編，《千禧之交——兩岸戲曲回顧與展望學術研討會論文集》卷一（臺北：國立傳統藝術中心籌備處，2000年），頁24。

清乾隆以來名家所藏所抄珍貴曲譜、樂器、戲服、戲船模型等。又有書籍一萬餘冊，期刊三千餘冊，影音資料近六千種。由於收藏的資料豐富，且不少是全球僅有，參觀與找尋資料的人數逐年增多；不僅本校師生，國內外來訪問參觀與找尋資料者也不少。如今戲曲研究室已是重要的戲曲研究中心，是本校的特色之一。

值得特別一提的是，研究室的收藏文物中，有吳梅致蘇州著名書畫家、收藏家顧麟士（1965-1930，字鶴逸，號鶴廬）的信札真跡兩件，又有吳梅親筆題贈友人的著作《南曲譜》一部；此外，有指導吳梅唱曲的俞宗海（粟廬）書法扇面、書信各一件。中大師生得以仔細觀看曲學大師手跡，更可感受前輩學者的學養與風範。

2002年5月，由惟助教授主編的《崑曲辭典》由國立傳統藝術中心籌備處正式出版。這是全世界第一部崑曲辭典，也是兩岸學者合作完成的第一部戲曲專業辭典。[33]《崑曲辭典》出版至今已逾十年，為反映十年間戲曲的研究與演出，並補正辭典缺失，惟助教授又率中大戲曲領域教師進行修訂。修訂版將於2015年出版。

2002年底，由惟助教授主編、中央大學戲曲研究室編輯的《崑曲叢書·第一輯》六種著作出版面世；其中包括了惟助教授主編的《崑曲研究資料索引》、《崑曲演藝家、曲家及學者訪問

---

33 附帶一提，參與《崑曲辭典》條目撰寫的學者中，劉致中（曾任江蘇教育學院歷史系副主任）、吳新雷（曾任南京大學中文系教授），皆於1955年畢業於南京大學中文系；劉致中對《崑曲辭典》出力甚多，而吳新雷則又另編成《中國崑劇大辭典》，也於2002年在南京大學出版社出版。

錄》二種。《崑曲叢書・第二輯》六種，則於 2010 年上半年出版，其中有惟助教授的著作《崑曲宮調與曲牌》一書，又有主編的論文集《名家論崑曲》兩冊。《崑曲叢書・第三輯》六種，於 2012 年開始陸續刊行，惟助教授的新作《臺灣崑曲史》也將收入其中。這套叢書所收著作，包含重要崑劇史料與兩岸戲劇學者重要研究成果，選收嚴審，刊校用心，頗受學界好評。2013 年中國文化部戲劇文學學會「第八屆全國戲劇文化獎」，特別因此部叢書頒贈惟助教授「戲曲史論叢書主編金獎」。

《崑曲辭典》與《崑曲叢書》的問世，不但加強了兩岸戲曲學者學術研究的合作關係，也增加了崑曲研究的深度與廣度。

在崑劇的推廣與保存方面，惟助教授也傾全力從事。

在徐炎之夫婦去世後，由他們指導的大專院校崑曲社團活動日益減少，甚至紛紛解散；臺灣的崑曲活動也因此日趨岑寂。為保存、發揚崑曲藝術，惟助教授與臺灣大學教授曾永義，於 1991 年，倡議辦理「崑曲傳習計畫」。該計畫於 1991 年至 2000 年間，共舉辦六屆，每屆為期一年至一年半。前三屆由行政院文化建設委員會主辦，中華民俗藝術基金會承辦，由曾永義擔任主持人，惟助教授擔任總執行，傳習課程假中大位於臺北松山的校友會館進行。第四屆以後由文建會國立傳統藝術中心主辦，惟助教授擔任主持人，曾永義為首席顧問，國立國光戲劇藝術學校承辦（1999 年，國光與復興合併，改制為臺灣戲曲專科學校後，由臺灣戲專承辦）。傳習計畫除了開設唱曲班、崑笛班，並舉辦專題講座。聘請的師資，包括了臺灣、香港、中國大陸、美國等地

傑出演員及樂師（笛、鼓）、曲友、學者七十餘人。自開辦以來，參加者超過四百人；其中包括小學至大學各級教師、大學生、研究生及社會人士。在國內外師資的啟發與教導下，崑曲傳習計畫不但為臺灣培育出傳統戲曲最堅強的支持者與推廣者，也造就了許多唱曲、擫笛人才，部分學員也能登臺演出。自第四屆開辦，除招收一般學員外，另成立「藝生班」，吸收優秀曲友，和國光、復興兩劇團京劇演員。第五屆開始，並培養崑劇文、武場人才。經密集訓練後，這些「藝生」的崑劇演出，都已達到一定的水準。

　　1999年秋天，臺灣第一個專業崑劇團「臺灣崑劇團」正式登記立案成立。臺灣崑劇團團員以「崑曲傳習計畫」藝生班成員為基礎，惟助教授擔任團長，直至2014年。臺灣崑劇團已能演出五十餘個折子戲，和《牡丹亭》、《爛柯山》、《風箏誤》、《蝴蝶夢》、《玉簪記》、《琵琶記》、《獅吼記》、《西廂記》、《尋親記》、《奇雙會》、《荊釵記》等十一個串本戲，又有新編戲《范蠡與西施》一部。2004年至2013年九度獲選為文建會（今改為「文化部」）「演藝扶植團隊」。成立至今，除在臺灣各地演藝廳、學校演出，劇團更三度受邀至崑曲的故鄉蘇州參加「中國崑劇藝術節」演出，頗受好評。2010、2013年，又受邀至日本九州、德國海德堡、奧地利維也納演出並舉辦講座，將崑曲之美遠播外邦。

　　為了讓中大學生能有更多機會觀賞優異的戲劇演出，惟助教授多年來陸續邀請各劇種、各劇團至中大表演。2005年中大

九十週年校慶，惟助教授除籌辦「世界崑曲與臺灣腳色——崑曲國際學術研討會」，同時又製作《風華絕代》崑劇名家匯演，邀請華文漪、蔡正仁等知名崑劇演員與臺灣崑劇團一同演出；自此之後2007年《蝶夢蓬萊》、2008年《美意嫻情》、2009年《蘭谷名華》、2010年《千里風雲會》、2011年《西牆寄情》、2012年《鎏金綴玉》、2013年《范蠡與西施》、2014年《臺湘爭風》，都在中大校慶時演出。每年的崑劇名家匯演，都至少安排一場在中大，讓師生可以免費觀賞；其餘各場在臺北等地演出，不但吸引眾多戲曲愛好者購票欣賞，各媒體也大篇幅報導，為中大校慶增添不少風采。

其中，2013年，「臺灣崑劇團」與「浙江崑劇團」合作演出新編崑劇《范蠡與西施》。這部劇作，正是惟助教授苦心力作。惟助教授常言，比起教學、研究，他對創作更感興趣。但近二十餘年忙於教學、研究，更忙於發揚崑曲，幾乎沒時間創作。范蠡與西施的故事發生在蘇、浙，第一部以崑曲譜寫的明代傳奇《浣紗記》，也正是這一主題。然而，梁辰魚的《浣紗記》人物形象、情感，都不夠深刻，難以感動現今的觀眾。再者，原作篇幅冗長、結構鬆散，也不適合現代劇場演出。因此，惟助教授花費半年的時間，重新編寫劇本，重新詮釋了西施在范蠡與夫差、男女私情與家國大義間的情感起伏與掙扎。

近年，新編、改編的崑劇雖不少，但多未按曲牌、格律譜寫，雖有崑劇之名，實無崑劇之實，令人遺憾。惟助教授編寫《范蠡與西施》則全按曲牌、格律填詞。2014年甫獲中央研究

院院士的曾永義就稱讚老友此作「沒有人敢說它不是崑曲，這是惟助默默的耕耘努力。……我非常羨慕，也非常嫉妒，因此也特別感佩。」[34] 此劇編成後，特邀上海崑劇團一級作曲周雪華設計唱腔，在杭州「浙江崑劇團」排練一個月。其後，由浙江崑劇團與臺灣崑劇團合作於2013年4月初在杭州演出二場、4月底至5月中在臺灣演七場，在兩岸藝文界傳為佳話。這部《范蠡與西施》在臺灣的首場演出，即在中大大講堂；而此劇編成、上演的這一年，也正是惟助教授七十大壽之年。

吳梅的教學活動，以東大、中大歷時最久，惟助教授則已為中大奉獻心力四十二年。吳梅將曲笛帶入大學課堂，惟助教授則又更將劇團帶進中大校園。吳梅為崑曲的存亡繼絕支持設立「崑劇傳習所」，惟助教授則苦心經營「崑曲傳習計畫」，進而創辦「臺灣崑劇團」。吳梅詞、曲兼治，且皆有專著；惟助教授也是由詞入曲，除在中大講授詞選、蘇辛詞、周姜詞等課程，又著有《清真詞訂校注評——附敘論》、《詞曲四論》等書。《南北詞簡譜》為吳梅心血結晶，惟助教授則有《崑曲宮調與曲牌》一書，且將重要曲譜的曲牌整理設置為數位資料庫。吳梅編輯明清戲曲著作為《奢摩他室曲叢》，惟助教授則編選當代崑劇文獻與研究成果為《崑曲叢書》。吳梅編有《霜崖三劇》，且由出身崑劇傳習所的藝人演出其中《湘真閣》一劇；惟助教授則於七十之年完成《范蠡與西施》新編戲，由「臺灣崑劇團」團員演出。種

---

34 〈新編崑劇《范蠡與西施》座談會紀錄〉，《戲曲研究通訊》，第9期（2014年12月），頁301。

種暗合，令人驚喜且敬佩。

　　中大戲曲研究室的設置、《崑曲辭典》的編纂出版、崑曲傳習計畫的推動、臺灣崑劇團的創辦、中大崑曲博物館的催生，惟助教授諸多努力無不具體延續了崑曲的命脈，讓中大不僅「甲於南東」，且耀眼於世界。

伍、結語——勿令垂絕國學喪於吾手

　　在歷任中大校長的支持與洪惟助先生多年的奔走與經營之下，中央大學的戲曲研究已受國際矚目。為了延續且擴大中大的戲曲研究力量，中文系在惟助教授之後又陸續聘任了李國俊、孫玫、李元皓等教師。其中，李國俊先生從學於汪經昌的弟子李殿魁，孫玫先生在南京大學就讀時，則受教於錢南揚，且由錢先生指導大學畢業論文。兩人也都算是吳梅的再傳弟子。我雖以清代經學為主要研究領域，但自1991年進入中央大學就讀以來，即受教於惟助教授，又於課後參加「崑曲傳習計畫」；碩士階段開始，參與戲曲研究室多項研究計畫，並奉命協助編輯《崑曲演藝家、曲家及學者訪問錄》等書。承乏中文系教職後，我又承惟助、國俊兩師之命開設「戲劇選」、「戲曲文獻學」等課程，並參與《崑曲辭典》修訂。在蔣偉寧、周景揚兩任校長的支持下，惟助教授與中大現有戲曲研究團隊，如今積極籌設「中大崑曲博物館」。諸多努力，無不是希望延續中大戲曲研究的優異傳統，且進而發揚光大，使中大成為深具人文素養的一流學府。

戰火頻仍的1931年，吳梅不但將曲學帶入大學課堂，更堅持傳唱崑曲；這絕非遯世，更不是自我麻痺。那年12月27日，吳梅在參加曲友聚會後，記錄下友人方雅南（炳勛）的發言：「處此時局，能從容雅歌，所謂黃連樹下苦操琴也。但聲音之道與政相通，治世之音必和平雅正，今雖非治世，而保存國粹，留此治世之音，終有和平之一日。」如果不對和平存有殷切的期望、如果不為後世子孫保存國粹，讀書人真不知該如何安身立命。當日，吳梅也有感而發地對曲友們陳述自己的觀點；日記中寫道：

> 日人以文化侵略中國，中國學術研討皆精，嘗豪語於眾曰：「中人治中國學，他日須以日人為師」，今其言稍稍驗矣。獨此詞曲一道，日人治之不精，然而近日亦有研勘者。去今兩年，如長澤規矩也、吉川幸次郎，曾向余請益，看吾藏弄各書，可知其心之叵測矣。深望同人於度曲之餘，再從事聲律之學，勿令垂絕國學喪於吾手云云。

本國學術，如果真要向外國人求教，不僅可悲，更是莫大的恥辱。相較於烽火連天的1930年代，如今可算是「治世」；然而，吳梅所憂心「垂絕國學喪於吾手」的危機，卻仍未完全消除。尤其當崑劇被聯合國教科文組織列為「人類口述和非物質遺產代表作」後，臺灣更不容自外於保存、發揚崑劇的行列。曲學在中大萌芽，也在中大扎根、成長，若不持續灌溉，則也無法茁

壯、開花、結果。有識之士，必不忍心讓「垂絕國學喪於吾手」。

　　值此中大百年校慶之時，除了緬懷吳梅、盧前等中大前輩名師開創之功，肯定洪惟助先生等中大歷任教師後繼之業，更應投注加倍的心力與經費，讓中大「弦誦」能遠播四方、傳揚萬世。

國家圖書館出版品預行編目（CIP）資料

中大百年‧人文篇 / 楊祖漢主編 .-- 初版 .-- 桃園市：
　　中央大學出版中心；臺北市：遠流，2015.06
　　　面；　公分
　　ISBN 978-986-5659-05-9（平裝）

　　1. 人文學　2. 文集

119.07　　　　　　　　　　　　　　　104009010

中大百年‧人文篇

主編：楊祖漢
執行編輯：鄧曉婷
編輯協力：簡玉欣

出版單位：國立中央大學出版中心
　　　　　桃園市中壢區中大路 300 號 國鼎圖書資料館 3 樓
　　　　　遠流出版事業股份有限公司
　　　　　台北市南昌路二段 81 號 6 樓

發行單位／展售處：遠流出版事業股份有限公司
地址：台北市南昌路二段 81 號 6 樓
電話：(02) 23926899　傳真：(02) 23926658
劃撥帳號：0189456-1

著作權顧問：蕭雄淋律師

2015 年 6 月　初版一刷
售價：新台幣 400 元

YL*ib*─遠流博識網　http://www.ylib.com E-mail: ylib@ylib.com